本成果受到中国人民大学"985工程"的支持

人口转变的中国道路

The Chinese Road of Demographic Transition

杨凡 ◎ 著

中国人民大学出版社
·北京·

序

人口转变是人类发展过程中最重大的历史事件之一。从有文字记载的历史开始，人类的增长一直处在"高出生、高死亡、低增长"的状态。其间虽然有过因为战争和灾害出现的人口减少，也有过因为太平盛世出现的人口较快的增加，但总体而言，人类在几千年间的增长极其缓慢。直到 18 世纪，随着工业革命的兴起，经济、社会以及卫生技术迅速发展，人类的死亡率从持续千年的很高的水平上，终于开始趋势性的下降，拉开了波澜壮阔的人口转变大幕。死亡率的下降首先出现在北欧和西欧，然后扩散到整个欧洲。而绝大多数发展中国家直到 20 世纪才开始人口转变的进程。在死亡率开始下降后的很长一段时间里，生育率依旧在高水平上维持不动，导致了人口迅猛增长。欧洲率先迎来了"高出生、低死亡、高增长"的"人口爆炸"时代，马尔萨斯人口论的出现，其实就是对人口转变现象的理论回应。19 世纪末，欧洲和北美洲的生育率开始下降。发展中国家则从 20 世纪 60 年代才陆续开始生育率的下降过程。目前，几乎全世界所有的国家，或者已经完成了人口转变，或者正处于人口转变的进程之中，人口转变已经成为各国或迟或早都必然要经历的历史过程。人口转变是人类群体发展过程中具有划时代意义的重大事件。它的出现，彻底改变了人口再生产的模式，塑造了全新的人口形态，并深刻影响了经济、社会、家庭的所有方面。正因为如此，欧洲的很多学者甚至把人口转变称为"人口革命"。也正因为如此，关于欧洲和北美人口转变的研究，包括对转变原因、过程、结果、经济社会影响等的研究，一时成为重大的热点选题，所形成的学术著作和论文用"汗牛充栋"来形容都不过分。

占世界总人口 1/5 的中国，在 20 世纪 50 年代也开始自己的人口转变过程。它同样是从死亡率下降开始，而后是生育率下降；它也同样是从"高出生、高死亡、低增长"的传统再生产模式最终转变为"低出生、低死亡、低增长"的现代再生产模式。作为世界第一人口大国，仅仅用 40 年左右的时间，就跨越了人口再生产模式的两个时代，平均预期寿命从 30 多岁提高到 70 多岁，总和生育率从 7 左右迅速降到更替水平以下，完成了西方国家用一两百年时间才完成的历史过程。中国人口转变之快、之彻底，曾让很多人瞠目结舌。一些学者甚至把人口转变与经济起飞并列为20世纪中国发生的最深刻变化，称之为两个"中国奇迹"。

虽然人口转变的起点和结果与西方国家的人口转变并无二致，但是，中国人口转变的过程、方式、动力、环境背景等，却与西方国家有着巨大差别。中国的人口转变，特别是其中的生育率转变，是一场极其深刻和浩瀚的社会动员及社会工程。中国人口转变的道路，既符合人类发展的共同规律，又具有极其鲜明的中国特色；既充满辉煌，也历经悲壮；既有成功的经验，也有失败的教训。艰难、曲折、探索、开创，几乎成了中国人口转变领域的主题词。虽然中国的人口转变已经基本完成，中国人口转变的伟大意义和深刻影响越来越凸显，但对这一场惊心动魄的"人口革命"全面而系统的探讨，对波澜壮阔的中国人口转变道路与规律的总结，对这场有亿万人民参加的伟大实践的理论概括和提升，似乎做得还很不足。比起对欧洲和北美人口转变的研究，我们对中国人口转变的研究，更是显得薄弱。实践是理论的源泉，伟大的实践催生伟大的理论。中国人口转变的丰富实践，为人口理论的研究提供了持久的源泉和得天独厚的沃土。这是机会，这是平台，这更是前沿。

人口转变的中国道路是一个庞大而复杂的题目。杨凡博士知难而进，历经数年，呕心沥血，终于完成这本研究专著。这本专著既有理论高度，又有纵深历史感，既有丰富翔实的数据，又有入木三分的剖析。在研究内容上囊括了国际与国内、历史与现在、政府与个人、宏观与微观等多个方位和多种层次，在研究视角上体现出"宽视野"与"长焦距"的结合。而"夹叙夹议、论从史出、以史带论、史论结合"的写作风格使得这样一个庞大主题的研究重点突出，挥洒自如，脉络清晰。

关于中国人口转变道路的认识和理论总结，虽然还需要继续做大量的工作，开展更深入的研究，但本书的出版无疑是对人口转变理论，特别是对中国人口转变理论和道路研究的一个重大补充和空白填补。希望今后能看到更多的、前沿性的关于中国人口转变的研究成果问世。

翟振武

2014 年 3 月 16 日于北京

目　录

第一章

绪 论

第一节　研究人口转变中国道路的意义

一、人口转变中国道路的研究背景

上世纪中叶以来，中国人口经历了一次有史以来最为广泛、最为深刻的巨大变革——人口转变。虽然世界上有许多国家已经经历了或正在经历着相似的过程，但是由于时代的变迁和具体国情的特殊性，中国的人口转变道路显得与众不同，体现出许多不同于别国的特点。

这是一条气势恢宏、声势浩大的道路，在政府的领导和号召下，数以亿计的干部和群众投入到了这场轰轰烈烈的伟大社会实践中去，用自己的热情和坚持书写了一幅波澜壮阔的历史画卷；这是一条千回百转、艰难玉成的道路，在充满艰辛和曲折的探索过程中，历经几代人的奋斗，从党和政府到普通干部、民众，无一不付出了巨大的努力甚至是泪与血的代价；这是一条荡气回肠、灿烂辉煌的道路，尽管曾经遭遇过种种困难和挫折，但最终中国的人口转变道路还是取得了成功，在中华民族的光荣历史上又增添了璀璨的一笔。

中国的人口转变过程对整个世界来说也是一次惊天动地的巨变。占世界人口规模1/5的人都参与到了这场转变之中，转变的完成为缓解世界人口不断迅速增长的压力作出了巨大的贡献。而且，作为最大的发展中国家，中国的人口转变进程也开启了发展中国家人口转变的新纪元。以中国为代表的人口转变过程使人们逐步认识到发展中国家人口发展的独特规律，一种不同于西方发达国家人口转变过程的新模式正在逐渐形成。这对整个世界而言都是具有历史意义的划时代事件。

今天，当我们处于完成人口转变的这个特殊历史时点之上，回首60多年来中国人口转变的历史，对这条道路进行系统的总结就显得尤为重要。而且，现在也是千载难逢的进行回顾和总结的最恰当时机。因为当中国的人口转变还处于进行过程中时，谁也无法明晰它的发展趋势，更无法断言它的成败。在这样的条件下连转变过程都尚未完整，谈何系统地总结！现在我们业已见到了胜利的曙光，中国人口的出生率和死亡率都达到了较低的水平，许多亲身经历人口转变过程的人口政策决策者、基层执行者和作用对象对整个人口转变过程都历历在目、记忆犹新，从他们那里我们可以得到丰富而宝贵的一手资料。如果现在不趁热打铁，系统地梳理这段历史，以后这项工作会变得日渐困难。因为原本清晰的事实会随着光阴荏苒而变得日益模糊，原本明确的议题会在时间的流逝中充满争议。历史在这方面已经留给我们太多太多的教训，一些往日的重大事件如今却成了未解之谜，这充分说明了人们在前进的道路上常常需要及时回首，才不至于迷失方向。所以，在这个特殊的历史时刻，系统研究人口转变的中国道路，包括中国人口转变道路的主要内容、探索过程、基本经验和发展规律等是恰逢时机和尤为重要的。

二、研究人口转变中国道路的意义

（一）有助于概括和总结出中国人口转变的特殊模式

中国人口转变过程的特殊性历来是人口学者们热衷研究的问题。提及中国人口转变过程的特殊性，大多数人首先想到的就是"政策干预性"。但如果作为对中国人口转变特殊模式的一种概括，这个答案显然过于简单和过于粗略了。中国的人口转变是涉及世界 1/5 人口的伟大实践，历经 60 多年的探索而且取得了成功，其中有大量丰富的信息以待挖掘和开发。中国人口转变的模式也应该有着更为丰富的内涵。它需要回答更多的问题，包括：在什么样的背景下和出于什么原因选择了何种干预的方法？具体的政策和措施是什么？效果如何？成功和失败的原因是什么？如何调整和取得什么经验？等等。目前已有的研究对这些问题的回答或者粗略带过、语焉不详，缺乏细致、深入的分析，或者零乱分散、各自为营，缺乏具有逻辑性和系统性的观点。所以，对中国人口转变的实践过程进行细致、深入的分析，有助于从中国 60 多年来的人口转变过程与干预人口转变过程的实践中概括和总结出中国人口转变的特殊模式，为其他国家和地区的人口转变提供一种新的范例。

（二）有助于探索中国特色的人口转变规律，构建中国化的人口转变理论体系

目前对中国人口转变的理论研究大多停留在应用西方人口转变理论对中国情况进行分析的层面，缺乏对中国特色的人口转变规律的探索和人口转变理论的创新。通过对中国人口转变道路的研究，将有助于探索有中国特色的人口转变规律，构建中国化的人口转变理论体系。实践的特殊性决定了理论的独特性。中国的人口转变规律中不仅包含了符合全体人类发展的普适性规律，也包含了一般规律与时代背景和中国国情结合后产生的特殊规律。这些规律构成了中国化的人口转变理论体系，它既包括对原有人口转变理论的深化，也包括中国特有的人口转变理论。对原有人口转变理论的深化是指中国的实践符合原有人口理论，但根据中国的实践使对原有理论的认识更加深入。中国特有的人口转变理论是指中国的一些实践是原有经典人口转变理论中没有论及或者与原有理论有所不同，并从这些实践中概括出来的特殊规律。对中国人口转变道路的梳理和总结将有助于从理论的高度重新审视中国特殊的人口转变进程，对中国特色的人口转变规律进行探索，并厘清这些规律的逻辑关系，构建中国化的人口转变的理论体系。

（三）补充和进一步发展人口转变理论，加深对人类自身发展规律的认识

恩格斯曾说过："历史从哪里开始，思想进程也应当从哪里开始"，他认为思想进程是历史过程经过规律修正后的反映。所以，从某种意义来说，整个人类发展史就是一部思想进程的演化史，也是一部对历史规律的探索史。如果说历史规律是散布在人类发展过程中的，有待人们去搜寻、发现和采撷的奇珍异宝，那么关于人类自身的发展规律无疑是这其中最耀眼、最诱人的一颗明珠。5 000多年前，镌刻在德尔斐阿波罗神殿上的那一句"人啊，认识你自己！"为人类这种对探索自身规律的迫切渴望做出了最直接的诠释。对历史规律特别是人类自身发展规律的探索是人类发展过程中自始至终、一以贯之的命题。

　　所以，人口转变理论的诞生对人类而言是一个重大的发现。这是人们第一次联系社会经济发展进程和人口发展过程，对自身的发展阶段和发展规律做出的系统性总结。人口转变理论的集大成者诺特斯坦（Frank W. Notestein）吸收了早期研究者兰德里（A. Landry）、汤普森（Warren S. Thompson）等人关于人口发展类型、发展阶段划分的观点后，第一次系统地论述了人口转变的阶段、条件和原因。这对人口学发展的意义丝毫不亚于牛顿系统总结伽利略、开普勒等人的研究成果，得到万有引力定律和牛顿运动三定律，构建出经典力学的完美大厦对物理学发展的意义。由于人口转变理论在描述和解释18—19世纪欧洲人口发展过程中取得了巨大成功，加之受到欧洲文化传统中民族主义倾向的影响，原本从欧洲历史经验和实证资料中总结得到的经典人口转变理论被认为是一种"标准解释"，人们认为它普遍适用于欧洲以外的其他地区。转变理论中隐含着一个假定，那就是或早或迟，世界其他地区的人口发展必然会遵循欧洲的道路（马力、姜卫平，2010）。在已有的研究中，有关欧洲人口转变道路的研究可谓汗牛充栋，对人口转变的类型、发展阶段、划分标准、影响因素和发展规律等做了完整而系统的论述。而且研究者们认为，欧洲的人口转变是世界人口转变的前奏，人类必将走上一条与欧洲相同的道路。

　　但是，"时过境迁"，当20世纪的中国在经历人口转变的过程时，所走的是一条与欧洲大为不同的道路。这种不同来源于两个方面，即它的时代特征和国情特色。从欧洲实践中总结出来的人口转变理论并不能完全概括中国的人口转变过程，受到现代化（modernization）和本土化（nationalization）两种力量的影响，中国的人口转变道路体现出不同于欧洲道路的过程、特点和规律。即当人口转变进程在中国启动之时，时代和国情已经发生了巨大的变化，所以人口转变过程中出现了许多有别于西方的、新的特点和规律。在这个实践过程中，一条中国道路逐渐形成。然而在现有研究中，几乎没有系统全面地对人口转变的中国道路进行梳理和总结的研究。

　　人口转变理论作为对人口发展历史和趋势的科学概括，是具有普遍意义的。但是，它并不是亘古不变的教条，而是需要在实践中向前发展、不断丰富的，这也正是其生命力所在。人口转变的中国道路，包括基本进程、实践模式和理论规律等，都是人口理论发展现代化和本土化的产物。而且，中国是一个拥有世界 1/5 人口的大国，是世界上最大的发展中国家，它的人口转变道路对人口理论发展的意义就更为重大。对人口转变的中国道路进行研究，将进一步补充和丰富人口转变理论。把中国的实践模式和理论规律放在整个人口转变理论发展的背景之下去认识，是对经典的人口转变理论的继承、补充和发展。

三、进行人口转变中国道路研究的哲学基础

人口转变理论是人们在实践中形成的对人口自身发展规律的认识成果。随着时间的推移和实践范围的转移与扩大，我们要根据变化的实践不断验证、修正和深化原有的认识，从而得到新的认识成果。

唯物辩证法认为，所有人类发展的规律都是历史的产物，它们的正确性是有相对意义的，要认清和承认它们的发展性。这些规律既不是包治百病的万能魔药，也不是亘古不变的永世真理。马克思认为对现存事物的肯定理解中同时包含了对现存事物的否定理解。恩格斯认为，不存在绝对的真理和绝对的人类状态。没有最终、绝对、神圣的东西，一切事物都只是暂时性的，总是处于由低级向高级的发展状态之中。所以，任何理论思维都是时代的产物，理论的正确性只是具有相对意义的，人口转变理论亦不例外。欧洲的人口转变和中国的人口转变发生在不同的时代背景之下，历史的车轮在两者发展的过程中留下了不同的时代痕迹。举例来说，欧洲国家死亡率的下降是一个漫长的过程，而后来经历人口转变的国家，无论是日本、韩国这些发达国家，还是中国、印度这些发展中国家，由于时代的发展，医学知识技术和医疗卫生事业不断进步，死亡率下降的速度都普遍快于欧洲各国。这就是时代发展的特征，受它的影响，人口转变在不同的时期将表现出不同的特点。20世纪中叶中国才开始人口转变进程，此时的社会、经济、政治和文化环境与18、19世纪有着巨大的差异，这些差异就决定了中国的人口转变道路也将体现时代的烙印，呈现出有别于欧洲人口转变道路的特点。

唯物辩证法还认为任何事物包含着共性和个性即普遍性和特殊性两个方面，这两个方面的矛盾运动推动着事物向前发展。经典的人口转变理论是从欧洲的实践中总结出来的，它必然既包括适用于人类全体的具有普遍性的关

于人类发展的一般规律（这些是属于共性和普遍性的内容），又包括属于欧洲的体现当时各国国情的具有特殊性的东西（这些是反映时代特点和本土状况的内容）。当一般规律与中国的实践相结合，受到中国特殊的社会经济发展过程、政策和文化的影响，形成了一种与欧洲道路不同的新的形态，那就是人口转变的中国道路。从哲学上说，人口转变理论的现代化和本土化就是属于唯物辩证法所说的个性或特殊性。

需要说明的是，共性与个性、普遍性与特殊性的区别，并不是正确和错误的区别，而是绝对和相对的区别。就人口转变理论而言，并非指从欧洲实践中逐渐形成的人口转变理论是不正确的，而是指对于当时的欧洲而言它可能是适用的，而在当代的中国它可能有一些不适用的地方。而且，共性并不可能脱离个性而孤立存在，它始终寓于个性之中。正是由于时代的变迁和各国人口发展的不同特质，才不断修正、更新着人口转变理论，使人们对它的认识更丰富、更深入和更完整。

所以，研究中国的人口转变道路，既符合唯物辩证法的精神，也符合认识的基本规律。从欧洲人口发展实践中总结出的人口转变理论之中，既有普适性的一般规律，也有反映 18、19 世纪欧洲特点的特殊规律。对中国的人口转变道路进行研究，就要将原有理论中的一般规律和特殊规律进行区分，寻找中国的特殊规律，进一步补充和发展人口转变理论。

第二节　本书的基本性格和结构安排

一、基本性格

本书的选题定位是"人口转变的中国道路"，那么关键词就是"人口转变"、"中国"和"道路"。在这三个关键词中，"人口转变"是理论基础，"中国"是研究范围，"道路"是研究内容。

"人口转变"这个概念在人口研究中被广泛使用，经典的人口转变理论常被用以描述18世纪后期以来一些欧洲国家因为社会经济、技术和文化的变化而出现生育率和死亡率的下降过程。在本书第二章对人口转变理论的介绍中有专门针对人口转变概念和理论的内容，在此不再赘述。从空间的界定来看，本书的主要研究范围是中国大陆地区，并不包括港澳台地区。由于历史原因，港澳台地区的社会经济发展进程和各项政策与大陆地区都有显著的差异，所以这些地区的人口转变情况不是本书的研究主体。当然出于比较的需要，本书也会对港澳台地区、欧美发达国家以及一些发展中国家的人口转变情况进行分析。从时间的界定来看，本书的研究范围是1949年至今。1949年中华人民共和国的成立是中国历史上具有里程碑意义的事件，社会、经济、政治等各领域都以此为转折点，发生了天翻地覆的变化，人口领域亦是如此。本书认为中国人口转变的起点也是1949年（第四章中有专门论述，故在此也不再赘述），所以本书主要研究1949年以来中国人口转变的情况。同样，虽然不属于本书的主要研究范围，但是在进行对比时，对1949年以前中国人口的发展情况也会简要涉及。"道路"原指两地之间的通道，在本书中采用其引申义，指事物发生或完成的方法。含义的抽象性决定了"道路"此概念在本书运用中所具有的概括性，它是一个综合了历史进程、基本经验和发展规律等内容的系统性概念。综合上述三个关键词的内容，本书所研究的人口转变中国道路是指从建国以来至今中国如何实现从"高出生率、高死亡率、低自然增长率"向"低出生率、低死亡率、低自然增长率"转变的整体性过程，包括了发展历程、基本经验和发展规律等多个方面的内容。

在中国人口转变道路的研究中，对其发展过程的研究是一切结论和判断的形成基础与出发点，本书中这部分内容将按时间的脉络展开。但是，研究历史进程的最终目的是从实践角度总结基本经验和从理论高度概括发展规律，所以本书整体上将按由表及里、由现象到本质的逻辑顺序展开。

本书的一个重要性格就是它既不是中国人口的计划生育史，也不是人口转变理论的教科书。本书将以中国人口转变道路的探索过程为视角，兼顾人口转变理论现代化和本土化过程中的实践经验总结与规律理论创新这两方面的内容，以期形成自己的一种风格。本书的总体写作风格是夹叙夹议、论从史出、以史带论、史论结合。将对历史的叙述和梳理作为形成判断与理论的基础和铺垫，从具体到抽象，在展示历史事实的实际过程中形成自己的观点。但也不是如同撰写编年史那样去一五一十地还原历史，而是紧密围绕论点有态度、有目的地整理、挑选和展现历史资料，并在叙述的基础上进行细致深入的分析，做出有深度、有新意的议论，追求理论的创新。

二、主要内容

本书的主要研究目的是通过对中国人口转变过程的整理、组织和分析，对中国人口转变道路的主要内容、探索过程、基本经验和发展规律进行概括与总结，探索中国人口转变的特殊模式和特殊规律，创建中国化的人口转变理论。具体可以分为以下几个方面的内容：

第一，通过对已有的人口转变理论研究的评述和国外部分国家的人口转变实践的研究，区分已有人口转变理论一般性和特殊性以及各国人口转变过程所表现出的一般性规律和特殊性规律。

第二，对中国人口转变道路探索过程进行整理、组织和分析，系统地、深入地研究中国人口转变的阶段划分、影响因素、特点和结果，探索新规律。不仅考虑人口变量本身的变动特点，而且将其与社会经济、制度、文化等因素的发展特点相结合，进行中国人口转变道路的阶段划分。对影响人口转变的各因素进行整合，从现代化和本土化两个维度来考察，着重考虑各力量的相互关系、作用范围和作用机制。不仅研究中国人口转变所表现出的现象的特殊性，而且要着重研究导致这些现象产生的原因的特殊性。对人口转变结果的研究，不再局限于"老龄化"、"人口红利"等"舶来理论"，还充分挖掘中国独特的出生性别比长期偏高现象，从人口转变规律的角度去研究人口转变与其的关系问题。

第三，在对探索过程的研究基础上进一步提炼和归纳中国人口转变的基本经验与演变规律。对基本模式经验总结的研究，要细化和深入原来研究中标签化的"干预型"或"计划生育政策"研究结论，重点研究在什么样的背景下、出于什么原因、采用什么样的方法进行人口调控和如何实施这些方法，干预效果如何，怎样进行调整等一系列内容，这是一整套经验的系统总结。对演变规律的研究，结合对已有文献的述评和国外人口转变实践，对中国人口转变过程中的一般性和特殊性进行区分，深入开发挖掘中国特有的人口转变现象，在人口转变理论一般规律的指导下寻找这些现象产生的原因，归纳形成体现中国特点的人口转变新规律，构建中国化的人口转变理论体系。

第四，从发展整个人口转变理论的角度去认识中国人口转变过程中得出的基本经验和演变规律。基本经验是对中国人口转变模式的总结，演变规律是对中国人口转变理论的总结，两者是实践和理论方面的创新产物，是人口转变理论在当代中国新的表现形式。所以本书要在此基础上对人口转变理论做出进一步的补充和发展。

三、结构安排

本书主要目的是对中国人口转变道路的主要内容、探索过程、基本经验和发展规律进行概括与总结，探索中国人口转变的特殊模式和特殊规律，创建中国化的人口转变理论。以这项研究目的为基本依据，本书拟定了具体的研究思路，全书的研究框架见图1—1。

本书一共分为七章，按照逻辑顺序可以归纳为四个部分。

第一部分为本书的第一章。这一部分是本书的绪论，主要介绍选题的背景和意义，以及对本书的基本性格和结构安排进行提纲挈领的概括。

第二部分为本书的第二章和第三章。这一部分为本书提供了理论和实践两个方面的准备。首先对已有的研究成果进行梳理和评价，从人口转变理论研究和中国人口转变研究这两个方面展开。通过文献综述，熟悉本选题的理论背景和发展脉络，了解到目前为止关于中国人口转变的研究都研究了什么内容，采取了什么样的方法，得出了什么结论，还存在什么问题。然后，回顾了世界范围内的人口转变过程，一方面总结了世界人口转变发展实践中的经验和规律，另一方面为主体部分研究中国人口转变道路提供了比较对象。

第三部分为本书的第四章至第六章，这是本书的主体部分。第四章至第六章按时间顺序介绍了中国人口转变历史进程的三个阶段。这一部分并不是单纯的书写历史，而是夹叙夹议、论从史出、以史带论、史论结合，始终

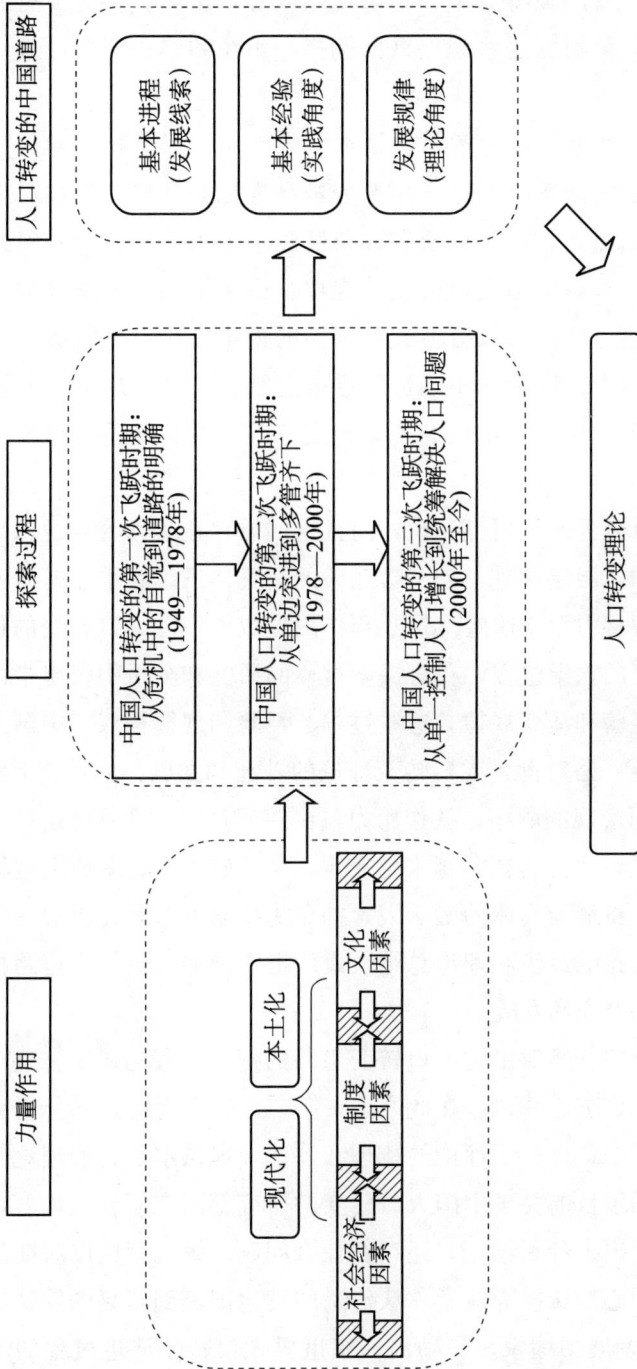

人口转变的中国道路

基本进程（发展线索）

基本经验（实践角度）

发展规律（理论角度）

探索过程

中国人口转变的第一次飞跃时期：从危机中的自觉到道路的明确（1949—1978年）

中国人口转变的第二次飞跃时期：从单边突进到多管齐下（1978—2000年）

中国人口转变的第三次飞跃时期：从单一控制人口增长到统筹解决人口问题（2000年至今）

人口转变理论

力量作用

现代化　本土化

社会经济因素　制度因素　文化因素

图1—1　本书的基本结构

围绕中国人口转变的独特实践和理论规律来分析历史。从对历史的分析中得出初步观点，再根据这些观点重新选择、组织和整合资料，进一步检验观点。

第四部分为本书的第七章，这是本书的灵魂、总结和延伸。在第三部分大量论述和分析的基础上，这一部分进行提炼和升华。通过对中国人口转变基本历程的回顾，一方面从实践角度总结中国人口转变的模式，另一方面从理论角度提炼中国人口转变的规律。由于第三部分围绕基本观点进行了大量的论述，所以这部分模式和规律的得出应是自然而然、水到渠成的。本章不仅对人口转变的中国道路进行总结，而且也从世界人口转变理论发展的视角重新认识了中国的人口转变道路，对其普适性和价值进行了分析。

本书也可以分为四个研究层次，而且这四层存在着内容和逻辑上的双重顺序，环环相扣，层层递进，是一套完整的研究体系。着手点是研究影响中国人口转变的各种力量，这些力量互相作用形成了中国人口转变的过程和中国人口转变道路的探索过程，在对探索过程的研究和分析中得出中国人口转变道路的基本经验和演变规律，这些过程、经验和规律构成了中国人口转变道路的主要内容，是对世界人口转变理论的补充和发展。从内容上看，本研究遵循从微观到宏观的顺序，从作用力量到探索过程，到整体道路，再到世界人口转变理论，研究的视角越来越宏观；从逻辑上看，本研究遵循从具体到抽象的顺序，将最为具体的影响因素抽象为探索的过程，再进一步抽象为中国人口转变道路的经验和理论总结，最后把中国的人口转变道路抽象为对人口转变理论的补充和发展。

全书的主体部分是对中国人口转变道路的探索过程的研究。这一部分包括了本书的第四、五、六章。在此之前，第二、三章为这一部分研究的展开做好了铺垫。第二章进行了理论的梳理和评述，提供本研究的理论背景和研究方向，并回顾了目前关于中国人口转变的研究都研究了什么内容，采取什么样的方法，得出了什么结论，还存在什么问题。第三章则以时期的演变和世界人口转变中心的转换为线索，从传统的发达国家到新兴的发达国家（地区），再到广大发展中国家，勾勒出一幅世界人口转变演进过程的动态全景图。这章的写作目的一方面是为中国人口转变道路提供比较对象，另一方面也是通过对世界人口转变过程的梳理和分析来探索世界各国人口转变过程中所体现出的一般规律和特殊规律。第四章至第六章是按时间顺序展开的，分三章介绍了中国人口转变历史进程的三个阶段。这三个阶段的划分依据不再局限于生育率和死亡率的变动特点，而是将人口变化发展置于社会经济制度整体变化的大背景下来进行划分。具体来看，第四章的时间跨度是从建国初期直到改革开放前，此时中国的社会经济发展处于恢复、探索的历史阶段，我国在此过程中也对适合自身的人口转变道路进行了探索，并在历经多次失败和波折后做出了正确的选择，人口转变的中国道路初步形成。第五章涵盖了从改革开放时期到20世纪末的历史过程。这个时期，我国在进行大规模社会主义现代化建设和改革开放的过程中完善社会主义市场经济体制，社会经济等方面都经历了具有深远意义的伟大转折。与此相呼应的，人口转变的中国道路也面临着转折，实现现代化目标的急迫、经济体制的转变、改革开放取得初步成果和社会经济因素对人口发展的影响日益增长等一系列变化都要求中国的人口转变道路做出回应。最终，中国的人口转变道路经历了"两次调整"和"两次稳定"，在坚持既定方向的前提下，对具体目标、工作方法和手段进行了调整，人口转变道路也在此过程中得以逐步成熟。第六章的内容从21世纪初延续至今，随着中国的社会经济制度逐步稳定并走向成熟，此时中国人口转变过程已经基本完成，中国的人口转变道路向着更为稳健、更有预见性的方向发展。在对这三章具体内容进行研究时，紧紧围绕"现代化"和"本土化"这两条发展脉络，着重分析社会经济、制度、文化等多种因素之间的相互影响和相互替代作用，以及这些力量作用的结果和影响。

如果说第四章至第六章是本书的血肉之躯，那么第七章则是本书的灵魂部分，它在主体部分大量叙述和议论的基础上，对人口转变的中国道路进行总结和提升。阐明人口转变的中国道路的主要内容，从发展脉络和线索方面对中国人口转变道路的基本过程进行总结，从实践经验角度对中国人口转变道路的基本模式进行总结，从理论创新方面对中国人口转变道路的演变规律进行总结。可以说，第二、三章的理论和实践准备以及第四、五、六章大量史论结合的呈现都是紧紧围绕这一章的结论而展开，也正是由于前文的充分论述和证明，这章的所有结论都是理由充分、逻辑清晰的。这一章也是全书的总结和延伸，是对本书内容的再次升华。这章对中国的人口转变道路进行了浓缩，在世界人口转变理论发展的背景下重新认识中国的人口转变道路，将其视为人口转变理论在当代中国的一种具体表现，以此来丰富和补充人口转变理论。并且在此基础上讨论中国人口转变道路对其他国家和地区的借鉴作用，即分析了它的普适性价值。

第二章

人口转变理论的发展

第一节　人口转变理论研究的发展

一、人口转变的概念

"人口转变"是在人口研究领域中被广泛使用的概念，但是不同研究者对其的理解却存在着很大的差异。有些学者认为人口转变是指伴随现代化过程而发生的死亡率和生育率相继下降的过程（Frank W. Notestein，1945）。有些学者认为它仅仅是指一种与生育有关的转变（马力、姜卫平，2010）。有些学者认为经典的"人口从出生和死亡在相对高水平上的基本平衡向极低水平上的基本平衡的转变"强调的社会变化是"第一次人口转变"，基于观念、文化和生活态度的变化提出了"第二次人口转变"（D. J. Van de Kaa，1987）。还有学者认为死亡率和生育率的变化是前两次人口转变的主要内容，而由迁移和民族引起的人口变化是第三次人口转变的题中之义（David Coleman，2006）。

对人口转变概念的认识差异是可以理解的。因为人口转变理论是基于历史事实和经验概括发展起来的，从一开始它就不具备清晰的理论边界。人们在实际操作中往往可以把各种人口要素和人口过程加以综合，将人口某一方面变化的问题都归入人口转变的范围之中进行研究。

尽管对人口转变的认识角度存在差异，侧重点有所不同，但这并不妨碍对人口转变理论研究的开展，因为学者们关于人口转变理论至少存在着以下两点共识：第一，人口转变理论是对 19 世纪以来发生的人口模式转变过程的一种描述性的解释（米歇尔·斯·泰特尔鲍姆，1992）。第二，这种过程虽然最先在西欧和北欧发生，但其所蕴含的基本规律具有普遍共性（Frank W. Notestein，1983）。

所以本书所研究的"人口转变"仅指经典意义上的、已获得广泛认同的人口转变过程。它是指从包括欧洲各国在内的许多国家的人口发展经历中已经观察到了的人口从一个以高生育率和高死亡率为特征的状态向一个以低生育率和低死亡率为特征的状态的转变过程（IUSSP，1982），并不涉及"第二次人口转变"理论甚至"第三次人口转变"理论所拓展出的新内涵。

二、人口转变的类型阶段划分和标准

人口转变理论的形成是从将人口发展过程进行不同类型或者不同阶段的划分开始的，而且早期人口转变理论最主要的研究内容就是人口转变的不同阶段及其划分标准。所以对人口转变类型阶段和划分标准的研究，是人口转变理论的逻辑起点和历史起点。

人口转变理论的先驱们似乎都对"三阶段论"情有独钟，但是他们对于具体的阶段划分和划分标准的认识却存在着巨大的差异。第一个试图去描述人口转变过程的是兰德里，他更多的是从经济意义上进行划分，将人口转变过程视为三种经济体制，划分的标准是经济因素所处的地位。在原始阶段，经济因素通过影响死亡来控制人口增长；在中间阶段，经济因素通过婚姻影响人口增长；在现代阶段，人口、经济的互相影响仍在，但经济因素不再扮演早期的角色（United Nations，1982）。相比之下，汤普森和诺特斯坦的注意力从经济因素转向了人口本身，他们都根据生育率、死亡率和人口增长速度的不同把世界分为三类地区。不同的是，汤普森认为存在死亡率下降慢于生育率下降、死亡率下降先于生育率下降和两者都不受限的三类地区（Warren S. Thompson，1929）。而诺特斯坦则把世界分为已完成转变的生育率低于更替水平的国家、正在转变中的生育率虽下降但人口仍在增长的国家和未开始转变的未来增长动因是死亡率下降的国家三种类型（Frank W. Notestein，1945）。

诺特斯坦提出的转变模式有力地概括了人口发展的不同阶段，受到广泛的认可。在此基础上，他在1953年的一篇文章中提出了"四阶段模型"。该模型突破了单纯对人口变量变动的分析，而是联系工业化发展进程，将人口转变分为工业化前、工业化初步发展、工业化进一步发展和工业化完成四个阶段（Frank W. Notestein，1953）。这篇文章最终奠定了诺特斯坦作为人口转变理论创始人的地位，形成了人口转变理论的基本框架。后续的许多关于人口转变的研究大多都是在这篇文章的框架下展开的。

虽然与诺特斯坦同期或其之后还有许多关于人口转变阶段划分的研究，但与其所提出的模型大同小异。比如，柯尔和胡佛 1958 年在分析印度等国家的人口转变过程时，划分的四个阶段与诺特斯坦的四阶段模型几乎是一致的（Ansley J. Coale, Edgar M. Hoover, 1958）。而布莱克（C. P. Blacker, 1947）提出的五阶段模型中，前四个阶段也与诺特斯坦的模型相似，只是最后比其增加了一个减退阶段。

从关于人口转变阶段划分的研究中可以得出以下两点认识：第一，由于人口转变理论是从实际历史发展过程中总结出来的，并不是理论演绎的结果，所以，由于研究者所处的时代不同、考察的地区不同、研究的重点不同，总结的人口转变过程也会有所不同。第二，人口转变理论发展到今天，依然保留着早期的研究传统，较为常见的划分方法还是根据生育率、死亡率的变动特点来进行人口转变阶段的划分。

三、人口转变的影响因素

早在进行人口阶段划分的同时，研究者们就对影响人口转变的原因产生了浓厚的兴趣。因为要使人口转变理论从一种对人口实际发展历程的概括真正转变成为一个严密的逻辑体系，回答这种特殊现象产生的内在原因是一个无法回避的问题。

总体而言，对人口死亡率下降的解释似乎相对简单，认识比较统一。诺特斯坦在其 1945 年的研究里就提出了对死亡率下降原因的两点解释：一是由于工农业的技术创新，食物供给的数量和质量都提高了；二是医疗卫生事业和医药技术的发展使人们对疾病的控制能力增强（Frank W. Notestein, 1945）。虽然后来在许多发展中国家，死亡率下降的进程大大加速了，但究其原因也不外乎以上两点。

与死亡率相比，对生育率下降的解释则显得异常丰富多彩。这类研究浩如烟海，几乎所有研究生育率变化的研究都可以纳入其中。这可能是有些学者将人口转变研究视为生育率转变研究的重要原因之一。以下只是选择了其中一些较有代表性的研究观点。

首先可以从宏观、微观的角度来对人口转变影响因素的研究进行划分。宏观研究一般是从结构主义的视角来解释生育率下降，微观研究则从人本主义的视角来解释（王渊明，1995）。前者强调人口转变的结构背景，例如现代化、工业化等，比如诺特斯坦提出的现代化生活剥夺家庭功能、传统压力的减轻、人们教育程度的提高和理念的更新会导致生育率的下降（Frank W. Notestein，1953），这些都是属于结构主义视角的。后者研究人们的行为决策过程，如贝克尔的孩子数量—质量替代理论就是一项典型的研究（Gary S. Becker，1988）。当然，也有将宏观背景和微观行为两者联系起来的研究，例如邦嘎兹的中介变量理论（J. Bongaarts，1975）和伊斯特林等的生育率供给—需求理论（Richard A. Easterlin，Eileen M. Crimmins，1985）。

其次，也可以用影响因素的类型来进行划分，导致生育率转变的原因可以分为经济、社会、文化、制度等多个方面。早期的人口转变理论大多从经济发展角度来解释生育率的下降（Frank W. Notestein，1983），新家庭经济学甚至建立起了一个生育率转变的经济分析框架（加里·S·贝克尔，1987）。但是，这些观点遭到了社会因素论学者的强烈批评，其中最为著名的是考德威尔，他的研究强调了家庭代际关系的变化（John C. Caldwell，1976）。还有一些学者从文化（Ron Lesthaeghe，Dominique Meekers，1986）和制度（Geoffrey MeNieoll，1975）的角度去解释生育率的下降。另外，也有许多学者在将各种因素融合方面做出了努力，他们认为生育率下降是多种因素共同作用的结果（Richard A. Easterlin，1978；Keith O. Mason，1992）。

从以上众多研究成果的分析中，可以得出一个结论：影响生育率下降的因素远比影响死亡率下降的因素复杂得多。研究生育率的转变是人口转变研究的重点。在研究中，不但要注意将社会背景和它们对微观个体的作用机制相结合，还要考虑社会、经济、制度、文化等多种因素的综合作用。

四、人口转变理论在发展中国家的应用

当对人口转变动因的讨论还在如火如荼地进行中时，许多学者将眼光投向了欧洲以外的地区。一方面的原因是，欧洲的民族主义传统使他们有一种

与生俱来的优越感，认为欧洲的人口转变历程会成为整个人类发展的标准道路，其他国家或地区或早或迟都必然会走上欧洲的道路；另一方面的原因是人口转变理论来源于实践，其正确性还需经过实践的再检验，而此时广大的发展中国家处于人口转变过程之中，正好成为人口转变理论的验真器。

除了已经提到过的柯尔和胡佛 1958 年对印度和墨西哥等国家的人口转变进行研究外，还有许多研究对亚洲（R. Leete，I. Alam，1993）、拉丁美洲（J. M. Guzman，S. Singh，G. Rodriguez et al.，1996）和非洲（T. Locoh，V. Hertrich，1994）的人口转变进行了仔细的考察。

这些研究的结果发现，从高死亡率、高生育率模式向低生育率、低死亡率模式的转变似乎是这些发展中国家人口正在进行或即将进行的过程，尽管这些国家的社会经济发展水平、政治体制和文化传统存在着巨大的差异。这些国家的人口转变进程大多开始于第二次世界大战之后，相比欧洲及其海外殖民地，发展中国家死亡率和生育率的下降速度大大加快。学者们用社会经济发展、技术传播和在发展中国家广泛开展的计划生育服务等来解释这种加快的人口转变进程。但是，也有些规律的普遍性未得到证实。比如，社会与经济的发展会促进人口转变的观点就受到一些挑战，因为一些撒哈拉以南非洲的研究表明，极为不利的条件也会刺激人口转变；又如，转变一旦开始就会继续的观点在一些国家也遭遇失败，许多国家的生育率在未达到较低水平时，下降已经停滞（马力、姜卫平，2010）。

人口转变在发展中国家的应用符合任何事物都包含着共性和个性、普遍性和特殊性的规律。经典的人口转变理论是从欧洲的实践中总结出来的，它必然既包括适用于人类全体的、具有普遍性的、关于人类发展的一般规律，又包括属于欧洲的、体现当时时代发展特征和各国国情的具有特殊性的东西。当一般规律与欧洲以外其他国家或地区的实践相结合，受到特殊时代背景和特殊的社会经济发展过程、政策及文化的影响，就会形成新的规律，而人口转变理论就在此过程中不断创新、不断发展。

五、对人口转变理论的批评和讨论

尽管人口转变理论在世界范围内获得了广泛的认同，但是对它的批评和讨论也层出不穷。目前来看，这些批评和讨论主要体现在两个方面：适用性和理论性。

适用性的问题在讨论人口转变理论在发展中国家的应用时已有所涉及。批评者的主要观点是，人口转变理论是根据西方特别是欧洲人口发展的经验归纳得出的，它并不适用于欧洲以外的地区。有的学者认为即使是欧洲各国，它们本身的历史和人口发展过程就千差万别，怎么可能得到一致的规律呢（E. Van de Walle, J. Knodel, 1967）？有的学者认为各国具体情况的巨大差异导致了社会经济等因素对生育率下降的影响是非常模糊的，意义并不明确（L. Van Nort，B. P. Karon，1955）。还有的学者考察了资本主义国家与社会主义国家的不同，认为不同的经历使苏联在社会转型的同时开始人口转变过程，与西方资本主义国家存在着巨大差别（United Nations，1982）。

对人口转变理论的理论性的争论是指许多学者认为人口转变理论根本不是一种理论，而是对发生在西方国家的有相同规律的事件描述。对人口转变的转折点的解释缺乏一致、清晰的逻辑体系（Hauser，Duncan，1959）。但也有学者认为，人口转变理论至少提供了一种令人满意的、适合更广泛范围史实与经验归纳的框架和方法（Rupert B. Vance，1952）。

其实，人口转变理论与其批评者之间的观点并不存在实质性的矛盾，之所以会形成针锋相对的观点，是因为没有厘清人口转变理论中一般性和特殊性的关系。如前所述，从欧洲实际经验中总结出来的人口转变理论中既包含一般的普适性规律，也包含与欧洲各国具体情况相结合的特殊性规律。既不能因为各国人口历史差异、社会经济背景及各因素影响机制的不同而全盘否定人口转变理论的一般规律性，也不能将所有从欧洲实践中总结出来的规律都视为普遍真理而全盘接受。正确的认识方法是区分人口转变理论中的一般规律和特殊规律，将原有的特殊规律作为参考和对比的坐标，将一般规律与具体实践相结合，研究新的规律来丰富发展原有的理论体系。

六、对人口转变理论研究的小结

对人口转变理论的评述为本书的研究提供了很好的理论背景和研究视角。从对以上研究成果的评述中，可以得到以下几点结论：

第一，尽管存在着认识上的一些差异，但学者们就"人口转变理论主要研究人口从一个以高生育率和高死亡率为特征的状态转变为一个以低生育率和低死亡率为特征的状态的过程、原因和结果"这个观点是存在一定共识的。

第二，人口转变理论是从实际历史发展过程中总结出来的。所以，由于研究者所处的时代不同、考察的地区不同、研究的重点不同，对人口转变过程的认识也会有所不同，并不存在一个统一的划分标准。

第三，人口转变是社会、经济、制度、文化等多种因素的综合作用的结果，但在不同的时代和不同地区，各种因素的作用机制是不尽相同的，并不存在着一个一致的模式。

第四，人口转变理论既包括适用于全体人类的具有普遍性的关于人类发展的一般规律，又包括体现时代发展特征和各国国情的具有特殊性的东西。一般规律与不同时期、不同地区具体情况相结合，不断形成新的特殊规律，修正和深化对一般规律的认识，这正是人口转变理论发展的活力和动力所在。

第二节　中国人口转变研究的发展

一、对人口转变的基础理论研究

人口转变理论是西方的"舶来品"，我国学者从 20 世纪 80 年代初才逐渐开始将人口转变理论引入中国。他们对西方人口转变理论的基本观点和历史发展进行了详细的介绍、梳理和评论，并且对国内人口转变理论研究予以及时的关注和总结（李辉、于钦凯，2005；刘爽，2010）。这些研究认识到 200 年来人口发展经历的深刻变化、世界各国人口状况与趋势的巨大差异都与人口转变存在着紧密的联系，并且可以由人口转变理论得到解释。在世界人口变化的实践中，人口转变理论得以产生和发展，研究者们从最早的理论阐述、争论与评价、补充和修正等多个方面回顾和总结了人口转变理论的发展过程

（陈卫、黄小燕，1999）。在这些研究中，有的介绍了人口转变的含义、判别标准及模式（葛小寒，1999），有的对西方人口转变的描述与解释进行了介绍（刘传江，2000），还有的以现代人口转变理论的发展历程为线索，对该理论已有的研究成果和存在的争论予以总结，试图为今后的人口转变理论研究提供思路（王艳，2008）。

在对人口转变理论有了清晰的认识后，有许多学者从不同角度对人口转变理论的缺陷进行了研究，并对西方的人口转变理论做出了补充和发展。有学者认为人口转变的研究是西方视野的，缺乏比较研究和系统论述（王学义，2007）。有学者讨论了人口转变中的古典问题和新古典问题，即人口转变的同一性和差异性解释问题，认为两者都忽视技术因素和制度因素（李建民，2001）。生育转变是人口转变的重要内容，有学者把生育转变中生育这个因变量进一步明确化，成为一个包含数量、时间和性别三方面特征的"三维性"变量（顾宝昌，1992）。在人口转变基础理论研究中，还有一个领域研究非常集中，那就是讨论现代化和人口转变的关系。相关研究成果认为，人口转变进程是由现代化进程所决定的，人口转变过程的不同是由于现代化道路的不同；而人口转变进程则是现代化进程中一个非常重要的组成部分（李建新，1994；刘传江、郑凌云，2002；王岸柳，2002；朱国宏，1997）。

可见，中国学者对人口转变理论的研究经历了三个方面的实质性飞跃：从无到有，从全面接受到分析批判，从学习了解到补充发展。但是，这些研究还存在四个方面的缺陷：一是接受多批判少。直到现在仍有许多研究只是停留在对西方人口转变理论照搬照抄的层面上，对其在中国应用的具体情况和条件缺乏分析。二是破多立少。在对人口转变理论进行批判性分析的文章中，很多人只是点到了西方人口转变理论的缺陷，但是在纠正这些缺陷方面所做的努力却很少。三是零散多系统少。面对中国实际，对人口转变基础理论的修正还都只是小修小补，着眼于局部，分散在各个方面和各个层次上，缺乏系统的观点和清晰的逻辑。四是研究现代化的多，研究本土化的少。虽然运用现代化理论对人口转变进程进行研究是一种具有系统性、综合视角的，对人口转变理论进行发展的很好尝试，但是现代化和本土化是一个不可分割的整体，是代表事物发展方向的两种维度（时间维度和空间维度）。过于强调现代化而不谈本土化是分析视角的明显缺失。所以，本书拟从现代化和本土化两个发展方向出发，系统全面地研究中国人口转变过程，寻找出与西方相似的一般规律和体现中国时代特征及具体情况的特殊规律，补充和发展人口转变理论。

二、对人口转变理论的应用

人口转变理论是根据实际经验发展而形成的产物，这使其具备了很强的实践指导性。随着对西方人口转变基础理论的逐渐了解，中国的人口学者们热切地希望能将这些理论运用到本国的人口发展实际中，一时间在这方面涌现出大量的研究成果，掀起了一阵人口转变理论的应用"狂潮"。

在全国或全体人口的研究层面上，主要应用体现在根据人口转变理论对中国人口转变进程进行阶段划分和判断。根据不同的标准和不同的研究重点，学者们把中国的人口转变阶段划分为两阶段、三阶段或四阶段等。两段论者认为，中国的人口转变可分为以人口死亡率变动主导和以人口出生率变动主导的两大人口阶段（穆光宗、陈卫，2001）。而部分学者则根据经典的人口转变理论将中国的人口转变划分为"高生育率、高死亡率、低自然增长率"、"高生育率、低死亡率、高自然增长率"和"低生育率、低死亡率、低自然增长率"三个阶段（王胜今，1998）。也有部分学者根据中国实际出生率和死亡率的变动把人口转变进程划分为四个阶段：第一阶段（1949—1957 年），在此期间，人口规模迅速扩展；第二阶段（1958—1961 年），由于国家政治经济政策的失误和大范围的自然灾害，造成大量的非正常死亡和生育的推迟，死亡率猛升，出生率剧降；第三阶段（1962—1973 年），由于补偿生育使出生率在1963 年达到建国以来的峰值，死亡率恢复原有的下降趋势，是我国人口高速增长时期；第四阶段（1974—1997 年），由于开始推行计划生育政策，妇女生育率下降，人口规模扩展速度减缓（尹勤、高祖新，1998）。还有部分学者根据布莱克（C. P. Blacker）或彼得（Carrie Peter）和拉金（Robert Lakin）的五阶段理论将我国人口转变划分为高位静止、早期扩张、后期扩张、后期减速、低位静止五个阶段（陈剑，2002；罗淳，2002；朱国宏，1989）。在阶段划分的研究中，讨论最激烈的一个问题是关于中国是否完成了人口转变和完成标志问题。有一部分研究者根据人口本身指标、经济动因和社会结构等方面的转变尚未完成，认为我国的人口转变并未完成（王振东、明立群，2003；向志强，2002），另一部分研究者则根据人口的一些关键性指标判断，认为中国已经在 20 世纪末完成了人口转变，并开始进入"后人口转变"时期（李建民，2000）。

在地区或亚人口的研究层面上，对人口转变理论的应用则显得更为丰富。不仅包括对东西部人口转变特点、差异和对策研究（梁宏，2002；罗淳，2008；田雪原，2000；王必达，2002；原新，2000），还包括对部分省、市人口转变的进程、原因和特点研究（刘观海，2010；陆杰华、闵学文，1993；孙常敏，1997；杨宗贵，2004；夏怡然，2004）以及少数民族人口转变的状况研究（何景熙、李艾琳，2006；罗淳、和勇，2004）。

总体来说，我国学者对人口转变理论的应用研究远远要多于对人口转变理论本身的研究。但是，这些研究往往是对西方人口转变理论的简单套用，并没有密切地结合中国实际进行调整。对中国人口阶段的划分，无论是两段论、三段论或者四段论，都还是直接引用西方现成的人口阶段划分理论，这样的划分固然能够方便比较，但是并没有针对中国的实际去确定发展阶段，会失去许多有价值的信息。而且，划分标准也比较单一，主要以生育率和死亡率的变动为划分标准，未考虑到其他因素的情况。比如，同样表现为生育率下降，可能是由不同原因或不同机制造成的，如果单纯用人口变动情况进行划分，会过于粗略简单。为此，本书拟将人口转变放在整个社会发展的背景下，结合人口本身的变动特点与社会、经济、制度、文化等因素的发展特点进行中国人口转变道路的阶段划分。

三、中国人口转变的特点研究

中国人口转变的特殊性很早就引起了学者们的关注。对中国人口转变特点的研究是人口转变研究中比较成熟的一个研究领域，研究成果非常丰富，而且存在着许多共识。综合这些研究成果来看，得到普遍认同的中国人口转变特点表现在四个方面：一是超前性，即生育率在社会经济指标还处于较低水平时就发生下降，存在阶段的超越性；二是干预性，即国家通过各种方式和手段引导人们的生育行为发生转变，进而影响到人口转变进程；三是迅速性，即中国用短短几十年就完成了西方国家上百年才完成的人口转变过程；四是不平衡性，即人口转变过程中城乡、地域间的差异很大（李建民，2009；宋杰、刘秀莲，1992；谭晓青，1989；颜峰、胡文根，2009；原新，2001）。

也有学者从另外的角度去研究中国人口转变的特点，提出了一些不同的观点。查瑞传（1996）通过对生育资料的仔细分析，提出中国生育转变存在着起始水平高、趋势始终向下和变化缓慢波动多三个特点。李建新等学者认为，由于人为因素的影响，中国的生育转变至少滞后了 10 年，造成了之后的转变在时间和空间上表现出明显的压缩性（李建新，1995，2000；李建新、涂肇庆，2005）。穆光宗等学者则认为"十年一转变"的周期性是中国人口转变的一个显著特征，存在着不稳定和不彻底性（刘泰洪，2001；穆光宗、陈卫，2001；穆光宗，2006）。

这些研究以欧洲传统的人口转变过程为参照，总结了一些中国人口转变过程中的特殊之处，为研究中国的人口转变理论奠定了基础。但是，这些研究仍然存在着以下两点不足之处：第一，许多研究集中在生育转变上，对死亡转变的特点却很少关注。人口转变理论是包括死亡转变和生育转变的，而中国的死亡转变也是有其特殊性的，应当对其加以研究。第二，只研究表象，缺乏深入的分析。大多数研究只是对中国人口转变过程中所表现出来的现象加以描述和概括，并没有注意到造成这些现象的根本原因才是中国的特殊性所在。比如，中国人口转变的快速性是很多发展中国家共同的经历，并不能体现出特点来。如果深入分析，则会发现，中国的人口转变与它们相比是更为快速，而这种超快速性与中国的社会制度、政策实施模式和文化传统存在着密切的联系，这才是真正与其他国家所不同的特点。所以，研究中国人口转变的特点，不仅要研究现象本身的特殊性，还要研究造成这些现象背后原因的特殊性。

四、中国人口转变的原因研究

传统的人口转变理论认为人口转变是社会经济发展的结果，随着研究的深入，才逐渐把文化、制度等因素纳入考虑的范围。而中国人口转变原因的研究有所不同，计划生育政策在一开始就被作为十分重要的影响因素。许多研究都认为，中国人口转变的原因中，社会经济发展和计划生育政策是同等重要的（林富德，1987；南忠吉，1993；邬沧萍、钟声，1992）。有些学者更强调社会经济发展的作用，无论是从宏观视角，例如经济发展、社会进步、城市化水平、粮食和医疗产品的供应等角度（陈友华，2010；彭希哲、黄娟，1993；宋瑞来，1992；田心源，1996；张车伟，2000），还是从微观视角，例如孩子的成本效益视角（罗丽艳，2003），或是从综合视角，例如从生育需求、生育供给和计划生育政策相互作用、现代化五因素（公共医疗保健、教育、城市化、新消费品生产、计划生育工作）对孩子的供给、需求和控制成本的影响等角度进行分析（陈萍，1990；谭晓青，1988），他们都认为中国的人口转变原因中社会经济发展所起的作用更为基础。而另一些学者则认为，制度因素特别是计划生育政策、强有力的人口控制是导致中国人口转变的关键因素，人口政策和家庭计划生育的出生抑制效果比社会经济的现代化更为显著，计划生育因素的作用正是在社会经济发展的基础上不断实现对人口转变过程的干预性影响，并使之通过生育率的转变来引致人口再生产类型的转变（邓志强、李文艳，2007；侯东民，2003；李通屏、郭继远，2007；李仲生，2003；穆光宗、陈卫，2001；邬沧萍，1986；邬沧萍、杜亚军，1986）。正当学者们就发展因素和政策因素孰重孰轻以及不同阶段何者为重等问题展开热烈的讨论之时，又有新的因素被加入到这场讨论中来。比如，有学者认为中国的文化传统对人口转变亦起了重要的作用，中国传统文化中既有助长人口增长的因素，也有利于计划生育开展的因素，特别是生育文化对中国人口转变作用的发生与发展是一个长期渐近、复杂交融、多因素并存各有作用的过程，而作为现代生育文化重要内容之一的计划生育政策的实施又大大缩短了中国从"高出生、低死亡、高增长"向"低出生、低死亡、低增长"的人口转变过程（吕红平，1996；石海龙，2001；王树新，2001；杨魁孚，2001；杨子慧，2001）。

本书认为，目前对中国人口转变原因的研究存在三个方面的不足。第一，对影响因素的理解过于狭隘。制度因素不仅仅局限于计划生育制度，而是应该包含社会制度和经济制度等，文化因素也不仅仅指生育文化，而是应当指文化整体。第二，对各因素影响的分析过于分散。在中国人口转变过程中，各个因素是相互联系并且都是自始至终发挥作用的，并不存在谁为主或哪个阶段谁为主的情况，人口转变原因在不同阶段的表现不同是由各因素作用力的方向和限度造成的。第三，分析不够深入。大多研究往往采用定量研究的方法分析各因素是否有影响，却很少讨论影响因素对人口转变到底是怎样起作用的。所以，针对以上问题，本书将运用现代化和本土化两种维度对中国人口转变原因中应该包含的社会、经济、制度、文化各因素进行系统的整合，着重分析它们之间的相互关系和对人口转变影响的具体作用机制。

五、中国人口转变的结果研究

目前关于我国人口转变社会经济结果的研究主要集中在老龄化和人口红利两个方面。

学者们认识到，人口转变过程中，死亡率和生育率的相继下降使人口年龄结构不断老化，这是经历人口转变国家的普遍规律。一般而言，人口转变初期会出现人口年轻化的趋势，转变中期生育率下降为主导形成底部老龄化，转变后期死亡率下降为主导形成顶部老龄化（陈卫，1993；罗淳，2002；吴忠观，1988）。但是由于中国人口转变的快速性和超前性，中国的老龄化体现出两个特点，一是老龄化的速度快，二是在社会经济水平较低的情况下就开始老龄化的进程（袁蓓、郭熙保，2009；林宝，2009）。还有学者对人口转变可能带来的老年人问题，如老年贫困、对社会保障制度的压力等进行了研究（陈岱云、赵德铸，2006；孙祁祥、朱俊生，2008；杨菊华，2007）。

对人口红利的研究也是人口转变经济影响研究的热点问题。人口红利理论一经提出，就被迅速地引入中国，将中国的人口转变过程和经济发展过程联系在了一起。研究者们认为，基于世界经验，人口转变会在一定时期内带来劳动力供给充裕、人力资本投资增加、科技进步、储蓄效应等一系列促进经济发展的有利因素，这就是人口红利，并对中国的人口红利进行了理论和实证分析（蔡昉，2004；王德文、蔡昉、张学辉，2004；王金营、杨磊，2010；许非、陈琰，2008；于学军，2003）。随着中国人口转变过程的完成，根据人口红利理论和刘易斯的二元经济理论以及中国劳动力短缺和工资上涨的实际情况，又有学者提出人口红利即将消失、刘易斯拐点到来的判断（蔡昉，2010；都阳，2010；汤向俊、任保平，2010）。

由于西方人口转变的过程早于中国，自然也就更早地经历了人口转变所带来的一系列社会经济的影响，在此过程中发展出许多新的理论。而人口转变对中国社会经济等各方面的影响正在逐步显现的过程中，总体而言，中国学者对人口转变影响的研究主要还是借鉴和运用西方的理论。一方面，对于有些理论在中国的适用性并没有进行很好的分析；另一方面，缺乏中国自身特有现象的理论分析。例如，人口转变导致出生性别比偏高，这是在亚洲一些国家的人口转变过程中表现出来的，而中国出生性别比偏高的时间和程度都是世界罕见的。国内对出生性别比现象与人口转变关系的规律性研究却很少，处于刚刚起步的阶段（陈卫、李敏，2010；李树茁、闫绍华、李卫东，2011）。目前对这种规律的一般适用性、特殊性和形成的根本原因的研究几乎处于空白的状态。

六、中国人口转变的模式研究

模式是指解决某一类问题的方法论，即把解决某类问题的方法总结归纳到理论的高度。由于受到各种因素的影响，中国在人口转变过程中出现了许多问题，人们针对这些问题应用了多种方法和措施去解决。不同于具体原因、特点、问题，中国人口转变的模式是指对这些特点、原因和问题，特别是对解决问题的方法和过程的理论抽象。

对中国人口转变模式的研究起始于中国与其他国家人口转变过程的比较研究。有学者将中国的人口转变方式与欧洲的人口转变方式进行比较，认为区别于欧洲的先发展后节育的自发性方式，中国的方式属于先节育后发展的政策性方式（王涤，2000；原新，2001）。虽然同属于在社会经济发展水平不高条件下开始人口转变的"亚洲模式"，但也有学者对中国和日本、印度等其他亚洲国家进行了对比，发现中国模式的特点是强有力的政策控制（孙怀阳、武超，1994；王桂新，2002）。

由此，人口转变的中国模式被贴上了大同小异的标签，或者与欧洲的自发型相对，称为诱催型或诱导型；或者与内生型相对，称为外推型；或者与自然型相对称为干预型；或者与社会经济发展主导型相对，称为制度型、人口控制型或者社会自觉控制型（洪英芳，1985；刘泰洪，2001；吕荣侃，1999；宋瑞来，1991；田心源，1996；王学义，2006；杨子慧，1992；朱国宏，1989）。这些模式的描述表达了共同的含义，即中国的人口转变基于相对落后的经济发展水平，计划生育政策的干预加快了人口转变的进程，最终成功促成了人口转变的完成。也有学者从不同角度去认识人口转变的中国模式。有学者提出中国模式的特点在于多了低生育的稳定期（叶明德，2008；邬沧萍、穆光宗；1995），有学者认为"把计划生育工作与发展社会主义市场经济相结合，与群众勤劳致富奔小康相结合，与建设文明幸福家庭相结合"的"三结合"模式是中国的特殊模式（杨子慧，1998），还有学者根据一些地方经验总结出如"苏南模式"等转变模式（刘洪光，1992；穆光宗，1993）。

可以看出，目前对中国人口转变模式的研究，还只是停留在对中国人口转变过程的特点和原因描述的层面，对解决人口问题的方法的研究过于粗略。利用计划生育政策干预生育行为，在许多国家已采用，所以这种概括并没有抓住中国模式的真正特殊之处。研究在什么样的背景下、出于什么原因、采用什么样的方法和如何实施这些方法，才是人口转变中国模式的研究重点。中国人口转变模式应是一整套系统经验的总结，而不是简单的"计划生育政策"或"干预控制"能够概括的。要对中国人口转变的模式做出准确的总结，就必须对中国人口转变的进程进行进一步的深入、细致的分析。

七、对中国人口转变研究的小结

对中国人口转变的研究浩如烟海，其内容也十分广泛，涉及中国人口转变的理论、进程、特点、原因、结果和模式等多个方面。但是总体而言，这些研究存在以下三个方面的缺陷：

第一，缺乏系统性。对各种人口转变内容的研究散见于各种成果中，但是都只是触及中国人口转变的某一方面，始终缺乏一种系统的研究视角将这些内容进行整合。已有研究中，有的只是研究中国人口转变的阶段，有的只是研究中国人口转变的原因，有的只是研究中国人口转变的特点，并没有从更高的一个层面上来看待这个问题，没有认识到中国的人口转变道路是一个包括探索过程、基本进程、基本经验和演变规律等一系列内容的完整体系，必须系统地对整个人口转变道路加以总结和概括。

第二，缺乏深入性。许多研究只是对人口转变理论加以简单应用，缺乏进一步的深入分析。例如，研究中国人口转变的原因时，只是套用传统人口转变理论的分类方式，将其归纳为经济、社会、制度、文化等几个方面，至多对影响人口转变的主要原因或某时期内的主要原因进行判断，并没有进一步地深入研究这些影响因素的相互关系、作用范围和作用机制等内容。又如，在研究中国人口转变的模式特点时，往往停留在"干预性"等简单概括的层面，浅尝辄止，没有深入挖掘这些概括背后更为丰富的信息，包括干预的背景、手段、调整、效果等内容，而这些才是中国人口转变模式的特点所在。

第三，缺乏创新性。一方面，太过依赖于业已形成的西方人口转变理论，没有注意到由于世代的变迁和中国实际情况的不同，对这些理论的应用缺乏适用性的分析；另一方面，缺乏中国化的理论自觉，没有根据对中国特殊现象的研究形成新的理论。例如，在研究人口转变的结果时，重点还是放在"老龄化"、"人口红利"这些西方业已成熟理论的应用上，没有从人口转变规律的角度对一些目前中国较为独特的、不同于西方人口转变过程的人口现象（比如出生性别比长期升高、偏高现象）进行深入的研究。

所以，基于以上几个方面的缺陷，本书将从一个更为综合的视角，对人口转变的中国道路（包含中国人口转变的主要内容、探索过程、基本经验和发展规律等）进行系统性的研究。在研究探索过程时，始终强调系统性、深入性和创新性。在对中国人口转变道路探索过程的研究中，在整个社会发展的背景下，结合人口本身的变动特点与社会经济、制度、文化等因素的发展特点进行中国人口转变道路的阶段划分；不但研究中国人口转变现象的特殊性，更为重要的是研究导致这些现象产生原因的特殊性；从现代化和本土化两个维度来整合影响人口转变的力量，着重考虑各力量的相互关系、作用范围和作用机制；从人口转变规律的角度去研究人口转变与出生性别比偏高的关系问题。在对探索过程的研究基础上进一步提炼归纳中国人口转变的基本经验和演变规律。对基本经验总结的研究，要将标签化的"干预型"或"计划生育政策"研究细化、深入，研究在什么样的背景下、出于什么原因、采用什么样的方法进行人口调控和如何实施这些方法，是一整套经验的系统总结。对演变规律的研究，要对中国人口转变过程中的一般性和特殊性进行区分，深入开发挖掘中国特有的人口转变现象，构建中国化的人口转变理论体系。

第三章

人口转变在世界范围内的演进

第一节 人类发展历程的新纪元

在人类长达几百万年的发展历史过程中，"制约"和"生存"这两个关键词贯穿始终。整个人类的演进过程中，绝大多数的时间里人们是在一种风雨飘摇、岌岌可危的环境中度过的。恶劣、严酷的生存条件形成了强大的约束力量，任何一场灾害、饥荒、疾病以及人类自身的战争或与其他种类生物对资源的争夺都可能会对人类造成毁灭性的打击。此种情景之下，对人类个体而言，熟悉、利用和改变生活环境就是生存，而对人类群体而言，生殖就是生存。在相当长的一段时间里，制约和生存这两种力量之间极为巧妙地维持着一种平衡的关系。变幻莫测的各种死亡危机频繁、无规律地出现，人类却能通过不断繁衍来弥补损失，并在与环境的长期斗争中扩展着生存能力，人口增长表现出一种无序而又存在周期轮回的特点。

这种情况持续了上百万年，直至 18 世纪才发生了巨大的变化。虽然饥荒、疾病、战争这些威胁到人类生命的死亡因素仍然存在，但其发生危害的频率和强度都大大下降，这一切都得益于人们在与环境的不断斗争中积累了更强的生存能力。技术的进步不仅使食物的种类和产量日益丰盈，更在一定程度上控制了急性疾病的传播速度和破坏程度，经济水平的提高使人们的生活更为富足，身体素质和营养状况不断改善，教育程度的提高让一些简单有效且有助于延长生命的卫生习惯和生活方式得以普及。一时间，"生存"的力量暂时占据了上风，人类的死亡率迅速下降，预期寿命显著提高，原本一直缓慢增长的人口数量急剧地膨胀，势头似久困牢笼中的野兽般破笼而出，仿佛几百万年所蕴集的增长力量都在历史的一刹那得以释放（见表3—1）。虽然各个大洲的起始时间不同，但都陆续走上了人口增长的快车道（见表3—2）。此时，一度曾等同于繁荣的人口增长却引起了人们深深的担忧和恐惧，他们担心当制约和生存的平衡不再，人口数量将无限制地增长，直到将地球上的所有资源都消耗殆尽，那时人们将重新面临灭顶之灾。但是，之后在许多国家陆续发生的生育率下降现象再次让那些地区的人口恢复到了稳定增长的状态之中，所不同的是此时的生育水平变动已不是外界环境制约的结果，而是人类自身主动控制的结果。从较高死亡率和生育率之间的平衡状态转变为较低死亡率和生育率之间的平衡状态，这就是人类所经历的人口转变过程。在此过程中，人口的发展从无序走向有序，对"制约"和"生存"两种力量的态度从被动听之任之走向主动适应控制。从这种意义上来看，人口转变就像是在"制约"和"生存"两种力量长期共谱的交响乐章中间所衍生出一段变奏曲，最后终将回归主旋律，但它所体现的意义已经不是对前段的简单重复，而是在变化中得到了一种升华，人口发展已然迈向了一个新的时代。

表3—1　　　　世界人口增长情况（公元前1万年至公元2000年）

	公元前1万年	公元元年	1750年	1950年	2000年
人口（亿）	0.06	2.52	7.71	25.21	60.55
年增长率（‰）	0.08	0.37	0.64	5.94	17.52
翻番时间（年）	8 369	1 854	1 083	116	40
出生率（‰）	114	410	276	127	73
预期寿命	20	22	27	35	56

资料来源：J. D. Durand, Historical Estimates of World Population, *Population and Development Review*, 1977, 3 (1), pp. 253 – 296。

表3—2　　　　各大洲人口增长情况（公元前400年至公元2000年）　　　　单位：亿人

年份	亚洲	欧洲	非洲	美洲	大洋洲
公元前400年	0.95	0.19	0.17	0.08	0.01
公元元年	1.70	0.31	0.26	0.12	0.01
200	1.58	0.44	0.30	0.11	0.01
600	1.34	0.22	0.24	0.16	0.01
1000	1.52	0.30	0.39	0.18	0.01
1200	2.58	0.49	0.48	0.26	0.02
1340	2.38	0.74	0.80	0.32	0.02
1400	2.01	0.52	0.68	0.39	0.02
1500	2.45	0.67	0.87	0.42	0.03
1600	3.38	0.89	1.13	0.13	0.03
1700	4.33	0.95	1.07	0.12	0.03
1750	5.00	1.11	1.04	0.18	0.03
1800	6.31	1.46	1.02	0.24	0.02

续前表

年份	亚洲	欧洲	非洲	美洲	大洋洲
1850	7.90	2.09	1.02	0.59	0.02
1900	9.03	2.95	1.38	1.65	0.06
1950	13.76	3.93	2.24	3.32	0.13
2000	36.11	5.10	7.84	8.29	0.30

资料来源：［意］马西姆·利维巴茨：《繁衍：世界人口简史》，3 版，北京，北京大学出版社，2005。

从世界人口发展的经验来看，经典的人口转变过程起始于死亡率的下降，经过一段时间后，生育率也随之下降，造成人口在一个时期内的迅速增长，而后其增速又逐渐放缓，趋于平稳。目前，人口转变的现象已经遍布世界的每个角落，发展成为一种全球性的趋势，据预计，全球将于 2100 年前完成人口转变的过程（Ronald Lee，2003）。但是这种转变并不是在世界上的每个国家同时发生，而是在全球范围内表现出一种不断扩散的趋势。

死亡率的下降开始于 18 世纪中期，首先出现在北欧和西欧地区，然后扩散到欧洲的其他地区和欧洲的海外殖民地，进而是一些新兴的工业化国家，大多数发展中国家直到 20 世纪才开始人口转变的进程。表 3—3 列出了部分国家或地区死亡率开始下降、人口转变开始发生的时间，它体现出人口转变进程在世界范围内扩散的基本脉络。死亡率下降的几十年后，欧洲一些国家的生育率也开始出现下降的迹象，一开始非常缓慢，到 20 世纪初以后才逐渐加快。19 世纪中后期，美国、加拿大、澳大利亚、新西兰等国家也开始了生育转变过程，几乎与欧洲国家同步。直到 20 世纪 60 年代以后，一些新兴的工业化国家和发展中国家才开始进入生育转变的进程，在东亚表现得十分迅速，在南亚和拉美则较为缓慢。但总体而言，二战以后开始生育转变的国家完成转变的速度要明显快于较早开始转变的欧美国家（Casterline，2001）。包括撒哈拉以南的非洲各国在内的世界上最不发达的国家和地区目前也已经开始了它们的生育转变进程。对这些地区而言，有整个世界的发展经验作为模板，人们已不再去讨论它们是否会发生人口转变，因为这已是不言而喻、显而易见的趋势，人们更关心的是它们人口转变的程度和完成的时间。图 3—1 反映了不同时点下各洲开始生育转变的国家数量，绝大多数的欧洲国家到 20 世纪 30 年代都已经开始了生育转变的过程，亚洲国家的开始时间集中在 20 世纪五六十年代，而非洲各国则更晚一些。

表 3—3   部分国家和地区人口转变的开始时间

国家或地区	开始时间（年份）
法国	1785
瑞典	1810
美国	1820
意大利	1876
苏联	1896
日本	1900
中国台湾	1920
墨西哥	1920

资料来源：Chesnais，*The Demographic Transition*，Paris，PUF Press，1986，p. 294。

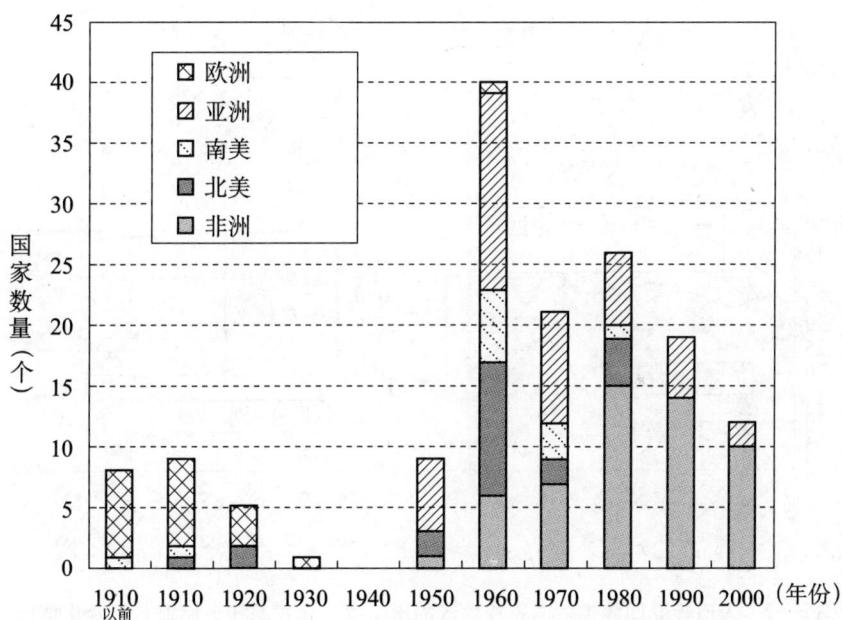

图 3—1 各大洲生育率转变开始的时间

资料来源：David S. Reher，The Demographic Transition Revisited as a Global Process，*Population*，*Space and Place*，2004（10），p. 20。

曾有学者根据人口转变的发生时间，将全球 140 多个国家或地区划分为四种类型：第一类是人口转变的"先驱"（forerunners）国家，它们的死亡率 1895 年左右开始下降，生育率 1905 年左右开始下降；第二类是"追随"（followers）国家，它们的死亡率和生育率开始下降的时间分别为 1925 年和 1950—1960 年；第三类"追踪"（trailers）国家的死亡率在 1930—1940 年间下降，生育率在 1965—1975 年间下降；最后一类是"迟来"（latecomers）国家，它们的死亡率转变开始于 1945—1950 年以后，生育率转变则发生在 1980年以后（David S. Reher，2004）。图 3—2 通过对比这四类国家或地区出生率、死亡率和自然增长率的变化，展示了它们不同的人口转变过程。

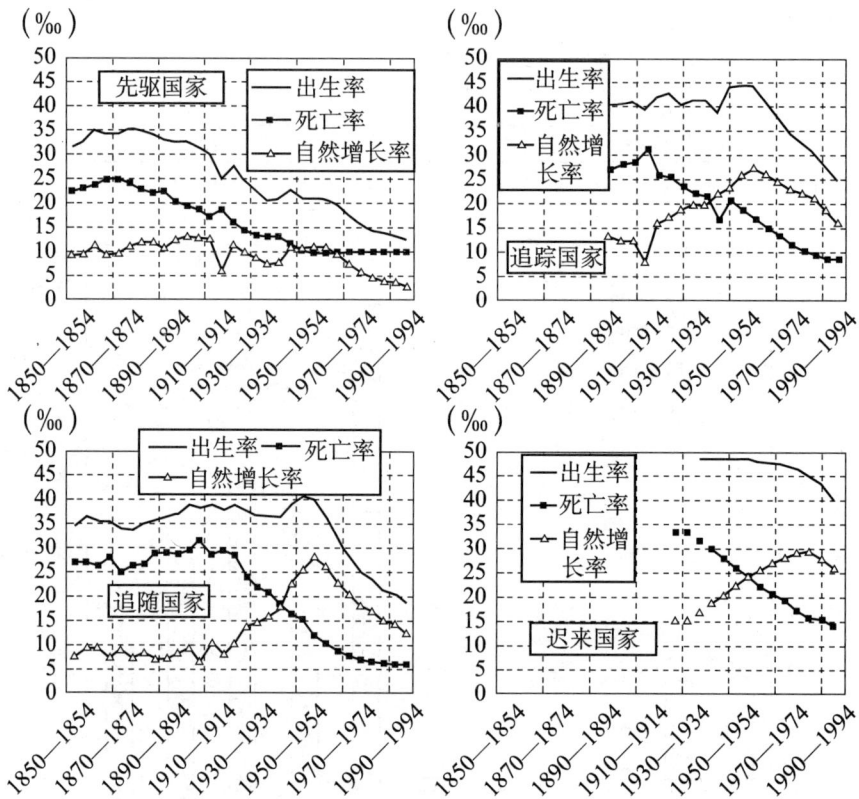

图3—2　人口转变四种类型国家或地区的出生率、死亡率和自然增长率变化情况

资料来源：David S. Reher，The Demographic Transition Revisited as a Global Process，*Population，Space and Place*，2004（10），p. 22。

这种划分体现了这些地区人口转变在时间上的差异，进一步观察各个分类下的国家，发现也存在着一定地域和经济发展程度的分布规律（见表 3—4）。第一类主要包括欧洲及其海外殖民地，属于传统的发达国家或地区；第二类的主体是亚洲国家或地区，属于新兴的工业化国家或地区；第三类则主要包括了亚洲和拉丁美洲的发展中国家或地区；第四类的主要组成部分是非洲的发展中国家或地区。发达国家、新兴工业化国家和发展中国家虽然经历了相同的人口转变事件，但是由于发生人口转变过程时所处时代的不同以及各国社会经济发展状况、政策、文化传统等方面的差异，它们的人口转变过程体现出鲜明的时代特征和本土特点。本章的下面几节将分别回顾这些地区的人口转变过程，并对它们在人口转变进程中所体现出的一般规律和特殊规律进行总结。

表 3—4 　　　　　　　 各大洲人口转变四种类型国家或地区的数量 　　　　 单位：个

	先驱国家	追随国家	追踪国家	迟来国家	合计
非洲	0	2	11	39	52
北美	4	4	10	4	22
南美	2	1	8	1	12
亚洲	0	10	18	12	40
欧洲	18	0	1	0	19

　　资料来源：David S. Reher, The Demographic Transition Revisited as a Global Process, *Population*, *Space and Place*, 2004 (10), p. 24。

第二节　传统发达国家的人口转变

　　这里所指的传统发达国家是指较早实现工业化的发达国家，主要包括欧洲及其海外国家。这些国家在 17、18 世纪就进行了资产阶级革命或改革，社会经济发展水平较高，也是世界上最早发生人口转变的前沿阵地。

　　18 世纪的欧洲正处于一个风起云涌、风雷巨变的历史时代，它站在了整个世界新旧制度交替的门槛之上，经济、政治、人口等各个方面都面临着巨大的变革。交通的改善使商业活动、殖民地扩张和奴隶买卖活动繁荣兴盛，各国的资本主义经济在这些条件的激发下迅猛发展，资本主义的政治体制也随之形成。农业革命提高了农作物的产量，虽然无法彻底解决食物短缺的问题，却永远终结了欧洲发生大规模饥荒的历史。工业革命完成了从手工作业向机器生产的重大转变，生产效率大为提高。启蒙运动之光照亮了整个欧洲，知识和理性受到推崇，文化受众的扩大增强了它的公共性。

此时的欧洲仿佛是世界变革的引擎,资产阶级革命、启蒙运动、农业革命和工业革命这一系列具有世界意义的历史事件都发端于此,不难想象这片大陆也成为世界人口转变进程的肇始之地。此前,和世界上其他地区一样,欧洲也饱受严酷气候、饥荒、病毒和战争的困扰,所以人口数量一直徘徊不前、增长缓慢。例如,1347—1353 年,一场被当今历史学家称为"黑死病"的灾难席卷整个欧洲,整个欧洲人口的 1/4～1/3 都死于这场瘟疫(科林·麦克伊韦迪、理查德·琼斯,1992)。但是,从 18 世纪中期开始,欧洲人口增长的速度开始加快,各国的人口数量都有了显著的增长(见表 3—5)。1600—1750年期间,欧洲人口的年均增长率只有 0.15%,而1750—1850年期间就增加到了 0.63%(马西姆·利维巴茨,2005)。

表 3—5　　　　　　　部分欧洲国家的人口数量(1600—1850 年)　　　　　单位:百万

	1600 年	1750 年	1850 年
英格兰	4.1	5.8	16.6
荷兰	1.5	1.9	3.1
德国	12.0	15.0	27.0
法国	19.6	24.6	36.3
意大利	13.5	15.8	24.7
西班牙	6.7	8.6	14.8

资料来源:[意]马西姆·利维巴茨:《繁衍:世界人口简史》,3 版,北京,北京大学出版社,2005。

这种增长标志着这些地区人口转变进程的开始,它也开启了世界人口转变的新纪元。增长的源泉来自死亡率和生育率的差异,一方面死亡率迅速下降,另一方面生育率却维持在较高的水平上,甚至有所增长。18 世纪初期开始,前文所提及的一系列政治、经济、文化的变化引发了欧洲各国死亡率的下降,农业革命和经济组织方式的进步使农产品的种类和产量大为扩充,营养状况的改善和医疗技术的进步使传染病破坏程度和大规模瘟疫的发生频率有所下降,文化公共性的增强有助于传染病防治知识和实践的传播。在这些因素的共同作用下,欧洲许多国家的死亡率出现了下降的情况。值得一提的是,欧洲各国死亡率的下降并非一个一帆风顺的平滑过程,由于疾病和战争的威胁因素仍然存在,死亡率的变化趋势仍处于一个波动的过程中,但是随着时间的推进,波动的幅度越来越小,并在此过程中体现出一种下降的趋势。

如表 3—6 所示，瑞典和法国的死亡率差值呈现出一种在波动中缓慢下降的趋势。

表 3—6　　　　　　　　　　瑞典和法国的死亡率（18—20 世纪）

时期（年份）	瑞典			法国		
	最大值（%）	最小值（%）	差值	最大值（%）	最小值（%）	差值
1736—1749	43.7	25.3	18.4	48.8	32.3	16.5
1750—1774	52.5	22.4	30.1	40.6	29.5	11.1
1775—1799	33.1	21.7	11.4	45.2	27.1	18.1
1800—1824	40.0	20.8	19.2	34.4	24.0	10.4
1825—1849	29.0	18.6	10.4	27.1	21.1	6.0
1850—1874	27.6	16.3	11.3	27.4	21.4	6.0
1875—1899	19.6	15.1	4.5	23.0	19.4	3.6
1900—1924	18.0	11.4	6.6	22.3	16.7	5.6
1925—1949	12.7	9.8	2.9	18.0	15.0	3.0
1950—1974	10.5	9.5	1.3	12.9	10.5	2.4

资料来源：［意］马西姆·利维巴茨：《繁衍：世界人口简史》，3 版，北京，北京大学出版社，2005。

社会、经济、文化等方面的进步也同样促进了生育率的下降，只不过这种下降比死亡率的下降滞后了一些时间。在 1890 年至 1920 年期间，大多数欧洲国家的已婚生育率都下降了。如果把已婚生育率下降 10%（并且之后没有增长）视为生育率下降的标志，那么图 3—3 清楚地显示出了欧洲各国各省开始生育率转变的时间演变过程，从 1780 年开始到 1940 年结束，19 世纪末 20 世纪初最为集中，有大约 60% 的地区在 1890—1920 年开始生育率转变。1850 年前下降的地区多数属于法国，它们的生育转变过程明显早于欧洲的其他地区。据计算，从 1870 年至 1930 年间，整个欧洲的已婚生育率平均下降了 40% 的水平（A. J. Coale，S. C. Watkins，1986）。下降的原因之一是由于死亡率的降低减少了家庭生育补偿的行为。更为重要的是随着现代化和城市化进程的推进，人们自身时间的经济价值的提高使抚养孩子的经济成本提高，家庭养老功能的弱化使抚养孩子的收益减少，生活方式变动增加了人们对闲暇时间的需求，传统宗教或社区的控制减弱使人们受到的生育压力减小，再加之控制生育技术的进步，在这些因素的综合作用下，各国的生育率都无一例外地出现了下降的趋势。

当然，虽然一再提及欧洲的人口转变这个概念，但并不表明欧洲内部各国的人口转变差异可以被忽略。根据普林斯顿人口研究所协调组织的欧洲生育率项目的研究结果，生育率的转变在欧洲内部存在着明显的时间差异，它最早出现在法国，然后扩展到欧洲其他较为发达的地区，包括北欧的丹麦、挪威、瑞典和西欧的英格兰、比利时、荷兰等国，进而普及到南欧的西班牙、意大利、葡萄牙和东欧各国，最后延伸到地理或文化传统的边缘地区（地中海、爱尔兰地区），而且各国在开始转变过程时的社会经济水平也不尽相同，并不存在一个触发人口转变进程的统一条件（A. J. Coale，S. C. Watkins，1986）。

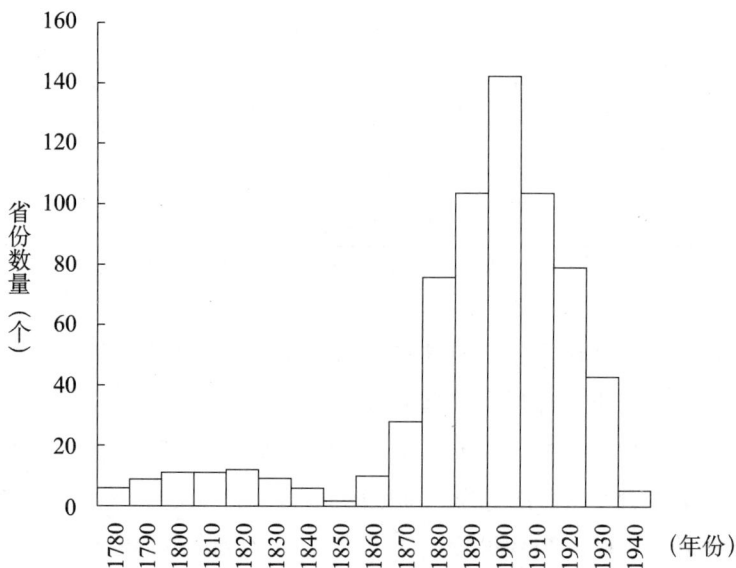

图 3—3　欧洲各国各省开始生育率转变（已婚生育率下降 10%）的时间分布

资料来源：A. J. Coale and S. C. Watkins，The Decline of Fertility in Europe，Princeton，Princeton University Press，1986，p. 38。

　　但是，尽管存在着内部差异，欧洲作为一个整体在人口转变过程中也存在着许多相似之处。其中最为明显的一点就是，与后来发生人口转变过程的地区相比，欧洲人口转变过程经历时间较长，整个过程非常和缓，无论是死亡率、生育率还是自然增长率，变化都非常缓慢，而这正体现了欧洲各国在人口转变过程中的先行地位。19 世纪中期，无论是经济发展带来的营养改善，还是对传染病控制能力的增强，其进展都是异常艰难和缓慢的，各种传染病和战争还在欧洲大陆上肆虐，只是发生频率和破坏程度有所下降，这使得欧洲的死亡率下降过程体现出波动和渐进的特点。在人口转变前期，与其他大陆的国家相比，欧洲各国的初婚年龄比较晚，而且结婚率比较低，这在一定程度上对生育水平起到了抑制作用。从 18 世纪初避孕技术开始出现，到 19 世纪这些技术在整个欧洲得以普及，人们才实现调节生育机制从婚姻控制向避孕控制的转变。也正是由于婚姻控制阶段的过渡作用和避孕技术的发展普及过程，欧洲出生率的变动趋势也显得比较和缓。从图 3—2 可以看出，对人口转变的先驱国家而言，20 世纪中期以前，出生率和死亡率两条曲线几乎是保持平行的，只有两个时期发生变化。一是在 19 世纪后期至 20 世纪初，此时死亡率有所下降，出生率还在原来的水平上维持了一段时间，所以自然增长率出现了一段时间的升高现象；二是 20 世纪后期，由于出生率的继续下降，死亡率的相对稳定，自然增长率出现缓慢下降的趋势。总体而言，自然增长率的变化幅度也很小，峰值时期的水平也只不过在 12‰～13‰。

19 世纪开始，随着欧洲人口的迅速增长、海外殖民地的扩张以及经济发展对土地、劳动力资源相结合的需求日益增强，促成了大量欧洲移民的产生。1880 年，每年移居美国、加拿大、拉美、澳大利亚、新西兰的欧洲人达到了 50 万，30 年后，这个数量增加了 3 倍，截止到 1930 年，欧洲的外移人口达到了 6 000 万（罗宾·温克，2009）。无论从文化、语言还是体制传统上来看，这些国家都无可辩驳地拥有了近似欧洲各国的特质，它们的人口转变过程也体现出与欧洲国家的相似性。将美国、加拿大、澳大利亚和新西兰的人口转变进行对比，会发现具有惊人的相似性，它体现了语言和文化对人口转变过程的影响力（陈卫，1996）。但是，时代和国情特征也已悄然在它们的发展轨迹上留下了线索。首先，这些国家的人口转变体现出很强的移民特征。比如，在生育率转变发生之前，这些国家的生育率要明显高于西欧各国，尽管它们在自然属性上是如此相近。一方面的原因来自移民本身的选择性，经过长途跋涉而在异乡生存下来的人口具有更好的身体素质，自然生育率本就更高。另一方面的原因是新大陆有着较低的人口密度、适宜的生存条件和更为宽松的社会条件，人们更早地结婚生育。有学者曾将 17 世纪法裔加拿大拓荒者和同期法国人口进行比较，发现法裔加拿大妇女的平均初婚年龄为 20.9 岁，总和生育率为 6.88，而同期的法国妇女的平均初婚年龄为 23.0 岁，总和生育率为 6.39（H. Charbonneau，1984）。其次，这些国家的人口转变也体现出很强的时代特点。欧洲海外殖民地的人口转变过程略晚于欧洲，但是与欧洲发生在相同的时代，影响人口转变过程的各个因素也在这些地区起了相同的作用。相似的生产力发展水平和技术、理念的传播使这些后起之秀的人口转变水平能与欧洲国家并驾齐驱。虽然生育率的起点高于西欧国家，发生转变的时间也相对略晚，但这些国家生育转变比起欧洲国家来更为迅速，到 19 世纪中期已达到相似的水平。例如 1800 年，美国的总和生育率为 6.90，英格兰与威尔士的总和生育率为 4.68，而到了 1850 年，美国的总和生育率下降到了 4.48，同期英格兰与威尔士的水平为 4.56（马西姆·利维巴茨，2005）。

第三节　新兴发达国家（地区）的人口转变

随着人口转变在世界范围内的扩散，北美、南美、亚洲和非洲的一些国家都在 20 世纪初开启了自己的人口转变进程。毫无疑问的是，其中最引人瞩目的当属亚洲国家。其庞大的人口总量、快速的人口转变进程和超越欧美的转变程度使亚洲成为继欧洲以后一个新的人口转变的中心舞台。

亚洲最先发生人口转变的国家（地区）是一些社会经济水平较为发达的国家，包括日本和一些二战后新兴的工业化国家。19 世纪末，日本通过明治维新实现了工业化和西方化，是除欧洲及其海外殖民地以外最先开始人口转变的国家。所谓新兴的工业化国家，是指经济发展程度处于发达国家和发展中国家之间的国家，通常又被称为"半发达国家"或"半工业化国家"。这一概念最早是由世界经济合作发展组织在 20 世纪 70 年代末在其报告书中所提出的。新兴工业化国家（地区）原来都属于发展中国家（地区），一般都具有一定资本主义基础，二战后它们在较短的时间内通过各种发展战略（诸如进口替代型战略、出口导向型战略以及国内导向型战略等）实现了迅速的工业化进程，改变了社会经济的落后状态，社会经济发展程度接近于发达国家水平。诸如亚洲的韩国、新加坡、中国香港和中国台湾，拉丁美洲的巴西、智利和欧洲的葡萄牙、西班牙等，都属于新兴的工业化国家（地区）。这些国家或地区在 20 世纪初期开始了人口转变的过程，1920—1930 年间死亡率开始转变，1950—1960 年间生育率开始转变。

1868 年，日本的明治维新使日本结束了最后一个幕府统治时代，标志着日本进入了资本主义社会，全面走向西方化和工业化的道路。工业化是明治维新的第一要务，通过修建铁路和港口、引进西方的新技术和先进设备，大力发展大工业和军事工业，到 19 世纪 90 年代，日本已经成为一个拥有良好工业基础的和现代军事力量的资本主义国家，跻身世界列强。以后，日本通过对外战争和殖民统治，从殖民地获得了对其本土而言极为珍贵的各种资源，并且控制了亚洲的市场，不断扩充着自身的经济实力，直到二战使日本的经济遭到严重的摧毁。但是在战后美军占领时期，在美国的援助和日本全体国民的努力下，经济却奇迹般地得以恢复和重建，并在以后持续了几十年的高速增长。由于社会经济现代化进程的推进，人口转变随之启动。图 3—4 记录了明治维新以来日本的人口发展趋势。江户时代中后期，日本的自然灾害频发，医学并不发达，常有霍乱、伤寒、天花等传染性疾病大规模爆发情况，加之人为的堕胎、弃婴现象比较普遍，人口损失严重、增长停滞。明治维新以后，社会经济发展、科技进步、民众生活改善、传统陋习得以摒弃、卫生事业发展，这些引发了日本人口死亡率的下降。日本立法禁止堕胎，引进了近现代的西洋医学，开设近代医院及医学教育研究机构，成立卫生局，大力发展公共卫生事业，为人口发展创造了安全的卫生环境。比如 20 世纪 20 年代，日本上下水管道建设完成后，基本上遏制了霍乱流行的趋势（李卓，2010）。20 世纪 20 年代，日本的死亡率开始缓慢下降，从 1922 年的 22.4‰下降到 1942 年 16.1‰，战后这种下降趋势大大加快，在 1982 年达到了历史的最低点 6‰，之后一直保持在较低的水平。明治维新后，随着经济条件的改善，生育率先是呈现出上升的趋势，二战时受到鼓励增殖人口政策的影响生育率也没有下降，从 20 世纪初到二战结束出生率仍然一直维持在 30‰以上。但是二战以后，出生率发生了急速、大幅的下降，一下子下降到 1950 年的28.1‰，1972 年进一步下降到 19.3‰，20 世纪 90 年代以后至今一直保持在10‰以下。日本生育率下降的原因和欧美各国相似，但是表现得更为明显。生活水平的提高使抚养孩子的成本增加，日本的社会保障制度非常完善，所以生育孩子养老的需求减弱。日本战后在国民教育普及和提高妇女地位方面取得的成就是引人瞩目的，许多妇女走出家门参加工作和学习，结婚年龄和生育年龄都大为推迟，这成为日本生育率下降的关键因素之一（Carl Mosk，1977）。独特的死亡和出生变动过程使日本的人口表现出从加速增长到减速增长，最后到负增长的完整的人口转变过程，甚至比欧美各国的转变趋势还要明显。根据日本总务省统计局的统计数据，日本的人口在 20 世纪上半期迅速地增长，从 1887 年的 4 240万快速增加到了 1948 年 8 000 万，此后增长率就基本保持下降趋势，目前已经出现负增长的情况，2012 年的自然增长率率为－1.6‰。

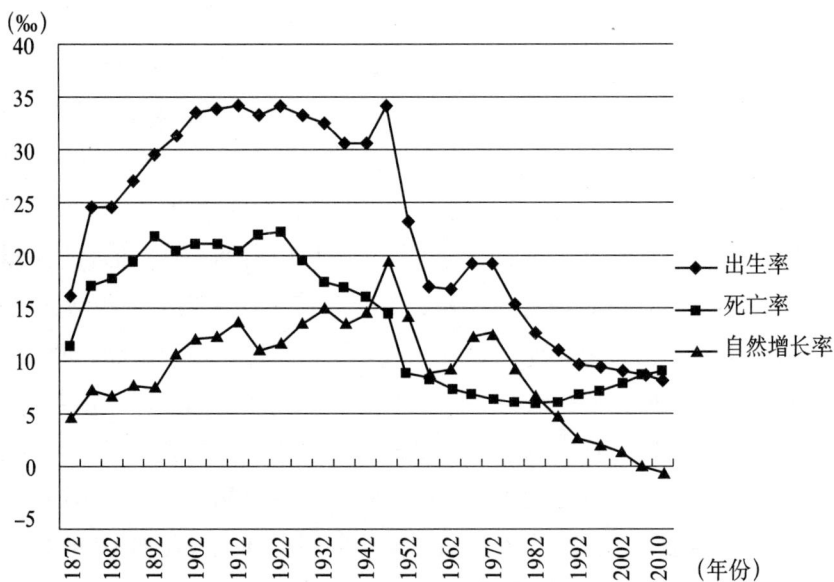

图 3—4　日本的出生率、死亡率和自然增长率（1872—2010 年）

资料来源：根据日本总务省统计局、政策统括官、统计研修所网站表 2—1 男女别人口、人口增减及人口密度（明治五年至平成二十二年）数据绘制，见 http://www.stat.go.jp/data/chouki/02.htm。

　　二战后新兴的工业化国家（地区）有着非常相似的经济发展过程，依靠传统资本主义国家的帮助，利用世界产业转移的机会，实现快速的工业化，现代化程度也迅速提高。20 世纪 50 年代以后，美国将对韩国的援助政策转变为培养扶植政策。韩国政府借助这次机遇，一方面利用国内资源发展以重工业和化学工业为主的进口替代工业，一方面利用外资发展以农业和轻工业为主的出口导向工业，并在世界产业结构调整时吸收了欧美和日本的劳动密集型产业，使经济迅速发展，20 世纪 70 年代韩国的经济平均增长率达到了

9.5％（高丽大学校韩国史研究室，2010）。1965 年，新加坡成为独立的共和国，经过两年调整以后，开始实施新的经济发展计划，将工业发展模式从进口替代型转变为全面出口型，从一个依赖转口贸易的国家转变为新兴的工业化国家。此外，新加坡还积极发展金融服务业，成为亚洲重要的金融中心之一。20 世纪 80 年代以后，新加坡调整经济进入转型期，通过技术密集型产业和资本密集型产业来替代劳动密集型产业，取得很大的成功，20 世纪 90 年代开始向发达国家的目标迈进。香港地区在 1942 年受英国的殖民统治，凭借着地理优势，成为一个繁荣的贸易港口和国际金融服务中心。此外，它通过发展纺织、电子等一系列轻工业和作为中国内地与外界联系的贸易窗口，一度成为全球经济增长最快的地区。台湾地区的发展模式类似日本，初期在美国的援助下，从消费品工业起家，而后发展电子、造船等高技术工业。从 1950 年起，台湾就开始了一个快速增长的时期，现在已经成为世界排名第 14 的贸易经济实体（罗兹·墨菲，2010）。

相似的社会经济发展历程也在一定程度上决定了人口发展过程的相似性，即死亡率和生育率的下降间隔了 30～40 年，但两者的下降速度都很快，而且至今都已在极低的水平上维持了 30 年以上。死亡率在战后很短时间内达到了 10‰以下，而且从 1980 年左右开始就一直保持在 5‰～6‰的极低水平，生育率转变开始于 20 世纪五六十年代，总和生育率从 1980 年以后降低至更替水平及以下，目前甚至达到 1～1.2 的超低水平（见表 3—7）。20 世纪 30 年代，当时的朝鲜仍然笼罩在日本殖民势力的统治之下，但是由于公共卫生事业的发展、医疗水平的进步和干净水源系统的建设，传染病和感染性疾病得以控制，1931—1935 年期间，该国的人均预期寿命提高了 4 岁（Population Index，1944）。根据表 3—7 显示，二战以后，韩国的死亡率继续保持了下降的趋势，从 20 世纪 50 年代前期的 16.4‰下降到 60 年代后期的 10.6‰，此后一直低于 10‰，目前的水平在 5‰左右；1960 年以后，韩国的生育率也开始发生转变，持续快速地下降，妇女的总和生育率从 60 年代初期的 5.63 下降到目前的 1.22 左右的水平。新加坡的死亡率也在 1930 年左右出现下降的情况，战后人口迅速增长。从 1968 年开始，随着生活水平和受教育程度的提高，加上新加坡开始实施计划生育政策，人们倾向于少生、晚生，人口增长速度开始放缓。这使得 20 世纪八九十年代劳动力开始发生短缺。1980—1985 年，新加坡平均每年新增劳动力数量为 105 800 人，而 1990—1995 年间这一数字下降到 45 700 人（梁英明，2010）。这对一个劳动密集型国家来说，威胁是致命的，也正是基于此新加坡进行了第二次工业革命并修改了人口政策，转而实行提高人口出生率的生育政策。20 世纪初，香港地区的死亡率在 26‰～37‰左右波动，此后死亡率迅速下降，从 1960 年开始一直保持在 6‰左右（贺交生，1986）。妇女的总和生育率在 20 世纪 60 年代初 5.3 的水平开始下降，80年代后就低于更替水平，目前只有 1 左右。从 1920 年开始，台湾地区的人口死亡率由于公共卫生改善、疫病受到有效控制而出现明显的下降。到 20 世纪50 年代初，死亡率已经达到 8‰～12‰左右的水平，但此时的出生率仍高达40‰～50‰，所以人口增长压力逐渐显现。1964 年，台湾开始实行"家庭节育计划"，出生率在 1967 年首次降至 30‰以下，从 1986 年开始降至 17‰以下，而且下降速度明显加快（傅玉能，2005）。

表3—7　韩国、新加坡和香港的死亡率、出生率和总和生育率（1950—2010 年）

年份	死亡率（‰）			出生率（‰）			总和生育率		
	韩国	新加坡	香港	韩国	新加坡	香港	韩国	新加坡	香港
1950—1955	16.4	10.6	8.9	35.8	44.4	37.7	5.05	6.40	4.44
1960—1965	12.8	7.1	6.2	39.9	34.0	33.1	5.63	4.93	5.31
1965—1970	10.6	5.6	5.5	32.9	24.9	23.5	4.71	3.46	4.02
1970—1975	8.8	5.2	5.0	30.4	21.2	19.5	4.28	2.62	2.89
1975—1980	7.2	5.1	5.0	23.1	17.2	17.2	2.92	1.87	2.32
1980—1985	6.6	5.4	4.8	20.4	16.7	15.7	2.23	1.69	1.80
1985—1990	5.9	5.2	4.9	15.5	17.0	12.8	1.60	1.71	1.31
1990—1995	5.6	4.7	5.3	16.0	17.9	12.4	1.70	1.76	1.29
1995—2000	5.6	4.9	5.2	13.7	14.0	10.0	1.51	1.57	1.08
2000—2005	5.3	4.9	5.4	10.4	10.2	8.4	1.22	1.36	0.98
2005—2010	5.5	5.1	6.1	9.5	8.2	8.2	1.22	1.27	1.02

资料来源：United Nations, *World Population Prospects Volume I: Comprehensive Tables*, the 2008 Revision, New York, United Nations Publication, 2009, pp. 186, 398, 426。

　　新兴的发达国家（地区）是在传统的发达国家之后才启动人口转变过程的，它们的人口转变过程虽然在发展的阶段和转变原因上都与欧美国家相似，但是它们人口转变的特征，无论是死亡率和生育率的下降趋势，还是死亡率转变与生育率转变的时滞，却比欧美国家表现得更为明显，真可谓青出于蓝而胜于蓝。

　　首先，虽然同是世界上较发达的地区，都是在资本主义经济发展和工业化过程中实现的人口转变，新兴发达国家（地区）的人口转变过程却已经快于传统的发达国家。表3—8列出了一些国家或地区人口转变的持续时间，可以发现新兴发达国家或地区虽然转变的起步时间晚，但是持续的过程已经大大缩短了，这体现了时代发展的特征。新兴的发达国家或地区的人口转变过程起始于20世纪初期，一战和二战从客观上推动了技术的进步和社会的变革，医学知识技术和医疗卫生事业水平与18、19世纪的欧美国家相比已有很大进步，资本主义世界体系的建立使这些技术和制度迅速传播到世界各地，这就加快了这些地区死亡率下降的速度。例如，日本在明治维新时期引入了西方的近代卫生概念，学习到欧美国家"预防重于治疗"的全新理念，通过进行垃圾处理、市政街道清扫和上下水管道建设来控制传染病的传播（李卓，2010）。这些思想和方法在日本对朝鲜的殖民期间传入朝鲜，上下水管道建设等传染病控制方法在朝鲜予以实施，在客观上对20世纪30年代朝鲜的死亡率下降起了重要作用（Population Index，1944）。生育转变的快速性同样体现了历史时期留下的烙印。正因为这个时期死亡率快速下降的特征，这些新兴地区的人口增长压力不是如同欧洲那样和缓地释放，而是在短期内迅速积累；也正因为二战后和平与发展成为世界的新主题，在这个时期不能如同欧美国家那样通过开拓新大陆和建立殖民地来实现本土人口与资源间的平衡，而是只能通过政府或民间组织实施新家庭计划、计划生育等活动干预家庭生育过程，所以各国也有更强的意愿在短期内采取立竿见影的方法来缓解人口增长的压力，相比18、19世纪已不可同日而语的避孕技术使这种意愿成为可能，更多、更强的外力直接作用于生育率下降的过程，生育率实现了比欧美国家更快的转变过程。日本是一个非常典型的例子，它的生育转变发生的时间位于欧美国家和新兴工业化国家（地区）之间，从某种意义上说，它是一种过渡的类型，它的人口转变历史充分体现了岁月变迁。随着本土资源的匮乏和人口增长压力的不断增强，日本跻身世界列强以后，通过向殖民地移民来解决人口过剩的问题，采取的是转移人口压力而不是控制生育的方法。1936年，广田弘毅内阁曾制定"百万户移民"计划，计划在20年内向中国东北移民100万户共500万人，这甚至被定为国策之一（李卓，2010）。战败后，由于历史已经进入一个新的时代，通过殖民来转移人口压力的途径已成明日黄花，日本只能通过降低生育率来缓解人口压力。但是战后日本生育率的快速下降首先是得益于 1948 年在公众压力下合法化的流产行为，而非政府的降低生育政策，此后避孕手段的普及使得生育率更加迅速地下降（Richard Leete，1987）。可见，生育率的转变具有明显的时代特征，即使是在同一个国家也会因时间的流逝呈现出不同的状态。

表 3—8　　　　　　　　　一些国家或地区人口转变的持续时间

国家或地区	人口转变开始和结束时间（年份）	持续期（年）
法国	1785—1970	185
瑞典	1810—1960	150
德国	1876—1965	90
意大利	1876—1965	90
苏联	1896—1965	70
中国台湾	1920—1990	70
新加坡	1930—1980	50

资料来源：Chesnais，*The Demographic Transition*，Paris，PUF Press，1986，pp. 294，301。

其次，新兴发达国家或地区人口转变程度已经超越了传统的发达国家，这在很大程度上体现了这些地区人口转变的本土化特色。

20 世纪 50 年代，这些新兴发达国家（地区）的平均预期寿命比欧洲国家低 10 岁以上，但到了 80 年代中期，这些国家（地区）的平均预期寿命都已赶上甚至超过传统的发达国家。1984 年，日本的平均预期寿命为 77 岁，香港为 75 岁，而同年英格兰和威尔士是 73.8 岁，瑞典为 76.3 岁。从婴儿死亡率（它对总人口死亡率的下降发挥着关键的作用）来看，20 世纪 80 年代初这些地区的婴儿死亡率水平已经低于大多数的欧美国家（L. R. Ruzicka，H. Hansluwka，1982）。这固然是这些地区的社会经济进步的反映，但与文化传统有着密切的关系。这些地区大部分妇女的生育时间集中在黄金生育年龄左右，而一般来说婴儿死亡率通常在年龄过小或过大的孕妇群体中非常高，所以这样的生育分布模式大大降低了婴儿死亡的风险。有研究表明，即使在美国，来自日本等中国文化海外国家或地区居民的婴儿死亡率也显著地低于美国的白人群体（J. Kleinmann，1985）。从分死因死亡率来看，在这些国家或地区人口转变完成时期，循环系统疾病是发达国家人口最主要的死亡原因，而这些国家或地区的循环系统疾病的死亡率明显低于传统的欧美国家（见表 3—9）。这种现象与亚洲国家饮食习惯有关，体现了强烈的地域特色，在亚洲国家的饮食中摄入胆固醇和盐类的数量要大大低于欧美国家，而这些物质是导致心血管疾病死亡的高风险物质。

表 3—9　1980 年香港、日本、英国和瑞典的分死因、分性别标准化死亡率（1/10000）

国家或地区		合计	癌症	循环系统疾病	呼吸系统疾病	其他
香港	男	59.0	16.5	16.3	9.8	16.4
	女	43.5	10.4	14.0	6.5	12.6
日本	男	54.9	14.1	20.8	4.1	15.9
	女	42.5	9.7	18.8	2.8	11.2
英国	男	69.3	16.7	32.0	8.9	11.7
	女	51.3	13.5	22.7	6.2	8.9
瑞典	男	59.7	12.7	29.0	3.1	14.9
	女	43.4	11.7	20.3	2.3	9.1

注：采用直接标准化法，以 1970 年的日本人口作为标准人口。

资料来源：Richard Leete，The Post-demographic Transition in East and South East Asia：Similarities and Contrasts with Europe，*Population Studies*，1987，41（2），p. 192.

20 世纪 80 年代，当这些国家或地区完成生育转变时，生育水平几乎与欧洲国家相当甚至低于它们，其中关键原因是由于初婚初育年龄的推迟（见表 3—10）。初婚初育年龄的推迟也是这些国家或地区本土化特色的充分反映。第一，这些地区原来都是深受汉学影响的区域，二战前后这些地区都完全改革了旧学制，引进和重新建立了西方的教育体制，学习年限大大延长。二是与西方不同，这些国家或地区的妇女在二战后才从儒家男尊女卑的旧制度中完全解放出来，地位在短时间内发生了巨大的变化。三是这些国家或地区的工业化进程，特别是世界产业结构转移对这些国家或地区的劳动力产生巨大的需求，创造了丰富的就业机会。在这些因素的综合作用下，妇女纷纷走出家门，参加学习、就业和培训，初婚初育的时间也因此推迟，甚至晚于同期的欧洲地区。

表 3—10　1980 年亚洲和欧洲部分国家或地区的总和生育率和平均初育年龄

国家或地区	总和生育率	平均初育年龄（岁）
香港	1.5	26.1
日本	1.8	26.6
新加坡	1.6	25.8
英国	1.8	24.6
瑞典	1.7	26.5

资料来源：Richard Leete，The Post-demographic Transition in East and South East Asia：Similarities and Contrasts with Europe，*Population Studies*，1987，41（2），p. 197.

第四节　发展中国家的人口转变

当传统的发达国家人口转变进程结束之际,发展中国家人口转变的序幕刚刚拉开,在 20 世纪的历史舞台上演绎了一场比发达国家更为激烈、更富戏剧性的人口转变进程。发展中国家死亡率以比传统发达国家和新兴发达国家(地区)更快的速率下降,虽然生育率下降的速度也比欧美国家更快,但由于生育率的更高的起始水平,相比于死亡率转变的滞后期和相对较慢速度,共同创造出 20 世纪令人叹为观止的人口爆炸性增长的奇迹。在 20 世纪初,发展中国家的人口只有 10 亿左右,到 21 世纪初已经发展为 50 亿左右,巅峰时期的年均增长率达到了 2.4%,占世界人口的比例从 1900 年的 65.5%上升到 2000 年的 80.6%;与此形成鲜明对比的是传统的欧美国家在其长达两个世纪的人口转变过程中,只有偶尔的几次达到过 1%的增长率,占世界人口的比例也从 1900 年的 34.5%下降到 2000 年的 19.4%(见表 3—11)。

表 3—11　　　　发达国家与发展中国家的人口增长 (1900—2000 年)

年份	人口总量 (亿)		百分比 (%)		年增长率 (%)	
	发达国家	发展中国家	发达国家	发展中国家	发达国家	发展中国家
1900	5.6	10.7	34.5	65.5	/	/
1920	6.5	12.0	35.2	64.8	0.8	0.6
1930	7.3	13.1	35.7	64.3	1.1	0.8
1940	7.9	14.7	35.0	65.0	0.9	1.2
1950	8.1	17.1	32.2	67.8	0.2	1.5
1960	9.2	21.1	30.3	69.7	1.2	2.1
1970	10.1	26.9	27.3	72.7	1.0	2.4
1980	10.8	33.7	24.3	75.7	0.7	2.3
1990	11.5	41.2	21.8	78.2	0.6	2.0
2000	11.7	48.7	19.4	80.6	0.2	1.7

资料来源:〔意〕马西姆·利维巴茨:《繁衍:世界人口简史》,3 版,北京,北京大学出版社,2005。

　　19世纪末20世纪初，资本主义世界殖民统治体系最终得以确立，殖民统治如洪水般肆虐，蔓延了整个非洲和拉丁美洲及亚洲。虽然丧权辱国的殖民统治和对殖民地疯狂的掠夺及压榨行为给殖民地的人民带来了深重的灾难，但是西方积累了几个世纪的医学知识和先进技术也因此坐上了直通车，随着侵略者一起来到这些贫困的国家，迅速得以传播，所以这些国家的死亡率开始出现下降的迹象。二战以后，帝国主义势力遭到严重削弱，殖民地的民族解放运动风起云涌，大多数发展中国家都走上了独立自主的道路，社会经济发展水平逐渐提高。20世纪中期，这些国家死亡率持续、快速地下降，但生育率仍然维持在较高的水平上，形成了来势汹汹的人口增长浪潮，直到几十年后生育率转变的发生，这种增长势头才得以缓解。从表3—12中可以发现，从20世纪中期直到现在，无论是非洲、亚洲或拉丁美洲，死亡率和出生率都发生了一定程度的下降，只是死亡率转变的时间较早，目前已达到较低的水平，而生育率的转变仍在进行的过程之中。但是，相对于发达国家明显的共同性并不能掩盖发展中国家之间巨大的差异性。亚洲和拉丁美洲的人口转变已经接近尾声，而非洲地区的人口转变依然任重而道远。即使在各个大洲内部，地区的差异依然显而易见，东亚和西亚之间、北非和中非之间仍存在着巨大的差异。

表3—12　　　　　　　1950年与2010年非洲、亚洲和拉丁美洲的人口状况

	总人口（亿）		死亡率（‰）		出生率（‰）		总和生育率	
	1950—1955年	2005—2010年	1950—1955年	2005—2010年	1950—1955年	2005—2010年	1950—1955年	2005—2010年
非洲	2.3	9.2	25.7	12.5	48.0	36.0	6.6	4.6
东部非洲	0.6	2.9	26.8	12.7	49.7	39.6	7.0	5.3
中部非洲	0.3	1.1	27.4	16.4	46.8	42.7	6.0	5.7
北部非洲	0.5	2.0	23.3	6.6	48.4	24.4	6.8	2.9
南部非洲	0.2	0.5	20.5	14.8	43.4	22.8	6.2	2.6
西部非洲	0.7	2.7	27.2	14.4	47.4	40.0	6.4	5.3
亚洲	14.0	39.3	23.5	7.4	42.3	19.0	5.7	2.4
东部亚洲	6.6	15.2	22.6	7.2	40.7	13.0	5.4	1.7
东南亚	1.8	5.5	23.3	6.5	44.1	19.5	6.0	2.3
中南亚	5.2	16.5	24.9	8.1	43.3	23.7	6.0	2.8
西部亚洲	0.5	2.1	22.0	5.5	47.2	23.9	6.3	3.0

续前表

	总人口（亿）		死亡率（‰）		出生率（‰）		总和生育率	
	1950—1955年	2005—2010年	1950—1955年	2005—2010年	1950—1955年	2005—2010年	1950—1955年	2005—2010年
拉丁美洲和加勒比海地区	1.7	5.6	15.6	6.0	42.5	19.0	5.9	2.3
加勒比海地区	0.2	0.4	15.1	7.3	39.0	18.8	5.2	2.4
中部美洲	0.4	1.4	17.7	4.9	48.2	21.1	6.7	2.5
南部美洲	1.1	3.7	14.9	6.2	41.1	18.2	5.7	2.2

资料来源：United Nations, *World Population Prospects Volume I: Comprehensive Tables*, the 2008 Revision, New York, United Nations Publication, 2009, pp. 62 - 101。

所以，在发展中国家的人口转变过程中，时代的特征和各国的特色再次得以更加全面地体现。相同的时代背景和相似的殖民经历使这些国家同在战后实现了比发达国家更为快速的死亡率下降。战后和平与发展成为世界的主题，各国社会经济水平都在发展，控制生育的手段也日趋成熟，这些因素决定了发展中国家生育率先升后降的共同趋势。但是，影响生育率的因素更为复杂，包括了死亡率、孩子抚养成本、人口政策和文化传统各个方面，它们更多的是各国本土化特色的体现，这也正是生育率的下降速度和水平在各国千差万别的原因。

在发展中国家的人口转变过程中，还有一个非常明显的特征，那就是人口政策的作用，更为确切地说是控制生育政策的作用。在传统的发达国家，生育率从高到低的转变都是自然发生的过程，其间国家并没有采取生育控制政策。因为直到最近的两百年，人口增长一直被世人等同为经济繁荣的象征性表现。在此之前，只有零星的政策会间接地作用于生育水平，即使有也是属于鼓励生育的政策。二战以后，大多数发展中国家得益于医疗条件的改善和公共卫生事业的发展，死亡率迅速下降，但生育率却一直维持在较高的水平，甚至还有所增长，所以人口增长以一种前所未有的速度向前推进，没有人能预知它的极限在何时何处。面对这种前所未有的增长速度，一种比依靠社会经济发展、价值观念改变来实现生育转变更为简单、更有抑制能力的生育转变方式亟待实施，尽管相对于人们积累上百万年的鼓励人口增长的发展经历而言，接受这样的方式并非易事。在20世纪五六十年代，大多数国家仍将控制生育政策视为发达国家隐性扩张的方式而予以拒绝，坚持认为发展能解决一切问题，那句有名的"发展是最好的避孕方法"就是那个时期的产物。然而，人口过快增长的现实终于战胜了一切反对和怀疑，当人口增长首次站在了经济发展的对立面上，作为一项阻碍经济发展的问题被提出时，发展中国家一致同意人口增长必须施以特定的政策予以约束。虽然这类政策在各国表现不同、名称各异，但一般都具备以下特点：它建立在人们自愿的生育行为改变的基础上，为家庭提供达到理想家庭规模的各种知识手段，提高家庭成员（特别是妇女和儿童）的健康和福利水平，同时达到控制人口增长的目的。这类家庭计划项目之所以能成为各国的首选，一方面是因为人口增长的关键是生育率，所以降低生育率是最直接、最有效的方法；另一方面是从政治的层面来看，这样的方式被视为为人们提供更多自由（可以自由选择自己想要的孩子数量）和健康的福利措施，民众的接受度较高。虽然很难将这类政策对生育率下降的净影响与社会经济的发展所带来的影响剥离开来，但是它们在发展中国家生育率下降过程中所起到的效果是有目共睹的，尽管在不同国家程度上存在着一定的差别。表3—13根据发展指数和计划生育政策力度对88个发展中国家进行了分类。结果显示，生育率最大的下降幅度发生在发展水平高、计划生育执行力度大的国家，那些发展水平低或计划生育薄弱的国家，生育率的改变都比较小。

表3—13　按发展指数和计划生育政策力度分的发展中国家生育率下降情况

发展指数	计划生育的效果			
	强	中等	弱	极弱或无
高	−3.5 (5)	−2.9 (7)	−2.9 (5)	−2.3 (2)
中上	−3.1 (4)	−2.6 (8)	−2.0 (10)	−0.3 (2)
中下	−1.6 (1)	−2.1 (1)	−0.5 (15)	−0.6 (6)
低	—	−0.7 (2)	0 (13)	0 (7)

注：表中括号外的数字代表这些国家1960—1990年间的总和生育率绝对下降水平，括号内的数字代表这类国家的数量。

资料来源：P. W. Mauldin and J. A. Ross, Family Planning Programs: Efforts and Results, *Studies in Family Planning*, 1991, 22 (6)。

第五节　人口转变在全球的演进规律

人口转变是一场全球性的重大历史变革，从欧洲本土到美洲大陆，再到新兴的发达国家（地区），最后到占世界人口总量80％的发展中国家，所有的国家都已经完成或者正在经历着这场标志着人类发展进一步成熟的"成人礼"，无论是生育还是死亡，人类的控制能力都变得更为强大。当回顾完整个人类发展历程，特别是近二三百年以来的人口转变过程，一些重要的特点值得回味。

首先，从表现形式来看，死亡率先于生育率的下降，成为人口转变开始的标志，这是所有发生人口转变的国家都拥有的一个共同特点，无一例外。更低的死亡率是人心所向，一旦经济条件具备、技术水平成熟，遏制死亡发生的手段都在短时间内应用普及，所以死亡率能相对较快地下降。与死亡率下降不同的是，社会经济的进步不仅仅是提供控制生育的手段，更为重要的是改变人们的生育意愿，这个作用过程涉及更多的因素，需要更长的时间。也正因为这种时滞的存在，人口转变过程中往往表现出人口增长的特点，无论这种增长是快是慢。

其次，从影响因素来看，社会经济发展并非开始人口转变的充分条件，但是人口转变的持续进行需要社会经济发展的支持。传统发达国家、新兴发达国家（地区）和发展中国家在发生人口转变时的社会经济水平存在着巨大的差异，许多国家甚至在殖民地时期就开始了人口转变。这是因为几乎所有国家的死亡率下降都开始于婴儿死亡率的下降，这很大程度上是医疗技术与公共卫生水平进步和传播的结果，而并不一定是社会经济发展的结果。所以，人口转变初期死亡率的下降很大程度上源于预防和控制疾病技术的可得性与普及性，无论这种技术是来自本国经济发展的积累产物，还是直接移植自其他国家的现成成果。然而，如果死亡率要进一步继续下降，在缺乏社会经济进步的条件下是无法实现的。这种规律背后的启示是，人口转变可以在超前于社会经济发展的前提下发生，但是存在着一定程度的制约。

最后，从发展趋势来看，现代化和本土化是贯穿人口转变始终的两条主线。人口转变在全球范围内演进时时处处打上了时间和地区的烙印，使这个抽象的过程在不同时代、不同国家逐渐演绎出丰富多彩的形态。从传统的发达国家，到新兴发达国家（地区），再到发展中国家，发生人口转变的时间不断缩短，整个人口转变的进程越来越快，生育率和死亡率的下降趋势也越来越明确。发达国家死亡率和生于率下降过程跨度长、波动大、趋势不明显，而发展中国家的死亡转变和生育转变既快速又顺利。以至于虽然欧洲是人口转变的发源地，但其实通常在教科书上看到的经典人口转变示意图却更接近于发展中国家的状况，因为它们的表现特征更为明显。这就是时代变迁的真实反映，技术进步随时代发展而逐渐累积，所以越晚发生人口转变的地区，影响人口转变的不确定因素被一一克服，死亡率和生育率下降的速度自然更快。缓解人口增长压力的方式也带有明显的时代性，20世纪以前发生人口转变的发达国家依靠开辟新大陆和建立殖民地来转移人口压力，而20世纪以后发生人口转变的发展中国家只能通过生育干预降低生育率来消弭人口压力。人口转变的本土化特色表现得更为充分，寻根究底，各国在人口转变中表现出的不同特点，总能在它们的地理条件、发展历史与文化传统中寻找到踪迹。

通过对世界人口转变历程的回顾，可以发现世界人口转变开始于18世纪的西欧和北欧地区，它在全球范围内的演进花费了二三百年的时间。在这期间，许多国家都先后经历了与欧洲相似的人口变动过程，但是它们所表现出的不同特点让人更为印象深刻，中国的人口转变过程更是如此。从中华人民共和国成立以来到今天60多年的时间里，中国已经完成了人口转变的过程。虽然中国的人口转变发生在全球人口转变的背景之下，许多欧美发达国家业已完成了这个过程，许多发展中国家也在经历着这个过程，但是时代和国情的特殊性赋予了中国人口转变许多新的特点，使中国的人口转变道路显得与众不同。本书之后的几章就将视线聚焦在中国的人口转变道路上，探索中国人口转变道路的发展历程、基本经验和发展规律。

第四章

从危机中的自觉到道路的明确

从 1949 年中华人民共和国成立到 1978 年党的十一届三中全会召开，是我国建立和探索中国特色社会主义道路的 30 年，同时也是我国探索和确立人口转变中国道路的 30 年。历经数次人口危机的重重磨难与洗礼，我们经历了从被动解决人口问题到主动干预人口发展进程的转变，实现了人口转变中国道路的第一次历史性飞跃。

第一节　第一次人口危机与中国人口转变进程的启动

一、对中国人口转变起点的争论

中国的人口转变进程究竟始于何时？对这个问题的回答一直是众说纷纭。死亡率与生育率的变化是进行人口转变过程判断最为明显的依据。而从 1840 年鸦片战争开始到新中国成立之前，中国正处于一个风云变幻的多事之秋，战事连连，政权更迭不断，根本无力实施全国性的登记或普查活动。所以，这个时期缺乏完整、连续、可信的统计资料。人们只能通过其他证据进行间接推测，所利用的证据不同，推测的方法亦不相同，结果自然无法统一。

有学者认为，人口如果加速增长且趋势不发生逆转，则可视为人口转变的起点；我国 17 世纪后半期自然增长率为 3‰，此后增长到 18 世纪前半期的 10‰，最后到 18 世纪后半期的 16‰，所以可以认为从 18 世纪初中国开始了人口转变的过程（姚新武，1992）。也有学者认为清朝的人口增长是由于赋税改革、外来作物引进导致产量增加和安定的社会条件而造成的，但是这些都不是近代工业化的成果，很难想象人口在一个封闭落后的封建主义国家能实现从传统型向现代型的转变；在半殖民地半封建社会时，社会性质发生转变，西方工业革命的成果开始渗入中国，资本主义在中国有所发展，对人口发展产生影响，所以中国的人口转变应该开始于民国初期（雷安，1993）。

上述两种观点都存在着一定的问题。首先，仅凭自然增长率或人口的增长数量来判断人口转变的开始不免有失偏颇。人口数量犹如潮汐般波动的现象在世界各地都有发生，中国的人口增长也具有"台阶式跃迁"的特点，在新政权建立初期人口开始增长，在各个朝代的晚期则迅速下降（张研，2008）。这种"跃迁"并不是周而复始的简单循环，人口总量会因人口基数的增加而出现螺旋式的上升。所以清朝的人口增长只是处于周期上升阶段的表现，因为当时人口增长的内在动力和外在条件并没有发生突破性、根本性的变化。况且，许多学者认为由于种种原因，清代的人口统计数量并不准确，他们推测的清代人口的平均自然增长率应为5‰～7‰，并不比历史上汉、唐等一些朝代出色（曹树基，2001）。其次，工业化并不是人口转变的充分条件，资本主义经济的出现也并不代表人口转变的开始。人口转变之所以在世界范围内与资本主义工业化紧密地联系在了一起，是因为工业化所带来的经济发展和技术进步惠及大部分的人口，比如营养状况得到改善、预防和控制传染病的能力增强等，这才导致了人口死亡率下降，开启了人口转变进程。只是抽象的工业产业或资本主义经济的产生并不能说明人口转变的开始。民国初期，中国依然是一个半殖民地半封建社会，社会经济发展落后，社会生产力水平低下，帝国主义国家和官僚资本掌握着中国的经济命脉，原有的封建生产关系依然得以保持，民族资本发展微弱，试问在这样的背景下，工业或资本主义的出现又何以成为人口转变的充分条件呢？事实也证明，普通百姓的境遇并没有因为西方工业革命成果的引进或者中国本土资本主义的发展而得到改善。20世纪30年代末，中国的人口死亡率为25‰～30‰（路遇、翟振武，2009）。新中国成立初期，民众的主要病因还是旧中国遗留下来的传染病、寄生虫病和地方病，说明这些疾病在新中国成立前根本没有得到很好的治疗和控制（朱汉国、耿向东，2010）。

本书认为，中国人口转变的起点是1949年中华人民共和国的成立。1949年10月1日，中华人民共和国中央人民政府正式成立，它标志着中国从1840年鸦片战争以来长期战争的历史状态得以结束，中国从此进入了一个独立、和平、安定的新时期；它标志着帝国主义、封建主义和官僚资本主义在中国的彻底终结，新的生产关系的形成必将促进生产力水平的大幅提高；它标志着一个人民当家作主的新时代的到来，一种发展成果惠及大众的制度安排成为现实。新中国成立以后，社会秩序趋于稳定，国民经济水平得以恢复和发展，人民生活水平显著提高，医疗技术快速进步，卫生事业逐步发展，这些才是人口转变起点的应有之义。

二、除旧布新：新中国成立初期的社会经济变革

中华人民共和国成立前，旧有势力在中国仍有残存，国民经济由于帝国主义与官僚资本主义的疯狂压榨和剥削以及长期的战争破坏而变得残破不全。所以新中国成立以后首先进行了一系列社会经济的改革，为人口转变的启动创造了良好的社会经济条件。

1949—1952 年期间，中国通过回收海关主权、实施对外贸易管理、抗美援朝等确保了新生政权在经济上和政治上的独立地位；通过清剿土匪恶霸等恶势力和镇压反革命等运动肃清了社会环境；通过继续完成土地改革解放了农村生产力，解放了农民，激发了他们的生产积极性；通过取缔卖淫、嫖娟、赌博等活动净化了整个社会的道德风尚。建国初期这一系列对旧有遗留问题的妥善处理，保证了战后的平稳过渡，为人口从战乱的创伤中恢复创造了稳定、和平而有序的环境。新民主主义革命完成以后，1953—1956年期间，中国的社会主义革命也采取了较为温和的和平过渡方式，限制、利用和改造民族资本主义经济，扶持个体手工业，调整私营工商业。1956年，"三大改造"完成后，社会主义制度得以确立，全国人民继续以满腔的热情投入到轰轰烈烈的社会主义建设大潮之中。新的社会制度在中国这片沉睡已久的土地上落地生根，在各族儿女的共同努力下繁荣壮大。

新中国成立以前，中国的国民经济已经走向了濒临崩溃的边缘，物资供应匮乏，物价飞涨，财政举步维艰。新中国成立初期，政府在尽可能利用原有基础的前提下，对旧经济进行了改造，解放和发展生产力。通过没收残余的官僚资本，以此扩充和壮大国营经济的力量；通过对民族资本主义中的资本主义工商业和个体手工业的利用与改造在最大程度上保留了原有经济力量；通过实施金融管理、控制主要物品供应、加强市场监管和实施统一的财政政

策使经济恢复到良性运行的轨道上来。在这些措施的强力作用下，国民经济得到很大程度的恢复，并有所发展，人民生活水平也随之逐渐提高。1949—1952年，社会总产值从1949年的548亿元增长到1952年的1 015亿元，年均递增22.8%；国民收入则从1949年的358亿元增长为1952年的589亿元，增幅达到64.5%（中华人民共和国国家统计局，1984）。1949—1952年间，职工的工资增长速度达到了60%～120%，农民的年均人收入也增加了30.1%（国家统计局国民经济平衡司，1987）。第一个五年计划时期，对资本主义工商业、手工业与农业的社会主义改造过程和国家实现工业化的进程同步进行。通过"三大改造"，实现了由新民主主义向社会主义的平稳快速过渡，生产关系的进步解放了生产力。实现社会主义工业化和优先发展重工业的方针使中国的工业基础在短时期内初步形成，改变了旧中国落后的工业面貌，工业生产能力飞速发展，工业技术水平大大提高。工业化基础的初步形成，一方面为技术研发和生产率的继续提高提供了良好的基础；另一方面，也增加了产品的生产能力，使人民生活水平得以改善。

通过建国初期的社会经济改革，神州大地显现出一番生机勃勃、欣欣向荣的全新景象，经济快速恢复并发展，政治清明，社会稳定，生活改善，人口转变的种子由此孕育。

三、祛病除魔：公共卫生事业的发展和群众卫生运动的开展

在社会经济改革捷报频传的同时，新中国政府却不得不面对一场人口领域的艰苦战斗。建国初期，旧中国遗留下来的各种传染病仍在肆虐，给人民的生命安全造成了严重的威胁，死亡率居高不下。这可以说是新中国党和政府面临的第一次人口危机。试想，在一个人民当家作主的国家里，在一个以为人民服务为最高宗旨的政党的领导之下，如果发展的成果不能惠及人民，不能改善他们的生存状况，甚至不能保护他们的生命安全，那么再快的社会经济发展又有什么用呢？对这个新生的政权而言，这是一次极大的考验。

令世人瞩目的是，在短短几年时间内，中国政府和人民就在这场与瘟神和病魔的战斗中取得了胜利，向世界展示了发生在中国的"人间奇迹"。传染

病得到了有效的控制，仅仅 8 年时间死亡率就从 20‰ 的水平上下降了一半。相同的一步，法国用了 100 年，日本用了 30 年。毫无疑问，时代的进步在这场胜利中有着无法抹杀的功劳，医学科学的进步程度、计划免疫方法的大规模使用、近代卫生概念的普及，都是 18、19 世纪发达国家在进行人口转变时所无法比拟的。但是在这种"超快速"的死亡率下降过程之中，透露出更多的是一种"中国式"的胜利。这种胜利源自严密的组织体系、对已有资源的最大程度利用和对群众力量的广泛发动。这些似曾相识的词汇正是我党在领导中国人民进行革命和经济建设过程中所常用的手段，这是一种执政经验和政府与人民之间默契的积累，它们将革命斗争和经济建设中的胜利完整地延续到了人口领域。

新中国成立伊始，就提出了"预防为主"、"面向工农兵"、"团结中西医"及"卫生运动与群众运动相结合"的指导方针。国家除了扩建和新建省、市、县三级综合医院和专科医院以外，把大量的人力财力投入到了建立卫生防疫站上，形成了遍及全国的卫生防疫体系，为建国初期的疾病监控、卫生监督和健康知识宣传作出了巨大的贡献。作为中国千年文化和智慧结晶之一的中医药学也受到重视和保护，国家将民间中医资源进行整合，短时间内建立起一批中医院，缓解了建国初期卫生资源缺乏的状况。开展爱国卫生运动和培养"赤脚医生"是卫生领域群众运动的集中体现，是中国开创的壮举。爱国卫生运动不仅有利于各部门在卫生工作中的协调配合，更能组织动员群众参与周边卫生环境的改善，这种被广泛动员的群众力量是非常强大和全面无死角的。在群众性卫生运动中，一大批具有一定知识基础的积极分子被"短期速成"、"就地培养"成农村卫生员，为改变农村缺医少药的局面起到了关键性的作用，农村地区防病治病的能力一下子得到彻底的改观。新中国成立初期，卫生部门还改造了一大批旧产婆，大力推广新式的接生方法，在技术还不成熟的条件下，通过限制人工流产来保证母婴健康。

血吸虫病是一种在我国特别是在南方地区十分普遍的急性传染病，建国初期，我国大约有几十万晚期和新感染病人。为了消灭血吸虫病，中共中央于 1955 年 11 月在中央层面成立了防治血吸虫病领导小组，把消灭血吸虫病列入到了各级党委的议事日程之中，并提出了"全党动员，全民动手，消灭血吸虫病"的口号，开展群众性的灭螺活动。毛泽东主席听闻江西省余江县首先消灭血吸虫病后，甚至还特地写下了著名的《送瘟神》诗篇。党和政府的高层领导人对一种传染疾病如此高度重视，而且全国上下能够动员这么庞大的社会群体参与疾病的防治和控制过程，这的的确确是在整个人类发展历史上的罕见景象。天花也曾在中国大规模流行，人们闻"痘"色变、避之不及，甚至清代有许多皇室成员死于天花。20世纪50年代，由于采取全民种痘的计划免疫措施，我国天花的患病人数迅速从20世纪50年代初的6万多人下降到了20世纪60年代初的不足百人，最后向全世界宣布中国已经彻底消灭了天花。另外，其他急性传染病和寄生虫病例如疟疾、结核病等都得到了有力的控制，患病人数和死亡人数都大大下降。组织起全民的力量来对抗瘟神和病魔，这样的神话只有在"六亿神州尽舜尧"的中国才能成为现实。

四、死亡率的下降标志着人口转变进程的开始

20世纪中期，中国的死亡率迅速下降，中国人口转变的进程也由此正式拉开了序幕。死亡率从1949年的20‰左右的水平降至1958年的11‰左右的水平，几乎下降了一半。婴儿死亡率从40年代末期的200‰左右下降到了60年代初期的84‰左右的水平，人口的平均预期寿命也在不到10年的时间里增加了10岁左右（路遇、翟振武，2009）。

如果以欧美国家的死亡率下降速度作为标准，那么日本等新兴发达国家的速度可称为"较快速"，其他发展中国家可称为"快速"，而中国的死亡率下降速度绝对是属于"超快速"的。50年代初期，世界的平均死亡率为20‰左右，发达国家为10‰左右，发展中国家为24‰左右，这时中国的死亡率水平大致处于世界平均水平。然而，用了短短8年时间，中国的死亡率水平就达到了10‰左右，与发达国家并驾齐驱，远远低于发展中国家的平均水平。

这种"超快速"的死亡率下降过程是多种有利因素叠加的结果。首先，它是时代特征的显现，是世界范围内技术进步和传播的结果。二战期间，医疗技术不断进步和公共卫生知识的传播速度与范围大大增加，例如青霉素的

研制成功和广泛的临床应用极大增强了人类抵抗细菌性感染的能力，死亡率迅速下降。二战后资本主义世界体系的瓦解使世界的资源分配趋于平等，许多发展中国家的人民可以享受到食物增产和技术进步带来的成果。其次，这是众多发展中国家的共有特征。战后和平的环境、民族独立运动的成功和各国恢复社会经济发展的努力都对此发挥了积极的作用。最后，这更是中国独特的国情的体现。早在《共同纲领》中，我国的国体就被确认为人民民主专政，只有在这种人民当家作主的国家里，政府才会把人民的健康作为头等大事来对待，社会、经济和发展的成果才能最大范围地、平等地、快速地普及全国人民。建立严密、完整的组织体系，最大限度地利用原有基础，广泛发动群众的力量，这些是我们的党和政府在领导人民群众进行多年反帝反封建的战争中形成的斗争经验和手段，它们经历了战争和炮火的洗礼，通过在社会主义建设过程中的运用，发展得更为成熟。这些手段和方法对于在较短时间内、较差条件下实现既定目标特别有效，而建国初期尽快控制和消灭传染病、创造良好的卫生环境的情景正好符合这些条件。另外，将健康卫生问题上升到爱国层面，激发了中华人民文化传统中素有的"天下兴亡，匹夫有责"的责任感和担当精神，这也是建国初期能在较短时间实现死亡率大幅下降的重要原因之一。

仅仅在死亡率的下降过程中，新中国就已经震惊了整个世界，向世人展现出这片古老土地上的神奇力量和新的生机。死亡率的下降是中国人口转变的起点，而实现死亡率超快速下降的过程是探索中国人口转变道路的起点。这场战斗中所表现出的特点和所采用的方法手段已经透露出一些日后已臻成熟的中国特色人口转变道路所具备的关键特质。但是，此时的人们只是将对死亡的抗争看成一种独立的人口危机处理过程，他们并没有意识到在这个过程中所积累的经验、做法将在未来有更为宽广的施展空间，也没有意识到这些都将成为人口转变中国道路的原始元素。至此，中国的人口转变才刚刚拉开帷幕，之后仍将面对着更多未知的困难和挑战。在党和政府的领导下，中国人民充满希望与活力地踏上了向现代型人口转变的伟大征程。

第二节 第二次人口危机与中国人口转变 道路的孕育

一、春雷惊蛰：人口规模的迅速膨胀

1953 年是新中国历史上具有非常特殊意义的一年。在这一年，我国开始实施国民经济的第一个五年计划，这标志着新中国经济建设的起步；在这一年，也同时开始召开第一次全国人民代表大会和通过宪法的筹备工作，这标志着新中国政治建设的起步。选举人民代表需要各级准确的人口数据，在这样的前提下，我国开展了第一次全国人口普查。

然而，普查的结果显示，中国的人口总量大大超出了人们原有的"四万万五千万"的估计。截至 1953 年 6 月 30 日，全国的总人口为 6.02 亿人，内地人口已超过 5.8 亿。而且，当年我国人口出生率为 37‰，死亡率为 14‰（见图 4—1），那意味着，如果这个趋势得以持续，即使以 1953 年的人口作为基数，每年也将有 2 200 多万人出生，每年的净增人口达到 1 400 万之多。这个结果像一阵春雷惊醒了神州大地，既让人们感受到新中国那如同春天到来、万物复苏般的蓬勃朝气和锐不可当的发展势头，也带给人们不小的吃惊和震动。

在当时，6 亿人绝对是一个激励人心的数字，因为几千年的发展历史清楚地告诉了中国人民，只有在社会安定、政治清明、经济发展的盛朝治世才会出现人口大幅度增长的现象。刚刚建立不久的新中国，在短短时间内就能让如此众多的人从疾病和过早死亡的阴影下解放出来，日益丰富的物质产品也足以能够承担 6 亿人口的衣食住行，这不正是社会主义制度优越性的充分体现吗？而且，在即将展开的工业化建设中，众多的人口资源必将会成为巨大的建设力量。当然，在这种激动和兴奋中同样也夹杂着一丝疑虑和迷茫，人

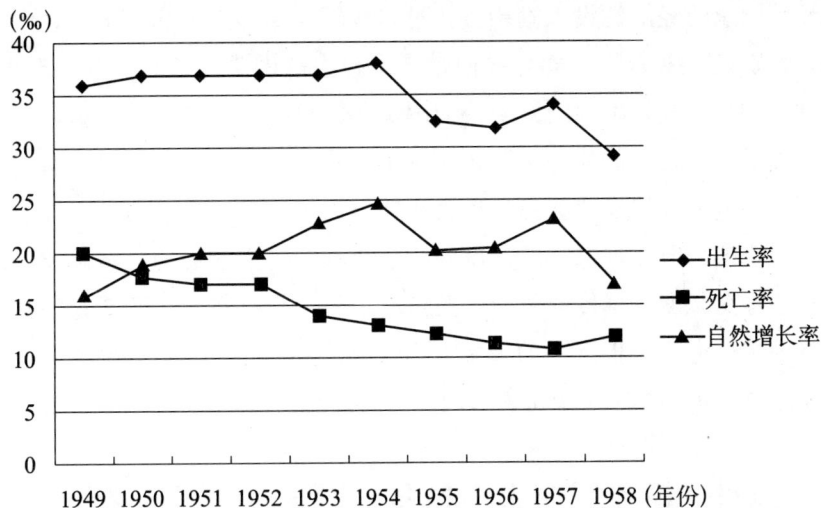

图 4—1 中国人口的出生率、死亡率和自然增长率（1949—1958 年）

资料来源：国家统计局人口和就业统计司：《中国人口主要数据（1949—2008）》，北京，中国人口出版社，2009。

口如此快速增长的趋势是否会一直持续下去？这到底会给未来中国带来怎样的影响？……但是，沉浸在吃惊和喜悦中的人们还没有来得及去思考，中国的人口发展就已经进入了一个全新的时代，它不再是几千年来随着封建王朝更迭的周期性增减，而是世界人口转变大潮下的一种趋势。人们也没有来得及认识到"人多力量大"在工业社会已远远不如农业社会那般适用，特别是在一个基础力量薄弱、依然贫穷的国度，过多的人口所带来的也并不都是正面的力量。

严峻的现实很快就结束了人们的猜想和疑惑，它将人们从为拥有众多人口的喜悦和自豪中慢慢推向了对人口过快增长的苦恼和担忧之中。1953—1957 年，我国妇女平均生育孩子的个数在 6 个左右，每年的出生人口都达到了 1 900 万～2 200 万的水平，净增人口在 1 200 万～1 400 万。从国家层面来看，迅速增加的人口给社会经济发展带来很大的压力。毛泽东曾在建国初期认为我国庞大的人口是个极好的条件，在 1957 年时他的想法已经发生了改变，认为人多也好也坏，因为过多的人口给粮食产量、子女就学、劳动力就业、交通运输、生活基础设施等各个方面都带来了巨大的压力（彭珮云，1997）。从家庭层面来看，由于正值社会主义工业化的起步阶段，全国上下都投入到了国家的经济建设大潮中去，过多的子女给广大群众的工作、学习和生活，特别是子女教育、养育方面带来了很大的困难。人们万万没有想到，在建国初期，全国人民刚刚齐心协力解决了人口死亡率过高的危机，很快就不得不面对由死亡率的快速下降带来的另一次危机——人口的快速增长。过高的死亡率毫无疑问是社会主义社会所要致力解决的问题，那对待过快的人口增长又应该采取一种怎样的态度呢？这是社会主义发展的必然规律，甚至正是社会主义制度优越性的体现，还是属于另一个有待解决的问题呢？带着这些疑虑和思考，一批著名的民主人士、政治家、社会学家、经济学家和自然科学家进行了一场关于中国人口问题的大讨论。

二、对认识和解决人口过多、增长过快现象的学术讨论

20 世纪 50 年代，人口问题受到了高度的关注，对于中国的人口是否过多、是否应该采取节育措施来控制人口增长等一系列问题，许多专家和学者展开了充分的讨论。从 1954 年邵力子在第一届全国人大第一次会议上呼吁控制人口的讲话，到 1957 年初的人口研究座谈会和《文汇报》主办的人口问题讨论会，再到各大报纸上发表数百篇关于人口问题的文章，对人口问题的关注与辩论都在逐步升温。

反对控制人口的学者们大多受到苏联社会主义人口理论的影响，比较强调社会主义制度相对于资本主义制度的优越性，所以认为不可能存在人口过剩的现象。苏联的人口理论是建立在对马尔萨斯人口理论的彻底否定和对社会主义制度优越性的充分肯定之上的。它认为资本主义制度是导致人民贫困的主要原因，而不是人口过多；在社会主义社会，资本主义人口规律失效，人类所掌握的先进技术必将可以快速增加生活资料，任何人口增长速度都可以满足；人口快速增加，患病率和死亡率快速下降，有劳动能力的人得到充分利用，这正是社会主义人口规律的体现（苏联科学院经济研究所，1955）。所以，中国的部分学者将赞成控制人口的观点视为马尔萨斯主义或者现代马尔萨斯主义，是反动的人口理论（赵靖，1955；梁继宗，1957）。在这些学者看来，中国人口的高增长率并不是什么问题，因为新的生产关系的建立和成熟将大大解放生产力，而只要社会生产力发展了，人口问题就能迎刃而解；而

且，人口的高速增长是推动社会进步的伟大力量，所以社会主义国家不但不能控制人口，而且还要为人口的快速增长创造条件（查瑞传，1999）。

囿于当时的政治环境，赞成人口控制的人们在表达观点时则显得小心翼翼，仿佛在刻意避开一些"雷区"。一些学者在论述的开篇之词中，总是先将自己的观点与马尔萨斯主义划清界限，并且明确地表达对"社会主义不存在过剩人口"观点的赞成态度。在这样的前提下，他们才委婉地提出人口应该有所限制的观点，理由种种，或是因为"目前完全没有增加劳动力的必要"（全慰天，1957），或是因为"人口的适度性也存在程度的差别，控制人口有助于早日达到最适度的状态"（叶元龙，1957）。甚至在讨论的初期，很少人从国家发展角度去讨论人口问题，而只是从"母亲的健康"、"青年的幸福"这些角度去立论，来探讨控制人口的必要性。在如何控制人口增长方面可以讲得很清楚，在为什么控制人口方面的讨论却总是显得犹抱琵琶半遮面，意犹未尽。

然而，随着讨论的不断深入和政治舆论环境的日趋宽松，特别是旨在繁荣学术和文艺的"百家争鸣、百花齐放"的指导方针提出后，一批观点鲜明、触及核心问题的研究逐渐浮出水面，这些研究在很多方面都取得了突破性的进展。首先，这些研究都能够认识到过多的人口不仅给人民群众的生活带来困难，而且也会对国家的建设和改善带来难度，因为过快的人口增长会使国民收入中积累和消费的比例失调，影响到社会扩大再生产（马寅初，1957；邓季惺，1957）。人口过多、过快增长给国家发展带来的负面影响终于进入了人们的讨论范围。第二，人们改变了对人多力量大的迷信，开始辩证地看待人口增长的经济效应问题。他们从劳动生产率、平均产量指标等方面去考察人口增长与经济发展的关系，讨论适度的人口数量的问题（叶元龙，1957）。第三，受到毛泽东提出的"与国家五年计划配合的家庭计划"、"人类本身生产的计划化"等概念的影响，人们改变了以往对人口增长放任自流的态度，许多专家学者提出人口增长应该有计划、按比例地进行（吴景超，1957）。最后，中国化意识增强，客观分析我国与苏联国情的不同，摆脱长期以来苏联人口理论的束缚，探索适合中国现实的人口理论。人们认识到苏联地广人稀，巨大的国情差异使苏联鼓励人口增长的政策在中国并不适用，应该根据中国自身的实际发展情况寻找人口发展的规律、制定人口政策。他们认为，活劳动和物化劳动按比例地增长，人口再生产与国民经济再生产相适应，这才是符合社会主义基本经济规律的人口发展状态（赵承信，1957）。

这场学术讨论背后蕴含了许多耐人寻味的深刻意义。第一，虽然只是以学术讨论的形式表现出来，但是这场讨论反映的却是全社会对人口问题的关注。从政府到普通百姓，无一不对中国快速增长的人口现象充满疑惑和思考。而且，这种源自全社会的关注并非偶然现象，而是时代特征的体现，是历史发展的必然结果。人口普查的开展与普查结果的公布是导火索、契机，但绝非推动这场讨论的主要原因。一方面，由于人口转变过程的启动，人口以每年1 000多万的水平急速增加，如此排山倒海的势头在中国人口几千年的发展历程上是前所未见、难觅踪迹的，很难从历史上寻找到解读这次巨变的线索和提示。另一方面，绝大多数的人更倾向于将其视为社会主义制度下的特殊产物，而不知中国已然身处世界人口转变的大潮之中。马克思主义的经典著作中对社会主义制度下的人口发展图景寥寥数语，未曾多着笔墨。此时的中国人口就像是一辆高速运行却并不知终点的列车，一切变化迅速但充满无限未知。人们切实感受到了人口过快增长的现实压力，但认识和解释这一现象的理论与实践是矛盾的，甚至是空白的，两者之间的落差产生了巨大的张力，这种力量不断聚集，或早或晚，总会以一定的方式爆发。这一次，历史选择了一场学术大讨论。

第二，在这场看似激烈的大辩论中，表面上看是赞成人口控制和反对人口控制正反两方专家学者观点的交锋，但它反映出的却是更深层的矛盾，即传承自苏联的社会主义不可能存在过剩人口的理论指导与人口过快增长给社会经济发展带来压力的现实困境两者之间存在的矛盾。辩论的结果是中国学者的中国化意识渐渐觉醒，他们立足于中国的现实，修改着对社会主义人口规律的认识。他们清楚地将"过剩人口"与"人口过多、人口过快增长问题"区分开来。"过剩人口"是资本主义制度的产物，在社会主义制度下已然失去了适用的空间。但这并不意味着在社会主义制度下，人口就可以无限增长，它始终要受到人口发展规律的制约。苏联的人口理论及由此衍生的人口政策也只是基于自身国情之上的、对社会主义制度下人口发展规律的一种回答，并不是标准答案。对于这种规律是什么，中国学者的回答是，人口要有计划按比例地增长，人口本身再生产要与国民经济再生产相适应。

第三，对人口问题的讨论已经远远超越了人口本身，甚至延伸到对我国社会主义发展规律的思考。由于新的社会制度刚刚建立，人们对其的认识并不清晰，而人口问题又是关系到国计民生的基础性问题，所以在这场讨论中，人口问题常常与经济发展规律、社会主义制度等问题联系在一起。随着讨论的充分展开，人们不仅对人口发展规律，更对经济发展规律和我国社会主义制度的特点有了更为深刻的认识。

三、政策实践：明确态度、提出构想和初步实施

在学术界还在热火朝天地开展是否要进行人口控制的大讨论之时，人口过快增长的现实压力却迫使人们不得不马上采取行动，避孕节育的需求和行为悄然在人们的生活中发生。在政府对人口增长的态度和相应的人口政策还处于空白期时，来自基层的声音却是相当明确的。当社会主义"三大改造"完成以后，广大人民群众马上又投身到轰轰烈烈的社会主义建设过程中去。过于频繁的生育活动严重地扰乱了他们正常的工作安排，也给家庭生活带来很大的困难。因此，许多群众特别是机关干部和企业职工，产生了强烈的避孕节育需求。但是，由于缺乏相关的知识和手段，这种需求没有得到很好的满足，所以他们迫切希望政府能够进行干预，为他们提供必要的帮助。值得一提的是，在这个时期，这种希望源自民众的心声，是对人口过多、过快增长的现实危急状况的最直接、最原始的反应，如同身体的自我调节机制般自然而然，并不是任何理论指导或者社会运动的结果。

与此同时，人口过快增长给国家社会经济发展和人民家庭生活带来巨大困难的现象也引起了党和政府领导人的关注与思考。1953—1957年期间，党和国家领导人在赞成避孕节育方面的态度是明确而统一的。周恩来、邓小平等人曾在各种公开场合表示要开展避孕节育工作，并采取各种措施积极推动这项工作的顺利运行。因为这样做不仅能够保护妇女的身体健康，保证家庭能够有足够的资源教养儿童，也能缓解人口对耕地、粮食、就业岗位等造成的巨大压力。毛泽东对这个问题的思考则上升到了另一个高度。因为当时我国经济建设的第一个五年计划已经开始实行并发挥了巨大的效用，受此影响他尝试将计划这一概念推广到人口领域，鼓励实现人类自身有计划的生产。

1957年，他在全国最高国务会议的第11次会议上建议建立专门的机关部门来推广节育工作，明确提出了"有计划地生育"的概念，鼓励加强人类对生育问题的自我控制能力。从此，"计划生育"这个现今所有中国人都耳熟能详的词汇逐步走进了中国老百姓的视野，深入到整个社会的各个领域之中。中国的"计划生育"与其他发展中国家实施的家庭计划（family planning）存在着很大的区别。家庭计划强调的是对家庭的服务和赋权，而计划生育强调的是对整个人口的有序管理。从起源上看，中国的计划生育是一种政治构想和设计，是将在经济领域取得成功的计划手段向人口领域移植的嫁接体。从本质上看它是一个雄心勃勃的目标，力图实现人们自身生产过程的有目标、有步骤、有秩序的管理，完成人口领域从必然王国向自由王国的转变，充满强烈的中国特色和理想主义色彩。

来自群众和政府这上下两方面的作用力因为一致的作用方向而结合在一起，两者互相作用，形成强大的合力，迅速推动了避孕节育工作的开展。1955年3月，中共中央在全党范围内转发《中共中央对卫生部党组关于节制生育问题的报告的批示》明确了态度，提出了"在当前的历史条件下，为了国家、家庭和新生一代的利益，我们党是赞成适当地节制生育的"，并在对"二五"计划的建议报告和《1956年到1967年全国农业发展纲要》里都写入了推广和宣传节制生育的内容（彭珮云，1997）。在中央文件的精神指导下，作为主管部门的卫生部多次对一系列关于避孕、人工流产和绝育问题的政策规定进行了修改和发布，逐步放宽了建国初期对人工流产和绝育手术的严格限制，为全国各地节育活动的开展提供了政策上和技术上的支持。在这些政策的影响下，避孕节育的宣传工作全面铺开，避孕技术与药具用品的普及性和可得性迅速增强。关于避孕节育的初步尝试取得了成功，群众的节育需求得到了一定程度的满足，全国人口出生率也从1954年的37.9‰下降到1956年的31.9‰（见图4—1）。

死亡率迅速下降引发的人口过快增长给国家和家庭的发展造成的巨大危机与人们为认识、解释和化解这种危机而做出的种种努力，是这个时期中国人口转变道路的主要发展线索。对人口规律与人口理论方面的探索走在了最前面，所取得的成绩也最引人注目。人们的中国化意识已经觉醒，能从世情、国情出发，辩证地看待经典马克思主义人口理论与苏联的人口理论，摆脱苏联人口理论中"社会主义制度条件下不存在过剩人口"观点的桎梏，正视中国的人口问题，并且探索出人口应该有计划按比例发展、人口再生产应该与国民经济再生产相适应的发展规律。对人口政策的探索则显得"眼高手低"，在方向上首次表明了对人口控制的赞成态度，在构想上也提出了"有计划地生育"的宏伟目标，但是在行动上还没有形成成熟的思路和系统的政策，而只是从顺应民意、满足人民避孕节育需求方面着手，仍处于一种"兵来将挡、水来土掩"的自觉反应阶段。但是，独立的理论指导、全新的政策构想、成功的初步尝试，这些都标志着有中国特色的人口转变道路已经开始孕育。

第三节　第三次人口危机与中国人口转变道路方向的形成

一、短暂的认识动摇和工作停滞

从1958年到1977年，是我国国民经济曲折发展的时期，其间"左"的指导思想一直居于主导地位，几次运动都使国民经济遭到极大程度的破坏。其中，从1956年社会主义改造的完成到1966年"文化大革命"的开始，是这一曲折发展时期的前半期，也是我国开始全面建设社会主义的十年。在经济方面，在这一期间经历了总路线、"大跃进"和"人民公社化"等运动。浮夸风的盛行过分突出和神化了人的能力，严重干扰了对人口形势的正确判断，使在人口领域刚刚取得的统一思想发生了动摇；平均主义的泛滥也完全违背了经济发展的规律，严重损害了国民经济发展的正常秩序，包括计划生育在内的各项工作一度处于停滞的状态。在政治方面，由于国际和国内台湾、西藏和新疆等地区局势比较紧张，社会主义建设的曲折过程又使国内矛盾有所激化，以毛泽东为首的中共中央错误估计了形势的严重性，逐渐陷于阶级斗争扩大化的迷误之中（齐鹏飞、温乐群，2010）。经济和政治方面的风暴很快就席卷了人口研究领域，"反右"斗争的严重扩大化使包括马寅初在内一大批专家学者受到批判，对人口领域的理论探索戛然而止。

第一个五年计划完成以后，我国的社会经济建设得到了迅速的发展，人民生活水平也得到了很大的提高。人们被接踵而至的胜利冲昏了头脑，动员和依靠人民群众的力量成了战无不胜的法宝，许多人认为只要制定高指标，大搞群众运动，中国就一定能够创造出世界上前所未有的经济奇迹。这种全国上下表现出的冒进倾向不断累积，最终导致了国民经济"大跃进"运动的发生。1958年5月，中共八大二次会议通过了"多快好省地建设社会主义"的总路线，但事实表明，这条总路线执行到最后只剩下了"多"和"快"两个字。"大跃进"运动中盲目提出不切实际的过高指标，并一再缩短目标的完成期限。实现这种远远超出生产力发展水平的目标是再怎样发动群众也无济于事的，它只能通过追加投资、牺牲质量，甚至是欺骗才能完成。为了符合高目标的要求，人们不惜用谎言和夸大来弥补目标与现实的差距，被夸大的成绩却一次又一次地被相信，并以此为基础提出更高的目标。在这样的一种恶性循环中，人们被虚假的胜利蒙蔽了双眼，失去了冷静理智的头脑与客观的分析判断能力，对人口发展的形势也做出了错误的论断。中共八大二次会议上正式宣布"彻底推翻了人多妨碍积累"的论断，在六次会议上甚至提出1958年农业大丰收的事实表明，只要通过种种努力就能获得高额丰产，到那时"人口不是多了，而是感到劳动力不足了"（彭珮云，1997）。

1957年开始，作为"民主新路"的整风运动转变成了"反右"斗争，最后酿成了"反右"斗争扩大化的错误。一大批为国家发展献言献策、秉笔直书、畅所欲言的知识分子受到了打击。《不许右派利用人口问题进行政治阴谋》一文拉开了人口领域大批判的序幕，学术问题上的分歧被视为阶级斗争的表现，原来关于人口问题的大讨论被定性为资产阶级"利用人口问题反共、反社会主义和实现资本主义复辟"的一次进攻（李普，1957）。从此以后，学术"探讨"成了政治"讨伐"，包括马寅初、吴景超、陈长蘅等在内的一大批社会学家、经济学家和人口学家都遭到猛烈的公开点名批评，铺天盖地的文章从政治角度对他们的观点进行定性，甚至扩大到对学者本人进行评价、定性和攻击。一时间，鼓励创新和求同存异的、热烈的、多元化的学术文化被追求绝对和统一服从的、冰冷冷的、单一化的政治文化所取代。昔日引起全社会关注的人口领域也成了无人敢问津的禁区，对中国人口理论的研究一停就是二十年。关于人口问题的大讨论以这样一种看似令人错愕的方式收场，其实也并非偶然，这有着历史的必然性，是对人口发展规律探索过程中特定社会经济背景的体现。当时，中国进行社会主义革命和建设的实践不到十年，对社会主义发展规律（无论是经济规律还是人口规律）的认识过程中必然会出现反复和失误。复杂、紧张的国内外形势导致了政治斗争的泛滥化，人口这个关系到国计民生的基础领域自然不能避免被风暴席卷，而虚高的经济发展指标又助长了人们盲目乐观的情绪，掩盖了人口众多和高速增长所带来的问题，甚至成为这场批判的"事实"依据。在这样的社会经济背景下，形成对人口发展规律的错误认识自然也就不足为奇了，只是这种错误所带来的代价是巨大而影响深远的。

党和政府对人口发展形势做出了错误的判断，对中国人口问题的研究受到禁锢，鼓励人口增长的思想占据上风，经济状况的恶化和政治环境的动荡打乱了政府各项正常工作的秩序，这些因素都直接影响到避孕节育工作的实施。在 20 世纪 50 年代末到 60 年代初期，刚刚开展起来的避孕节育工作未及在全国普遍就受到了严重的干扰，一度处于停滞的状态。

历史是在曲折和反复中不断向前推进的，对中国人口转变道路的探索亦是如此。"大跃进"时期的对中国人口转变道路的探索是名副其实的全面倒退，在人口形势方面的判断发生了方向性的错误，在人口理论方面的研究骤然中止，长期无法恢复，在制定和实施人口政策方面的工作停滞不前。但是，也正是经历了这些反复和失败，付出了沉痛的代价后，中国的人口转变道路才在摸索中确定了正确的方向。

二、天灾人祸凸显了加快人口转变过程的重要性

"全民大炼钢铁"和农村出现的"人民公社化"运动是整个"大跃进"运动的中心体现。"以钢为纲，集中力量，全力保钢"的发展战略要求其他各行各业给钢铁生产任务的完成让路，而且要倾其全力支持。这样的安排让农、轻、重之间的比例严重失调，大量农业劳动力被占用，使农业资源和成果浪费损失严重，而且攫取大量的原料供应工业建设，使农村的生态资源遭到破

坏。为了实现农业生产"大跃进"的目标，农村地区大搞土地深翻和推行密植，违反了科学规律，对农业生产力造成了极大的破坏。"人民公社化"运动不顾生产力水平的发展程度和客观经济规律的制约，过早地否认按劳分配和商品经济，平均主义的思潮挫伤了农民的生产积极性，经济效益极差，使农业生产大幅下降。1959—1961 年发生的自然灾害更是对原本已经举步维艰的农业生产起到了雪上加霜的作用，使农产品的产量大幅下降。农业总产值从 1957 的 537 亿元迅速下降到了 1960 年的 457 亿元，下降幅度达到了 15％左右（中华人民共和国国家统计局，1983）。

受到全国性社会经济发展困难的影响，人民的生活水平也出现了急剧下降的趋势，甚至连吃饭、穿衣这些人民日常生活的基本需求都成了大问题。从 1957 年到 1960 年，平均每人消费的粮食数量下降了 19％，棉布数量下降了 59％（中华人民共和国国家统计局，1983）。由于基本生活物资的严重短缺，许多人无法维持生活，营养不良、长期饥饿而致病致死的现象比比皆是。全国人口的出生率从 1958 年的 29‰下降到 1961 年的 18‰；死亡率却从 1957 年的 11‰快速增长到 1960 年的 25‰，大致退回到建国前的水平；自然增长率更是急转直下，在 1960 年达到−5‰左右的水平，是建国以来至今唯一发生的一次负增长现象（见图 4—2）。

天灾和人祸的双重打击，使国民经济各项比例严重失调，全国经济发生困难，经济形势严峻，社会动荡不安，人口也付出了惨痛的代价，又一次处于危机的边缘。但是，残酷的现实也如当头棒喝，敲醒了沉醉在对人的主观能动性过分自信和对社会主义制度下可以实现人口持续高速增长幻想之中的人们。此时，无需更多的争论，血淋淋的现实已经摆在世人的面前，它使在社会主义条件下人口是否可以维持长期持续高速增长这个问题的答案不言自明、昭然天下。而且，庞大的人口规模与脆弱的社会、经济、资源、环境基础之间的矛盾在这种极端艰难的条件下暴露无遗。人们认识到人的主观能动性最终还是要受到客观条件的制约，无论对人口规模优势进行如何的开发，无论对群众力量进行如何的动员，它所能产生的作用终究是有限度的，这些优势和力量终究无法摆脱社会经济发展水平和资源环境支持能力的限制。所以，要缓解人口增长给社会经济发展带来的压力，发展生产只是事物的一个方面，并不是完整的答案，更为直接有效的另一方面是控制人口的增长速度，

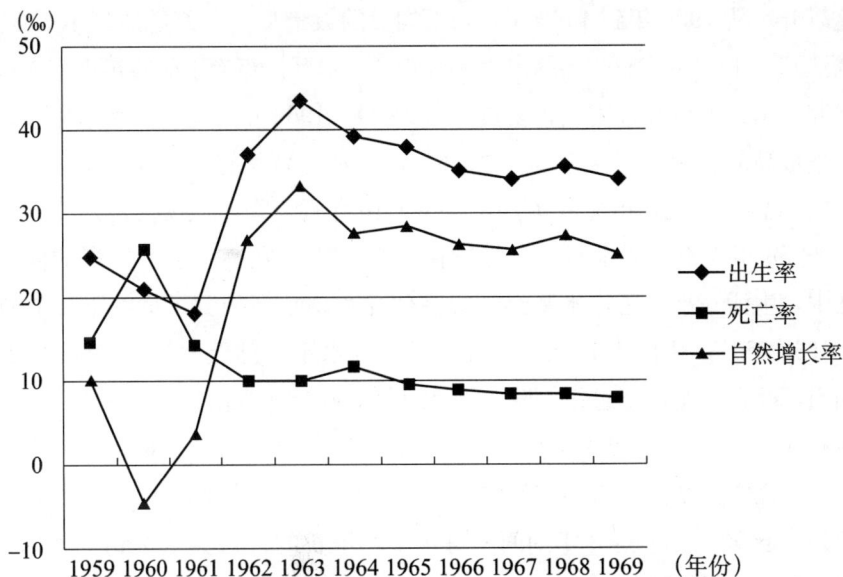

图4—2　中国人口的出生率、死亡率和自然增长率（1959—1969年）

资料来源：国家统计局人口和就业统计司：《中国人口主要数据（1949—2008）》，北京，中国人口出版社，2009。

加快人口转变的过程。

三、明确认识：控制人口增长，从无序走向有序

1961年开始，为了摆脱困境，使国民经济发展重回正常的轨道，党和政府实行"调整、巩固、充实、提高"的方针，对国民经济进行了大幅度的调整。经过实行压缩基本建设战线、调整工业生产速度和结构、调整人民公社体制、贯彻按劳分配政策和加强农业建设等种种措施，国民经济的状况得到改善，工业与农业之间的产值比从1960年的78∶22下降为1965年的63∶37（中华人民共和国国家统计局，1983），农副品产量迅速增加，粮食产量恢复到1957年的水平，财政收支状况平衡，市场供需矛盾缓解，人民生活水平有所提高。

随着经济状况的好转和社会的逐步稳定，在"大跃进"运动和三年自然灾害作用下曾一度被中断的人口增长重新启动。在运动和灾害中延误婚育行为的人们纷纷进行补偿性的结婚与生育活动，导致这一时期结婚和生育数量

迅速攀升。从 1959 年到 1962 年，初婚妇女的数量从 239 万增加到了 577 万，增幅达到了 141%；1962 年的出生人数为 2 464 万，相当于前两年出生人口数量之和（国家人口和计划生育委员会，2007）。1963 年是建国以来出生率、生育水平最高的一年，出生率高达 43.6‰，总和生育率也达到了 7.5。在此后的 20 世纪 60 年代，虽然我国的出生率略微有所下降，但仅仅是恢复到了与 20 世纪 50 年代相似的水平上，维持在 35‰左右。在整个国民经济的恢复过程之中，生活水平和医疗水平继续提高使死亡率重新回到了继续下降的轨道上。1962 年时，死亡率重新下降到 10.1‰的水平，已经大致与 1957 年的水平相当，并在此基础上继续下降，到 20 世纪 60 年代末已经达到了 8.1‰的水平（见图 4—2）。20 世纪 60 年代也是中国最快的一个人口增长期，1962—1969 年这 8 年之中，全国人口的自然增长率一直在 25‰的水平以上，并且在 1963 年达到峰值 33.5‰。这 8 年期间，每年平均增长的人口数量达到了 2 000 万之多，仅 1963 年净增人口就达到了 2 270 万（见图 4—3）。

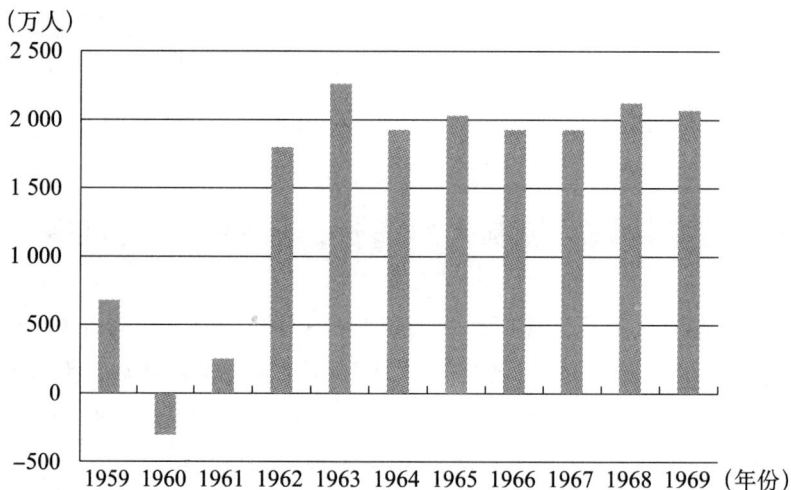

图 4—3　中国净增人口（1959—1969 年）

资料来源：国家统计局人口和就业统计司：《中国人口主要数据（1949—2008）》，北京，中国人口出版社，2009。

20 世纪 60 年代的人口增长其实是 50 年代人口增长趋势的延续，只是由于自然灾害和"大跃进"运动这些偶然的自然、社会事件的发生，将这一过程在中途打断，形成了两个发展时期。两者的表现和动因都是十分相似的，即由于死亡率处于逐渐下降的过程之中，而生育率则相对稳定在高位而形成的。死亡率下降的原因与50年代相似，社会稳定、经济状况好转、医疗水平提高和公共卫生事业发展功不可没。生育率的居高不下既带有与其他经历人口转变国家的相同特征，又带有明显的中国色彩。一方面，与其他国家相类似，生育行为的转变是客观条件和主观意愿两者结合的产物，主观意愿的改变需要更长的时间，所以生育转变比死亡转变更慢。另一方面，受到社会主义制度的影响，生育率在高位持续的倾向性非常明显。因为在当时，国家为了能使群众从家庭的束缚中解放出来、积极投身社会建设，为人们提供了各种养育孩子的便利条件。而且当时的社会主义福利制度仍然处于一种大包大揽的全覆盖阶段，养育孩子的成本有很大一部分由社会来分担。在这样的条件下，人们自然会倾向于维持原来的生育状态，并没有很强的动力去刻意控制生育行为。

虽然人口发展的形势十分相似，但是此时人们对中国人口增长问题的认识与20世纪50年代相比，已然跃上了一个新的台阶。如果说50年代在要不要控制人口问题上还存在着一些争议，甚至"大跃进"时期对是否要继续坚持人口控制政策还存在动摇和退缩的话，那么，由于受到20世纪50年代末60年代初人地矛盾异常尖锐和此后人口近乎失控地增长等一系列事件的影响，全国上下对人口必须控制的认识已经是空前一致，态度也已经是异常坚决了。在历经种种磨难以后，人们已经意识到，根据时代的特点和我国的国情，我国的人口发展道路既不能学习苏联的做法放任人口增长，因为我国庞大的人口规模已经给社会经济资源环境带来了沉重的压力；也不可能通过单纯地动员群众、发展生产来解决，因为经济发展和人口发展都受到客观规律的制约，不是光靠热情和奋斗就可以逾越的。所以，要解决中国的人口问题，只能走控制人口、计划生育的道路。至此，中国人口转变道路的方向已经基本明确。

中国计划生育政策的轮廓日渐清晰，一些重要的基调和特点已经形成。首先，最为重要的就是它的国家性。正反两方面的教训都告诉人们同一个事实，人口的增长已经超越了生儿育女的个人私事层面，而与国家利益紧密联系在了一起，那么国家对其进行干预也是合情合理、顺理成章的。与其他国家实施的从家庭和个人角度出发的节制生育或家庭计划政策不同，中国的计划生育政策从一开始就是从国家利益、集体利益和社会主义建设的大局出发

来设计的，或者引用周恩来的话来概括，为国家长远利益牺牲个人利益，是
"先公后私"的充分体现（彭珮云，1997）。计划性是它的第二个特点，这个
特征的形成来源于经济实践的经验和前期对人口规律的研究成果。国民经济
建设中有计划，人口增长要与经济发展相适应，那么同样要制定发展计划。
中国的人口控制政策之所以被称为计划生育政策，就是因为它是效仿国民经
济有计划按比例进行的做法，把人口增长也纳入国家计划，反对人口增长的
盲目论、自流论，强调人口有目标、有计划、有秩序地增长，实现人类对自
身的控制。最后，计划生育政策还有着很强的群众性。不能把中国的计划生
育政策单纯理解为党和政府的要求，它首先是广大群众的要求。当时，多子
女成为造成农村和城市困难户的一个比较普遍的原因（彭珮云，1997）。在当
时的中国，特别是在城市地区，由于过多的生育给工作和生活带来的负担，
已经有越来越多的人要求并且主动实施节制生育。这反映出那个时代中国普
通民众对家庭发展问题和中国人口问题的思考和选择。计划生育政策在一开
始就很好地利用了这一点，采取了依靠群众、发动群众的思路，满足群众的
需要，启发他们自觉地制定生育计划。计划生育政策自实施伊始迄今已历经
几十年，如果只是单纯的政府命令，缺乏群众的支持和配合，恐怕是任何一
个政党或政权都不可能坚持下来的。

四、以城市带动农村的计划生育工作的开展

方向的确定和政策思路的清晰有力地推动了工作实践的发展。1962 年中
共中央、国务院发布了《关于认真提倡计划生育的指示》（以下简称《指
示》）。《指示》开篇就开宗明义地指出，在全国城市和人口稠密的农村要提倡
节制生育，目的是适度地对人口的自然增长率进行控制，引导生育从毫无计
划的状态转变为有计划的状态（彭珮云，1997）。这是中央关于计划生育的第
一份专门文件，它将计划生育的目的阐述为保护妇女儿童健康、利于后代教
养、减轻职工负担和民族的健康与繁荣。通过这种方式，广大群众的要求和
有计划地发展我国社会主义建设的要求有机地联系在了一起。在这份文件里，
党中央重新强调了对计划生育工作的重视，并对计划生育工作的如何开展做
出了专门而具体的指示。党中央以文件的形式旗帜鲜明地向全国人民表明了

对计划生育政策的支持态度，为建国以来对中国人口问题的疑惑和思考提供了答案，为是否要控制人口的争论画上了句号。

1962年《指示》发布以后，以城市和一些人口稠密的农村为重点的、以城市带动农村的计划生育工作在我国全面铺开。这种战略重点的选择源自必要性与可行性两方面原因的结合。首先，城市人口的出生率、自然增长率在20世纪50年代以来一直都高于农村。1957年，城市的出生率是45‰，自然增长率是36‰，农村相对应的两个指标值只有33‰和22‰（国家人口和计划生育委员会，2007）。而且，当时我国正值大规模的、从无到有的城市建设热潮，过快的人口增长对城市的发展形成巨大的冲击，所以控制城市人口的过快增长也成为城市发展中的迫切任务。其次，在城市中，许多妇女的家庭地位和角色已经发生了巨大的改变，她们纷纷走出家庭、走向社会，传统的生活方式和生活重心也随之发生改变。所以，城市的妇女本身就存在着较为强烈的控制生育的愿望，计划生育工作在她们当中有更好的基础，比较容易开展。

那么，整个计划生育政策体系到底是什么样的呢？此时的计划生育政策呈现出一种"上下合力，中间宽松"的状态。首先，借鉴国民经济发展计划的做法，政府在国家层面制定出人口增长的具体目标，作为总体方向性的指导。1963年中共中央、国务院规定了在三年调整时期、第三个五年计划和第四个五年计划时期的人口自然增长速度，并要求各级各地因地制宜地制定本地的计划。其次，在家庭层面，主要通过宣传教育和提供技术服务来降低家庭生育的孩子数量。通过宣传教育，一方面改变群众的传统观念，认识控制生育带来的益处；另一方面将群众对控制生育的认识提高到为社会主义经济建设和为民族利益与繁荣的层次之上。通过提供避孕节育服务和技术，使广大群众提高了控制生育的能力，避免了许多非意愿的生育。最后，政府的目标要求和家庭的生育数量之间并没有严格的衔接点，存在着很大的自由空间。虽然在此过程中曾有类似"一个不少，两个正好，三个多了"和"晚、稀、少"之类的口号，但它们都是尺度宽松的、提倡和鼓励的方向，并不是一定要遵守的硬性要求。这样的政策设计既有宏观国家层次的总体目标，有利于及时监控整体人口增长状况，又有微观家庭层次的具体措施，准确、直接作用于各个家庭，有利于有效地降低人口数量。而中间宽松的预留空间使整个政策体系的尺度拿捏得十分精准。因为生育是一项典型的家庭功能，在中国几千年的文化传统中生儿育女是个人私事，如果国家政策目标层层分解、对家庭生育孩子数量直接进行干预，或多或少会引起不适甚至抵触。而且，在家庭层面采取的政策和措施切入点非常准确，从满足广大人民群众的需要入手，将中国人"天下兴亡，匹夫有责"的责任感、爱国热情和担当意识有效地转化为自觉的计划生育行为。事实表明，20世纪60年代的计划生育政策效果良好，城市人口的出生率和自然增长率在1964年以后都一直低于农村。

但是，事物总是存在着两面性的。"上下合力，中间宽松"的政策结构也存在着一定的缺陷，中间作用环节的模糊使得政府失去了对实现宏观目标的令行禁止的控制能力。这一隐患在以后中国人口转变道路过程的探索中充分暴露出来，直接导致了政策风向的全面收紧。而且，计划生育工作只在城市和部分农村地区开展。这意味着在中国的绝大多数农村地区，人们仍在传统的轨道上延续着自己的生活。落后的生产力之上承载着过于先进的生产关系，人民公社的工分制度和口粮制度都在鼓励着人们通过生育来得到更多的利益，农村的节育工作很难进行。这使得在当时农业人口占86%的中国，城市计划生育工作取得的成果显得形单影只、杯水车薪。

第四节　第四次人口危机与走自己的人口转变道路

一、"文化大革命"带来的负面影响

20世纪60年代，中国还在探索社会主义的道路上艰难地行进着。此时的社会主义的实践尚处于起步阶段，对如何发展社会主义的经济、社会、文化，摆在中国面前的没有多少可以借鉴的先例。西方发达国家实行的是资本主义制度，自是不足为法。社会主义阵营的领军人物苏联，其社会主义模式的弊

端日渐显现，也让中国共产党人引起了足够的警惕和重视，寻找一条适合中国的、有中国特色的社会主义发展道路迫在眉睫。

然而，在短短十几年社会实践的基础上，要创造和详细描绘出一幅人类历史上从未有过的新社会蓝图谈何容易，这不是任何杰出的领袖、政党或政府可以做到的，这是历史的局限性。"大跃进"以来，在经济领域的极左思想得到了及时的纠正和调整，但是政治上的"左"倾思想却不断累积，中国的领导者转向从阶级斗争和人民的思想精神来寻找中国社会的前进动力（齐鹏飞、温乐群，2010）。导致最终中国选择了这样一条社会主义道路：实现一个以阶级斗争为纲的，限制和逐步消灭分工、三大差别以及商品的，自给自足、小而全、封闭式的社会主义社会（王年一，1989）。而实现这条道路的方式只有一种，那就是无产阶级专政下的继续革命，不断的阶级斗争。这个选择并没有给中国带来新的社会主义模式，而是长达十年的"文化大革命"。

在 1966—1976 年的这场动乱中，整个国家都蒙受了巨大的损失，经济发展受到巨大阻碍，民主与法制被肆意践踏，科学文化事业遭到严重破坏。更为严重的是，党和政府的各级机构都遭到严重削弱，"旧的国家机器"全被打碎，"革命委员会"取而代之，这意味着"文革"前党和政府的正常办公秩序被搅乱，各项工作都停滞下来。计划生育政策亦不例外，有的计划生育机构被撤销，人员被下放。人口又重新回到了自由放任的发展状态，1966—1972年每年的出生人口都在 2 500 万以上，人口规模对社会经济发展带来的压力越来越大。与建国以来的前两次（20 世纪 50 年代和 60 年代上半期）人口迅速增长所不同的是，此时人口的死亡率已经处于 8‰左右的稳定状态，人口增长主要是由于动乱中人口失控导致的高生育率造成的（路遇、翟振武，2009）。对中国社会主义道路探索的失误将中国的人口再一次推向了岌岌可危的状态之中。

二、不断增加的人口给脆弱的经济发展带来巨大压力

"文化大革命"不仅是一场给民主现代化进程带来全面倒退的政治灾难，更是一股给经济发展带来极大干扰和破坏的冲击波。受到"文革"的影响，许多生产指挥部门无法正常运转，生产秩序混乱、交通运输受阻；一些符合按劳分配原则和经济发展规律的制度遭到严厉的批判和彻底的否定。

1966—1968 年，刚从"大跃进"后调整中得以喘息、稍见起色的国民经济又陷入了全面衰退的泥沼之中。工农业生产总值从 1966 年的 2 534 亿元下降至 1968 年的 2 213 亿元，国民收入也从 1966 年的 1 586 亿元下降到 1968 年的 1 415亿元（中华人民共和国国家统计局，1983）。生产的下降直接威胁到人民群众的生活水平，奖金制度被取消，收入减少，各种生活物资的市场供应又趋向紧张，商业和服务行业大批缩并，科教文卫等活动处于停滞状态。十年来农民的平均收入没有增加，城镇职工的平均工资反而下降了 4.9%（中华人民共和国国家统计局，1983）。

另一方面，不断增加的人口给原本就已经非常脆弱的经济发展带来巨大的压力，人口与经济的矛盾再次凸显出来。城市地区首当其冲，就业岗位、住房、生活物资、服务都无法满足新增人口的需要，城市居民的生活困难和不便与日俱增。政府首先想到的就是把这种压力转移到农村和边远地区，所以出现了城镇知识青年"上山下乡"、"支边"等运动，转移人口十年合计达 1 600多万，成为解决中国人口矛盾的重要途径之一。但是，城市人口源源不断地涌入，农村这个"蓄水池"的容量毕竟也是有限的。过多的人口造成了对资源环境的破坏性开发和浪费性利用，"围湖造田"、"毁林开荒"等行为非常普遍。即使是这样掠夺性的开发，广大农民碌碌终岁，还是仅能果腹，甚至有些地方只求一温饱而不得。

在这样的重压之下，人口问题再次刺痛了中国政府和人民的神经。人们终于明白，如此巨大的人口规模，靠人口转移和开荒只是治标，代价大、作用效果不明显而且持续时间不长。如果要治本，必须从源头出发，直接进行人口控制。而且，中国的人口问题不但重要，而且时刻不能松懈、刻不容缓，一旦有所懈怠就会带来严重的后果。此时"文化大革命"还在进行，但是党和政府还是从百废待兴、千头万绪的调整工作中抽出身来，首先对人口问题进行了慎重的考虑和及时的处理。1968 年下半年，在非常困难的条件下，计划生育工作又重新启动，由周恩来总理亲自负责，成立了领导组织和办事机构。人们万万没有想到，中国在社会主义道路探索过程中的错误选择却使人们认清了主动控制人口增长的重要性，使他们在人口转变道路的探索过程中做出了正确的选择。

三、探索中国特色的人口转变理论，明确走自己的人口转变道路

当以死亡率持续下降为标志的中国人口转变的进程开启以后，人口迅速增加的巨大压力与已经不堪重负的经济社会承载能力之间的矛盾就一直存在，并随着社会主义道路探索的成败而发生变化，成功时有所缓解，失误时日渐紧张。这个矛盾就像是悬在中国政府和人民头上的一把利剑，时时刻刻处于一种潜在的威胁之中；也像是一座不定期喷发的活火山，每次喷发都会给国家社会经济发展和人民生活造成巨大的损失。在经历了一次又一次的被动解决人口危机的过程之后，中国政府和人民深化了对中国人口问题的认识，积累了控制人口的政策经验，也坚定了破解人口难题的决心。

那么，如何寻找破题之道呢？"以史为镜，可以知兴替；以人为镜，可以明得失"，最为直接的方法当然是借鉴古今中外的经验。回望中国几千年的发展历史，人口数量伴随朝代兴衰而增减，其间也不乏人地矛盾紧张的时期。但是，封建君主们的思路超不出一个"拓"字：或者是开拓荒地，或者是拓展疆域。审时度势，中国此时对荒地的开拓已经发展到了极致，而一个刚从侵略者的铁蹄下解放出来、战争的阴霾还未消弭、长期受到"己所不欲，勿施于人"理念熏陶的中华民族更不可能采用侵略的方法来拓展国土，缓解人口压力。

放眼全球，可以找到人口持续增长的踪迹。西方的许多发达国家也曾经历人口过多的困扰，衍生出许多关于控制人口问题的理论和实践。但是，此时的中国所面临的环境与18、19世纪的欧美国家已不可同日而语，死亡率超快速的下降过程也使人口增长浪潮来势更为凶猛，也不再具备类似欧美国家那样得天独厚的条件，无法通过开发新大陆和建立世界殖民体系来掠夺资源、输出人口，实现人口与社会经济资源环境的平衡。

新兴的工业化国家（地区）虽然都在较短的时间内实现了生育率的高速下降，但这些地区属于土地面积和人口规模都较小的地区，而且生育率下降是建立在迅速和高度工业化的基础之上的。中国庞大的人口规模和薄弱的经济基础不仅使中国不具备在短期内实现高度工业化的条件，而且即使实现了，

这种牺牲农业而片面发展工业的模式也不适用于中国这样的大国，难以为继。

此时，广大的发展中国家也身陷人口急速增长的洪流之中，急于控制人口增长速度的它们不约而同地把目光聚焦在生育率上，因为这是唯一可以直接、有效调控国家人口增长速度，而且具有较大社会接受程度的途径。1966年末，至少有 16 个发展中国家采取了生育控制的政策，超过一半的国家来自亚洲，即使不包括中国，政策所覆盖的人口也达到了发展中国家总人口的 31%（United Nations，1982）。

相似的人口增长经历和社会经济发展水平决定了这些国家的做法成为中国的重要参考。但是，宣布采取生育控制的政策只是表示政府承诺给那些愿意减少生育数量和拉大生育间隔的人们提供知识与方法。在许多国家，这些资源在人群中的分布极不均衡，大多数的人们还是缺乏控制生育的手段和知识，更不用提那些根本不愿进行生育控制的人们，这导致在这些国家生育控制的效果并不理想。印度早在 20 世纪 50 年代初期至中期就建立了旨在减少生育的全国性家庭计划项目，它也是将人口指标最早纳入经济计划的发展中国家之一。但是，印度的生育控制政策却收效甚微，直到 20 世纪 70 年代初，这项政策的有效覆盖人群只有 12%（United Nations，1987），从 50 年代初期到 60 年代末，印度的总和生育率一直维持在 5.5 左右的水平（United Nations，2009），并没有呈现出任何下降的趋势。更为棘手的是，没有一个国家拥有似中国如此众多的人口，其他国家在实现生育率下降方面还可以试验、还可以等待，但是中国在人口政策方面却再没有机会犯错或拖延，世界第一的庞大人口数量将任何政策的后果都无限放大，今天的"差之毫厘"马上换来明天的"谬以千里"，此时的中国迫切需要的是速度和效果。所以，发展中国家的经验只是为中国提供了一个方向，在到底如何有效地降低生育水平方面，还是一片空白。

上下而求索得出的结论是，中国必须坦然地接受一个残酷的现实：在解决中国的人口问题方面，并没有业已成型的道路可以复制。中国要破解人口难题，就必须另辟蹊径，探索一条符合时代特征和中国自身国情的人口转变道路。路在何方？数次人口危机给中国带来了许多线索和启示，其中最为重要的一条就是必须进行主动的、坚决的人口控制，而且必须持之以恒，一旦态度动摇了或工作放松了，不但人口要遭受损失，国家社会经济发展水平和人民生活水平的提高都会受到阻碍。它让中国在一片迷茫中找到了人口转变道路的方向。建国初期群众卫生运动、社会主义改造和建设运动及城市计划生育工作取得的成功又让中国找到了奠定这条道路的基石。最后，中国选择了一条不同于发达国家也有别于其他发展中国家的人口转变道路，它不是坐等社会经济的发展带动死亡率和生育率的自发下降，而是在社会经济发展还处于较低水平的条件下，积极地利用全国性的政策去主动干预人口变动进程，加速死亡率和生育率的转变过程。在实现方式上，它通过制定宏观目标对整体人口发展进程进行监控和调整，通过完整的网络覆盖和严密的行政体系使政府对人口的管理和服务延伸到了社会的每一个角落，通过对群众进行宣传、教育和发动，最大程度地激发他们的爱国热情和责任感，使他们从国家和全中华民族的最高利益角度出发来认识人口问题，响应政策号召、严格服从政策要求，调整自己的生育行为。

人口与社会经济发展矛盾的激化也推动了停止近二十年的人口理论研究的重新启动。中国特色的人口转变道路确立之后，轰轰烈烈展开的计划生育实践活动也呼唤着人口理论的支持与指导。20 世纪 70 年代，从事人口研究的机构纷纷建立，对人口理论的学习和研讨重新开展起来，关于人口理论的著作和文章重回公众视野。

其中最为引人注目的就是对于"两种生产"（物质资料的生产和人类自身的生产）理论研究的逐步恢复和发展，并且初步形成了理论体系。中国对马克思主义"两种生产"理论的研究开始于建国之后，经历了一个在曲折中不断发展的过程。在 20 世纪 50 年代中期的学术大讨论中，"两种生产"理论得以迅速地发展；但从 20 世纪 60 年代到 70 年代初，对"两种生产"理论的研究一直处于停滞的状态，"在社会主义社会中不存在人口问题"、"人口不断迅速增长是社会主义人口规律"等思想占据了上风；20 世纪 70 年代初以后，正反两方面的实践使人们加深了对社会主义人口规律的认识，明确提出了人口不断迅速增长并不是社会主义社会的人口发展规律，人类自身生产和物质资料生产有计划、相适应地发展才是一切社会所共同体现的规律（曹明国，1983）。

当然，在当时的政治环境下，人口理论的研究还是集中在马克思主义的人口理论探讨方面，带有很强的政治性。但是，强烈的政策色彩并不能掩盖其中闪耀着的可贵的中国化意识的光芒，无论是对马克思主义两种生产理论的发展，还是对社会主义的人口规律的探索，都充分体现了中国学者的创新精神和巨大勇气。学术研究从来就是整个社会前沿思想的孕育地和风向标，它所反映的是社会对某一领域问题的普遍疑惑和深层思考。在这个时期，对中国人口规律、社会主义人口规律研究的恢复也并非偶然，它反映了中国独特人口道路实践的现实需要。这些研究作为 20 世纪 50 年代以来形成的人口"禁区"的破冰之作，为此后中国特色的人口理论的进一步研究铺平了道路，奠定了基础。

四、世界奇迹：生育率持续迅速下降和人口再生产类型的转变

20 世纪 70 年代，计划生育工作在全国城乡普遍展开，这个时期也是我国计划生育工作的许多方面经历从无到有、取得重大进展的时期。1971 年 7 月，国务院转发卫生部军管会、商业部和燃化部的《关于做好计划生育工作的报告》，提出了"四五"期间的人口发展目标，而且第一次明确提出在全国城乡范围内推行普遍的计划生育政策。1973 年 7 月，国务院成立了计划生育领导小组，使计划生育工作有了专门的领导机构，并在 12 月的计划生育汇报会上第一次提出了"晚、稀、少"的具体生育政策。此后，地方的计划生育办事机构、事业团体和群众组织也纷纷建立。1978 年，计划生育被纳入了《中华人民共和国宪法》，为计生工作的开展提供了法律依据和保障。在具体政策方面，除了原有的宣传教育、提供技术和服务的手段外，又采取了许多更为直接、有力的措施。虽然全国的控制目标还只是停留在人口增长率的要求上面，但在一些省区市已经出现了家庭子女数的具体要求，这就明显有别于计划生育政策体系形成初期的"中间宽松"的特点，逐步打开了人口宏观目标与家庭生育行为之间的通路。在青年人中广泛宣传晚婚的益处，并配合一定的限制和奖励措施，使中国人口的初婚年龄大幅度提高，有力延缓了人口代际更替的脚步。1971—1979 年间，中国农村妇女 24 岁以前结婚的比例从 89％下降到 76％，而城市妇女的这一比例从 58％下降到了 20％（United Nations，1987）。

在这一系列强有力政策的直接作用下，中国的人口转变过程大大加快，再生产类型也相应开始发生转变。人口的出生率从1968年的35.8‰持续下降到1978年的18.3‰，自然增长率也从27.5‰下降到了12‰，净增人口数量也一改20世纪60年代居高不下的状况，历史性地呈现出一种逐渐下降的趋势，从1968年的2 121万快速下降到了1978年的1 147万（见图4—4）。继死亡率的快速下降以后，生育率又经历如此快速的下降过程，这在整个人类的发展历史上都是非常罕见的。中国人民又一次创造令整个世界感叹和折服的人口奇迹。最重要的是，这种快速的转变是在社会经济发展水平都比较低的前提下，主要依靠政策的力量来实现的。有研究结果表明，如果不受计划生育政策的影响，以中国1978年的社会经济发展水平，总和生育率应在4.5左右，除中国以外的发展中国家的平均水平是5.3（陶涛、杨凡，2011），而那一年中国的实际总和生育率是2.7。除了出生水平之外，中国人口的生育模

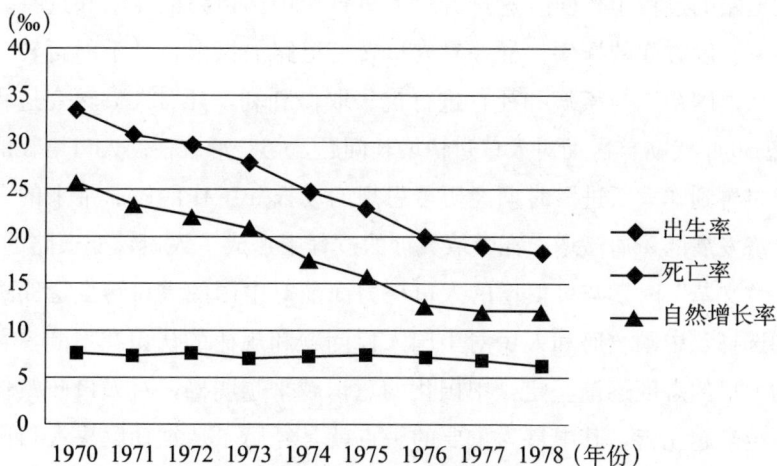

图4—4　中国人口的出生率、死亡率和自然增长率（1970—1978年）

资料来源：国家统计局人口和就业统计司：《中国人口主要数据（1949—2008）》，北京，中国人口出版社，2009。

式也发生了巨大的变化，初婚的推迟使初育的时间相应变晚，并且生育行为的发生时间高度集中。从生育水平和生育模式上看，中国的情况已与西方发达国家类似，标志着中国人口的再生产类型开始向现代类型转变。这一切成果的取得，都充分说明了中国所选择的人口转变道路的正确性，也向世界宣

告了以欧洲为代表的发达国家的人口转变道路并不是人类的唯一模式和必经之路。中国已经找到了另一条不同于欧美国家人口发展历程的道路并且取得了初步的成功。从此，中国人民将在这条道路上继续前行，解决中国的人口问题，探索中国人口的发展规律。

第五节　小结

回首 1949—1978 年这 30 年的风雨历程，我国在建立和探索中国特色社会主义道路的过程中，同时进行着对人口转变中国道路的探索和选择。同在社会主义制度方面的探索一样，对人口转变道路的探索也是千回百转、一路曲折。从建国初期与疾病和死亡进行抗争取得胜利，开启人口转变进程，到20 世纪 50 年代初首次面对人口过快增长问题，初步形成控制人口增长的态度和构想，再到"大跃进"时期经历了思想的动摇和工作的停滞带来的人口与社会经济发展的矛盾激增，在吸取教训的过程中形成了人口转变道路的方向，最后在"文革"时期与日俱增的人口压力面前对中国的人口转变道路进行了最终的选择，中国政府和人民对中国人口问题和规律的认识在不断深化，主动干预人口的态度逐渐坚定，中国化的意识越来越明确，对人口政策体系的构建也越来越完善。其中最为重要的一点就是经历了从被动解决人口问题到主动干预人口发展进程的转变，这是人口转变中国道路的第一次历史性飞跃。

在这个过程中，我们也看到了时代特色和国情特点的双重印记。时代的发展给我们带来更好的生活条件和先进的治愈疾病及控制生育的技术，这使我们同其他发展中国家一样，经历了比欧美国家更快的人口转变过程；也正是时代的变迁决定了我们不能效法欧美，在实现社会经济发展的过程中坐享其成，静静等待人口发生自然而然的转变过程，或是在必要时通过人口迁移和殖民扩张来释放由于人口缓慢增加集聚形成的压力。社会主义的国家性质决定了人民的利益是国家各项活动的首要目标，关系人民生命健康的工作在建国初期百废待兴的背景下也获得了高度的关注和优先保证，这是实现死亡率在短期内迅速下降的重要原因之一；社会主义制度对公共资源巨大有效的调配力量和社会主义计划经济体制对人的约束与限制大大增强了政策的执行力，对在短期内实现死亡率和生育率下降作出了巨大的贡献；在战争时期得以充分锻炼而形成的严密的组织体系、广泛发动群众力量的经验做法屡试不爽，在经济建设、群众爱国卫生运动、计划生育工作中都发挥着巨大的威力；而中国人民特有的浓烈的爱国思想、对集体利益的尊重、对国家发展的责任心和在逆境中奋发的精神，都在死亡率和生育率超快速下降过程中得到了最大程度的体现和发挥。

第五章

从单边突进到多管齐下

　　1978 年 12 月，具有伟大历史意义的十一届三中全会胜利召开，掀开了大规模社会主义现代化建设和建立完善社会主义市场经济体制的新篇章。现代化的主题已经成为新时代中国人民的集体意识，而人口与现代化的冲突也空前沉重地摆在人们面前。在计划生育成为越来越多夫妇自觉选择的基础上，在建设社会主义现代化目标的迫切要求下，"提倡一对夫妇生一个孩子"的人口政策横空出世。但在社会经济水平还不具备的条件下，尽管教育群众和动员群众手段的力量已经发挥到极致，特别是在农村地区，计划生育工作的开展仍十分艰难。党和政府在不断的实践探索中，根据世情、国情对计划生育的政策、思路和方法进行了调整，使其顺应社会经济发展的脉动，与经济建设和人民生活水平提高的脚步合拍。人口转变的中国道路从单纯依靠教育和发动群众的单边突进转变为在社会经济发展的条件下通过人口政策促进人口转变尽快完成的多管齐下，实现了第二次历史性的飞跃。

第一节　实现现代化的热切期望与人口转变的单边突进

一、改革开放：现代化建设新时期的到来

　　1978 年 12 月召开的中共十一届三中全会是中国历史上具有深远意义的伟大转折。这次会议全面纠正了"文化大革命"以前及其过程中"左"的错误，重新确立了马克思主义的政治路线和组织路线，并重新制定了国民经济发展的方针政策。在这次会议上，党实现了工作重心向社会主义现代化建设的转移，并提出了实行改革开放的重大决策。此次会议以后，经过两次大调整，国民经济走上了稳定、健康的发展道路。在总结了国家经济建设经验和教训的基础上，党的十二大对我国的国情和历史发展阶段做出了重新定位和重要判断，即处于社会主义初级阶段，正式提出了建设有中国特色的社会主义的

指导思想，并且历史性地提出了进行社会主义现代化建设的新任务。正是时代主题的转变，把人们逐渐从"文革"的狂热中拉回现实，使他们开始意识到庞大的人口压力与现代化的冲突，控制人口又被急迫地摆上了议事日程。

为了实现现代化的战略目标，党和政府将实行经济体制改革和对外开放作为两项重要的方法和手段。我国原有的经济体制中，公有制经济占绝对的主体地位，由国家政府部门统一领导，用行政的办法管理，采用计划的手段进行调节，并不重视价值规律和市场的作用。这在特殊的背景下，比如战争时期和建国初期，对集中有限资源进行统一管理、在短时间内建立起国民经济体系起了很大的作用。但是随着社会主义制度的纵深发展，这种经济体制逐渐不能适应，出现不能激发企业和劳动者积极性、地方和部门间分隔严重、缺乏良好的运行机制等种种弊端。

十一届三中全会以后，经济体制改革首先在农村实行，从"包产到户"到家庭联产承包责任制的确立最后到政社分设，从农村流通体制的改革到发展多种经营到乡镇企业的发展，农村的生产积极性和发展活力一下子被激发出来，农民的生活水平有所提高，农村经济向着专业化、商品化和现代化的方向迈进了一大步。此后，经济体制改革全面铺开，在全国推行了经济责任制，扩大了企业的自主权，积极发展其他经济形式和经营方式，并对原有的财政、税收、价格、流通、工资等体系进行了全面的改革。"自主、放活、效益"成了这一系列改革的关键词。

经济体制的改革实际上是一种为了发挥经济主体积极性的权力下放过程，在这种经济权力下放的同时，国家对其他方面的控制能力也随之逐步削弱。这暗示着，随着经济基础的变化，在原有经济体制中一些行之有效的方法的作用效果也会减弱，计划生育政策就是其中之一。在社会经济发展水平还比较低、促进生育水平下降的社会经济机制还没有形成的情况下，教育群众和发动群众的方法缺少不了国家对个体严格控制的机制的配合与保障。当这种保障机制削弱以后，政策的作用效果自然也会减弱。但是，处于剧变中的人们一开始并没来得及体味和思考这种变化。

十一届三中全会还将对外开放作为我国的一项基本国策，积极开展同世界各国的经济、技术交流与合作。通过在部分地区实施特殊政策和设立经济特区，我国沿海、内地的对外贸易逐步放开，并利用国外的资金、技术和管理经验促进经济发展。通过实施对外开放政策，人们的视野逐步拓宽，对世界的了解也与日俱增，在对比之下，中国经济的落后程度也展露无遗。在这样的强烈刺激之下，全国上下对发展经济、尽快实现现代化的要求也日益迫切起来。

二、人口问题的战略化

在实现现代化的过程中，经济体制改革和对外开放的政策取得了初步成果。国家的产业结构趋向于均衡，第三产业有了较快的增长；经济增长速度加快，1952—1978 年社会总产值平均年增速为 7.9％，而到了1979—1986年则达到了 10.1％；城乡人民的生活得到改善，从 1978 年到 1986 年，农民的年均纯收入从 134 元增加到 424 元，城市的人均收入从 316 元增加到 828 元，扣除物价因素，分别增加了 160％和 80％以上（孙健，2010）。

无论是国家还是人民，都从实现现代化的过程中初尝胜利的滋味，这更坚定了人们实现现代化的目标和信心，也增强了人们对实现现代化的无限向往。但人们很快就发现，庞大的人口规模已经越来越成为阻碍现代化目标实现的障碍。1978 年全国总人口已经达到 9.63 亿，人口的压力已经覆盖了社会生活的方方面面，如住房、公共设施、就业、上学。在这样的背景下，人口问题与实现国家现代化的宏大主题联系在了一起，人口政策也成为具有重要意义的战略性政策。1978 年，计划生育被写入了《中华人民共和国宪法》，成为全体公民共同意志的体现。在党的十二大上，计划生育被确定为基本国策。

人口问题的战略化与社会主义初级阶段理论和建设现代化任务的提出紧密相关。首先，现代化建设必须从国情出发，而我国最大的国情就是人口多、底子薄。社会主义初级阶段理论的一个重要组成部分就是对我国国情的判断，我国人口众多、增长速度快，对经济发展形成巨大压力是我国最现实、最基础的国情。邓小平曾多次在讲话中指出，中国要实现四个现代化，必须看到中国底子薄、人口多的国情特点，中国式的现代化建设必须从中国的特点出发。其次，现代化建设的衡量目标不可避免地涉及人均指标。在党的十二大上提出了从 1981 年到 2000 年工农业总产值翻两番、城乡人民收入成倍增长、人民物质文化生活达到小康水平的宏伟目标。虽然这个战略目标中没有明确提出人均指标，但是无论是"人民收入成倍增长"或"小康水平"，最终的体现必然会落实在人均指标之上。事实也证明了这一点，1987年邓小平在其著名的通过"三步走"基本实现现代化的战略步骤和战略构想之中，明确地将80年代、20世纪末和21世纪中期国家经济发展的目标定为人均国民生产总值达到500美元、1000美元和4000美元。这就决定了要实现现代化的战略目标，控制人口与发展经济必须同步进行。

三、为实现四个现代化而少生孩子

人口控制不仅在国家层面上升为具有重大意义的战略决策，在人民生活中也逐渐渗透为越来越多人民的自觉意识。当"文革"的狂热逐渐散去、当现代化这个时代发展主题逐渐成为所有中国人的集体意识之时，从广场上回到住房中的人们才在挤压的空间中切实感觉到了现代化远大目标和人口压力之间的激烈冲突。处于如此激烈的历史转折大潮之中，中国人民将做出何种选择呢？

1978年，天津医科大学44名教职工联名向院党委提交了一封倡议书，表明了自愿放弃二胎的意愿。1979年3月，山东省烟台地区荣成县的136对农民夫妇向全公社、全县的育龄夫妇发出了一封《为革命只生一个孩子》的倡议书。他们的行为打破了传统的生育观念的束缚，倡议书所反映出的勇敢精神和产生的影响丝毫不亚于当时安徽省凤阳县小岗村的18户农民签下的《土地承包责任书》。《土地承包责任书》打开了解决中国经济问题的新局面，从此土地联产承包责任制在全国迅速推广，而倡议书则提供了解决中国人口问题的新思路，提倡一对夫妇只生一个孩子的舆论在全国扩展开来。

1979年，中国人民大学人口理论研究所的学者向中共中央、国务院提交了《对控制我国人口增长的五点建议》。《建议》估计了未来人口迅速增长的趋势，提出要真正把人口增长纳入国民计划，严格控制三胎，积极提倡一胎，指出这是降低人口增速的可行方案。这些倡议书和学术研究在对中国人口问题的认识及解决方案方面给出了令人惊讶的相同回答，这是时代发展形势和国家基本国情共同作用下形成的共同意志的体现，充分展现了中国人民的爱国热情、牺牲精神、伟大智慧与创新勇气。

一时间，来自工厂、山林、学校和部队等基层的计划生育的请愿书和学术界人口研究者们就如何控制人口增长问题的献言献策纷至沓来，如雨后春笋般出现在各级政府的视野中。在迫切希望尽早实现现代化的愿望和无形的人口压力面前，"为四化而少生孩子"这个带有强烈时代特征的口号已经成为越来越多的人的自觉选择。

四、充分依靠和发动群众："独生子女"政策的形成

如此庞大的人口规模和如此迅猛的人口增长势头，在整个人类历史上是任何一个国家、政府或政党都未曾经历过的。现代化建设的蓝图已经设定，在清楚地认识到现代化、人民生活水平和人口增长的关系后，进行人口控制和实行计划生育的方向已然坚定。但是，如何才能在短时期内迅速遏制住人口迅速增长的发展趋势呢？全国上上下下，从政策部门、到学者、到普通百姓，都在心中为这个问题酝酿着自己的答案。

毫无疑问，对国家和政府来说，这需要比20世纪60年代和70年代初期更为明确、更为严格的政策。宏观层面的目标存在已久，如若收紧政策，只有一个方向，那就是将宏观目标至微观目标的通途彻底打开，使之明朗化和可控化，即直接规定每个家庭的数量。此时此刻，来自基层的要实现严格生育控制的呼声也日益高涨，提倡一胎政策的社会舆论逐渐形成。《人民日报》甚至在1980年发表社论，认为计生工作的重点是"提倡一对夫妇只生育一个孩子"，这种提法一下子成为社会各界关注和讨论的热点和焦点。与此同时，以宋健为首的几位科学家利用系统科学的方法计算预测出了不同生育水平条件下中国未来的人口发展趋势，根据测算的结果，要实现2000年人口不超过12亿的目标，一对夫妇生育的孩子数应该在1.5个以内（国家人口和计划生育委员会，2007）。"一对夫妇只生育一个孩子"的政策甚至是法律已经是呼之欲出。

但是，此时党和政府却选择了另外一种方式来实现"一孩"政策的出台。1980年9月25日，中共中央发出了公开信，要求共产党员、共青团员带头实行一对夫妇只生育一个孩子，并向广大群众进行教育宣传。采取这样的方式来推行"一孩"政策是经过深思熟虑的。首先，中华民族数千年来形成的文

化传统是多子多福，世界上也没有任何一个国家对家庭生育的数量进行严格的规定，这种做法旷古烁今，如果直接立法执行，难度必然很大。其次，虽然控制人口是改革开放与国家发展的客观需要，但是仍会对人民利益造成一定的损害，如果强迫推行，也与我国的国体不符。再次，党的性质是工人阶级的先锋队，从党员、团员和干部入手，要求他们模范带头，并以身作则教育群众，既符合党的先进性要求、容易开展工作，又符合中华民族"不患寡而患不均"的思想传统，能起到良好的示范作用。最后，"公开信"的形式在抗日战争、抗美援朝时就取得过很好的效果，教育群众、发动群众的手段更是在战争时期、社会主义建设时期和过去的计生工作中千锤百炼、运用纯熟。以这样的方式来凝聚全民力量在艰难的条件下实现高远的目标，党和政府是熟悉的、有把握和有信心的。

一石激起千层浪，公开信的发表在社会上引起剧烈的反响。各地各级政府都围绕它进行了本地生育政策的制定，人口控制进入了一个全新的发展阶段。中央、党员与群众的距离一下子拉近了，党员们积极响应中央的号召，凝聚力和战斗力再次被激发出来。虽然任务依然十分艰巨，但是中国人仿佛一下子看清了人口转变道路的前进方向，卸下了身上的千斤重担，开始在现代化的征途上阔步前进。

值得一提的是，为了实现现代化而对每个家庭的生育数量进行控制，在这个过程中除了看到伟大的中国人民做出的巨大牺牲之外，也要看到党和政府所付出的勇气和代价。摆在党和政府面前的选择是多样的，他们却选择了有效却是最为艰难的一条道路。虽然这条道路对全中国、对整个中华民族来说是最为有益的，但是直接干预百姓的生育行为必然带来党群、干群关系的紧张，必然要牺牲一部分党和政府在几十年浴血奋战与辛苦建设基础上培养起来的执政基础，甚至要面临党和政府执政地位可能发生动摇的风险。相反，如果不控制人口虽然会给国家、民族的长远发展带来困难和损失，或者采取较为宽松的人口控制政策虽然会使国家发展慢一点、人民生活贫困一点，但对整个政党、政权来说却减少了指责和非议，一团和气，是一种安全的选择。所以，只有代表广大人民群众利益的政党和拥有十分稳固与良好群众基础的政权，才会做出如此无私的选择，才有勇气和魄力做出如此冒险的决定。

第二节　人口转变在曲折中艰进与第二次历史性飞跃的酝酿

一、分歧渐现：严格的生育政策遭到阻力

从 1981 年国家计划生育委员会的建立到 1982 年《宪法》中规定夫妻有实行计划生育的义务，再到党的十二大把计划生育规定为基本国策，个体的生育过程已经进入国家行政管理的范围之中。虽然 1980 年国务院在正式宣布调整计划生育政策时和中共中央在公开信的措辞中，仍是采用了"提倡一对夫妇只生育一个孩子"这一提法，但是此时的"提倡"已经不可与 20 世纪 70 年代"一对夫妻只生一个好"的号召同日而语了，它已经成为全国人民必须严格遵守的政策规定。这是城乡统一的、普遍的"一孩"政策，也是在中国人口转变道路发展过程中最为严格的生育政策。

但是，在社会经济发展水平还比较低、促进生育水平下降的社会经济机制还没有形成的情况下，这项严格的生育政策注定要饱受非议和挑战，面对各种各样的压力和困难。特别是在农村地区，计划生育工作的开展举步维艰，许多地方的农民对这项政策不理解、不接受、不配合，而有些干部在推行工作时也急于求成、采取了一些过激的手段，所以导致干群关系出现前所未有的紧张，矛盾频发，工作停滞。但这不能说明中国的农民愚昧无知、目光短浅，也不能说明计划生育工作的失败，而是反映了时代发展的特殊性和局限性。经过经济体制改革，家庭已经逐步成为自主独立的经济实体。追求经济效益的发展目标和劳动密集型的发展阶段决定了家庭对劳动力，特别是男性劳动力的强烈需求，而人口控制政策的收紧方向正好与之相左。经济体制改革也弱化了集体的控制和分配职能，这使得国家对个人的牵制能力逐渐削弱，计划生育政策的执行力也随之减弱。在这样的条件下，计划生育工作的开展

自然困难重重。

"一孩"政策是在中国人口转变过程中受到最多非议的人口控制政策。如果结合历史发展阶段和现实国情，用辩证的眼光分析，"一孩"政策在方向上是正确的，只是在程度上过于超前。首先，面对已经超过10亿大关的人口规模，除了严格控制，处于改革开放初期急于实现现代化的中国并没有其他的选择。1982年第三次人口普查的结果表明，当时全国的人口已经达到103 188万人（路遇、翟振武，2009）。中国已经来不及坐等社会经济发展而实现自然而然的生育率下降。恰恰相反，中国需要的就是这个"时间差"，即提早实现人口生育水平和增长速度的下降，以此来争取时间尽快推进社会经济的发展进程。其次，制定"一孩"政策不是拍脑门的一时冲动，而是经过了长期的研究和充分的考虑。在公开信中，对人口过快增长的弊端和实行"一孩"政策所带来的人口老龄化、劳动力供给和男女性别比例失衡的问题都进行了详细的阐述（彭珮云，1997）。这说明实行"一孩"政策是党和政府权衡利弊后得出的、慎重的结论。最后，"一孩"政策之所以会遭遇"滑铁卢"，是因为政策的严格程度和超前程度已经远远超出了社会经济发展水平，而这种过分的超前既源于建设现代化的急切，也源于党和政府对群众力量和人的主观能动性的过高估计。从某种角度上说，"一孩"政策就像是一场发生在人口领域的"大跃进"。快速建设社会主义的愿望导致了"大跃进"运动的发生，快速建设社会主义的目标没有错，只是过高估计了发动群众所能产生的力量和人的主观能动性，脱离了社会经济发展的基本规律。为了尽快实现现代化的目标导致了"一孩"政策的出台，尽快实现现代化的努力方向没有错，在社会经济发展水平不高的条件下通过教育群众、激发群众的主观能动性进行人口控制也没有错，问题就出在目标过于高远、政策过于严苛，已经完全超越了社会经济发展的基础，自然要遭遇失败。

二、实事求是，以退为进：适时、灵活地调整目标和政策

"一孩"政策遭受挫折以后，党和政府并没有气馁，而是积极开展调查，充分听取民意，根据实际情况进行分析，不断调整目标、完善生育政策。通过部分政策目标和要求的放宽来增加整体政策的社会接受度与执行效果。

从政策目标层面，20 世纪 80 年代初，我国对 20 世纪末人口控制的目标一直为 12 亿以内，但是随着人口增长的发展变化和计划生育工作的开展情况，在 80 年代后期这一目标被逐渐修改为 12 亿左右。从具体政策层面，考虑到农村开展工作的艰难性和实行责任制后的新情况，农村成为政策调整的重点地区。1981 年 9 月，中央书记处提出要适当放宽生育政策，经过多次座谈和多轮征求意见，最后在《关于进一步做好计划生育工作的指示》中得以确定，城市居民和国家干部除特殊情况外仍然执行严格的"一孩"政策，农村普遍提倡生一胎，有实际困难的，可以批准生两胎（国家人口和计划生育委员会，2007）。1982 年，《全国计划生育工作会议纪要》又对符合"实际困难"的情况进行了具体的列举和扩展。

在推行严格的计划生育政策过程中暴露出许多问题。最为突出的是过于重视控制人口和降低生育率，忽视了改善党群关系，一些地方出现了强迫命令和违法乱纪的现象。针对这些现象，中共中央在批转国家计生委工作汇报的文件（中共中央 1984 年 7 号文件）中又通过"松绑"加"约束"的方法予以解决。一方面通过继续放宽农村的生育政策来降低工作难度，另一方面又强调要坚决处置在生育问题上搞不正之风的干部。这个文件的诞生正式宣告了对计划生育政策的调整，标志着"一孩"政策的结束。根据 7 号文件的原则规定和各省、区、市的规定，1984 年以后全国可以生育第二个孩子的夫妇在育龄夫妇中的比例达到了 10% 以上；1988 年重申了"允许有要求的农村独女户生二胎"的规定以后，这个比例逐步上升到 50% 左右（国家人口和计划生育委员会，2007）。

当工作发生困难后，能够及时了解原因，跟踪发生了变化的新局势、新问题，并迅速地对相应的政策进行调整，通过部分政策要求的退让换来整体工作的向前推进，这充分表现出中国政府以退为进的政治智慧、勇于改正错误的优秀品质、灵活便宜的处事作风和实事求是的基本原则。

三、清醒认识出生率的快速回升，保持政策稳定

在计划生育政策调整后一段时间里，人口反弹的压力开始释放。在死亡率相对稳定的条件下，出生率从 1984 年的 19.90‰ 逐渐增长为 1987 年的

23.33‰，自然增长率也由 14.26‰增长到 16.61‰，净增人口也从 1 351 万扩大到 1 796 万（见图 5—1）。生育率的突然回升，引起了社会各个方面的高度关注，更有人将回升的原因直指计划生育政策的调整（路遇、翟振武，2009）。人们纷纷猜测，这是否意味着刚刚得以放宽的生育政策又将重新面临收紧的命运。

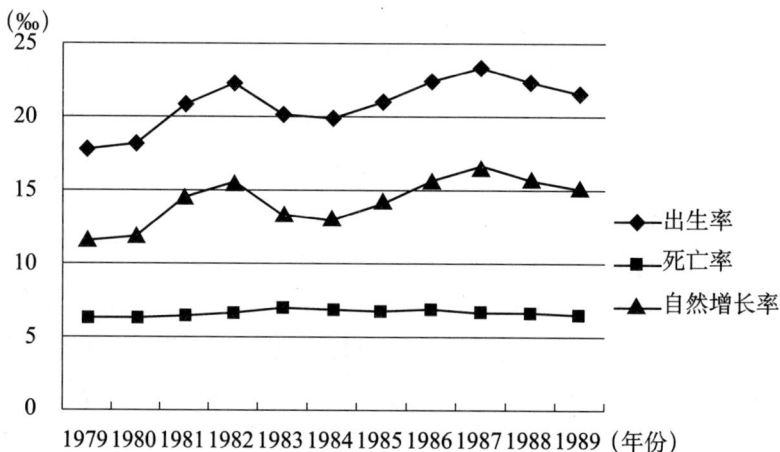

图 5—1　中国人口的出生率、死亡率和自然增长率（1979—1989 年）

资料来源：国家统计局人口和就业统计司：《中国人口主要数据（1949—2008）》，北京，中国人口出版社，2009。

中国政府的政治智慧与魄力再次得以充分体现，其并没有急于再次调整生育政策，而是对造成人口回升的各种因素进行深入的研究。结果表明，出生率的快速回升是由多种因素的叠加造成的，生育政策的调整并非罪魁祸首。首先，生育政策的调整确实给地方领导和计划生育工作者带来很大的困惑和不适应，堵住"大口"的目的没有达到，"小口"放开后又继续失控。其次，1980 年新《婚姻法》将男女的最早结婚年龄规定为 22 周岁和 20 周岁，比原来提倡的晚婚年龄提早了几岁，造成 1980 年以后的结婚人数与 1980 年相比成倍地增长。最后，由于 60 年代生育高峰中出生的人都逐步进入婚育年龄，开始结婚生子，受到此次高峰的周期性影响，出生水平有所回升。所以可以看出，出生率的回升是多种短暂性的因素偶然叠加所产生的结果，并不存在系统性、长期性的问题，所以当时实行的生育政策也没有调整的必要。

1988 年，中共中央政治局常委会在讨论国家计生委的工作汇报提纲时重申了我国国家干部、职工和城市居民一对夫妇只生育一个孩子，农村包括独女户在内的有实际困难的群众可以间隔后生育二胎，少数民族地区也要提倡计划生育的基本生育政策，并指出这个政策将在长时间内贯彻执行、保持稳定（国家人口和计划生育委员会，2007）。各地按照中央和国家的要求因地制宜、制定和完善了适合本地情况的计划生育政策，基本形成了由一对夫妻只生育一个子女、不同条件下的农村独女户可生育二胎、普遍的农村独女户可生育二胎、农村普遍可以生育二胎和少数民族自治地区生育政策等五种类型政策组成的生育政策体系。这一政策体系的基本框架一直延续至今。

20世纪80年代初生育政策的调整和80年代末期生育政策的稳定，一调一稳，一动一静，形成了鲜明的对比。这充分反映出在中国人口问题认识上的逐步深入和中国人口转变道路的逐步成熟。

四、"三为主"工作方针的确立和推广是对单边突进的反思

如果说放松人口控制目标和调整生育政策是对1980年以来单边突进的生育政策的应对，那么这种应对只是被动的、暂时的，属于一种无奈之举和策略性的迂回。真正积极主动的方式应该是建立在社会经济对生育率下降的促进机制还未形成之前而能继续将工作进行下去、得到群众的配合和拥护、实现既定人口控制目标的基础之上。在这样的背景之下，"三为主"的工作方针给在迷茫和黑暗中苦苦探索中的人们带来了新的曙光。

早在1979年，山东省的荣成县将计划生育工作中的经验概括成"三为主"：在工作方式方面，宣传教育和经济限制中应以宣传教育为主；在控制手段方面，避孕和人口流产中应以避孕为主；在工作机制方面，经常工作与突击活动中，应以经常工作为主。荣成县通过贯彻这种工作方针，密切了党群关系、降低了计生管理难度、提高了群众的计生自觉性，计划生育各项指标名列全国各县前茅。1983年，国家计生委将"三为主"的经验推广到全国，号召各地结合实际学习这一经验的精神，并确立为全国计划生育的工作方针。"三为主"的推出确实起到了良好的效果，生育水平并没有反弹，而是仍然在继续下降。

以现在的视角审视，"三为主"的工作方针看起来朴实无华，并没有什么高深、复杂的道理。但是，它的提出实际上反映出人们对原来计划生育工作中一味教育群众、发动群众的单边突进的工作方式的深刻反思。人的主观能动性的发挥是有限度的。国家经济发展程度不高，人们自觉控制生育的意识还没充分形成，计划生育政策可以通过给群众讲道理、激发群众的爱国热情、要求他们为国家民族的长远利益牺牲个人利益的方式来进行，但却不能竭泽而渔、无休无止地永远依靠这种方式。现在，这种方式已经发挥到了极致，走到了尽头，必须要考虑转变。转变的方向何在？为群众着想，从他们的利益出发，这样才能得到他们最大程度的认同和配合。"三为主"的工作方针就是想实现这样一种转变，减少对群众的经济处罚，考虑他们的身体健康，采取和风细雨式的工作方式。在这些看起来简单朴实的工作转变中，酝酿和孕育着中国人口转变道路第二次历史性飞跃的初步方向。

第三节　综合治理人口问题，在社会经济的发展中促进人口转变

一、社会经济的迅速发展和人民生活水平的提高为人口转变提供良好环境

从十一届三中全会到 20 世纪 90 年代初，由于实行了改革开放的政策，我国的经济体制格局发生重大变化，社会经济迅速发展，城乡发展面貌焕然一新，居民生活水平明显提高。我国的国民生产总值从 1978 年的 3 588 亿元增长到了 1990 年的 17 686 亿元，这 12 年间平均每年的增速达到了 8.8%，而此前 1953—1978 年的增速只有 6.1%；人均国民收入也从 1978 年的 104 元增加到了 1 276 元，12 年间增加了 1 172 元，相比 1952—1978 年 26 年间增加的261 元来说是一个巨大的进步；改革 10 年，扣除价格因素，城镇居民人均收

入平均年增长 6.5%，农民的人均年纯收入的增速达到了 11.8%（孙健，2010）。

这些成就的取得离不开人口控制取得成果的支持。在 20 世纪 80 年代的 10 年曲折过程当中，中国人口的高增长势头终于得到了有效的遏制，1990 年全国的总和生育率已经达到 2.17，接近更替水平。人口增长脚步的放缓为社会经济发展减轻了压力、争取了宝贵的时间。反过来，经济和社会的发展又为实现人口转变提供了良好的条件。

经济运行机制从指令性控制逐渐向计划经济体制和市场经济调节相结合、并且以市场经济为主的方向进行转变。社会分配方式由吃"大锅饭"的平均主义逐渐向以按劳分配为主体的多种分配方式进行转变。尽快富裕起来成为初尝经济发展成果人们的共同目标。在市场经济的条件下，想要在激烈的竞争中脱颖而出，依靠的是管理和技术，而不再是劳动力的多寡；想要取得较高的收入，依靠的是知识和能力，而不再是按人头拿平均工资。所以，人们自觉自愿地将精力投向了提高经营水平和自身能力方面，而不是生儿育女。一大批妇女从家务劳动中解放出来、参加社会经济活动，1982 年全国共有家务劳动者 8 014 万人，到 1990 年减少为 6 893 万（中华人民共和国国家统计局，1983）。基础教育的普及和高等教育的发展使人们的文化程度普遍提高，对控制人口重要性和有益之处的认识加深，对待计划生育政策的态度也更为理解和宽容。

二、从鸟与鸟笼到社会主义市场经济体制：理顺计划与市场的关系

从建国初期开始，我国就选定了计划经济的发展模式，其间虽历经几次改革和尝试，但是计划经济部分一直是主体，市场调节部分处于从属的、次要的地位。陈云曾对这点有过非常形象的说明，他认为市场与计划的关系就像鸟与鸟笼，鸟捏在手里会死，但也不能没有鸟笼，否则就会飞跑了，经济也要通过市场搞活，但不能离开计划的指导。党的十二大正式提出了计划经济为主、市场调节的经济体制，这相对于单一的计划经济体制已经迈出了很大的一步。之后，我国继续在实践中不断加强对计划和市场的关系探索，努

力寻找一种适合中国国情的结合计划经济和市场调节的运行机制。在这个过程中，人们已经认识到商品生产和商品交换对经济发展的促进作用，但碍于我国社会主义的社会性质，始终无人敢提发展市场经济。最后，邓小平南方谈话的精辟论断一锤定音，计划与市场的关系终于理顺。他认为，计划和市场都是调节经济的手段，何者居多，并不是区别社会主义与资本主义的标志。从此，人们的思想大受启发，不再束手束脚，最终在十四大报告中我国确立了建立社会主义市场经济体制的目标。

社会主市场经济体制目标的确立，对我国人口转变道路的转型也产生了深远的影响。长期的实践证明，高度的计划经济体制在建国初期对集中有限的资源快速恢复和逐步建立经济基础曾起到良好的作用。但是，这种体制的弊端也在20世纪50年代后期开始暴露，主要是僵化的模式使经济失去活力，不利于发挥个体的积极性。经济体制向社会主义市场经济转变以后，要求市场在国家宏观调控下对资源配置起基础性作用，充分调动了个体的积极性，提高了劳动生产率和经济效益。中国的人口控制政策是计划经济背景下的产物，长期以来依靠目标计划、指标控制、行政命令、网络体系、发动群众等计划体制方法手段来开展工作。社会主义市场经济体制的改革方向确立之后，人口控制政策的工作思路和工作方法也开始发生变化。对于积极投身于市场经济的大潮之中的人们而言，尽快地富裕起来成为他们最为向往和最为迫切的要求。如何将市场经济与人口控制结合起来，如何依靠经济手段引导人们实行计划生育政策，都成为政策制定者和执行者开始考虑及探索的转变方向。

三、世界人口变化与国际交流拓宽了人口转变的思路

改革开放政策实施之前，我国的经济体制是一种封闭的经济体制。受到这种体制的影响，在对外关系方面，我国长期奉行着独立自主、自力更生的外交政策，忽视发展对外合作与交流。随着改革开放政策的实施，我国与国际上各方面的交流与合作都日益活跃起来，在人口方面亦不例外。通过与联合国人口基金、国际人口方案管理委员会和国际计划生育联合会等各种人口组织建立合作关系，我国在人口普查、人口研究、计划生育宣

传等各个方面得到了这些人口组织的资金支持和技术指导。通过与世界其他地区的政府、非政府组织在人口领域开展合作和交流，我国深入了解世界各国的人口发展历史和动态，学习借鉴它们在人口计划生育方面的工作经验。通过参加和举办各种国际人口会议，我国在世界人口的宏观坐标中找到了自己的定位，从世界人口发展的角度重新去认识和研究人口问题及解决人口问题的方法与手段，并在国际上树立起中国作为世界人口第一大国的主动积极解决人口问题的、负责任的良好形象。

通过国际交流，世界人口的变化规律和人口转变的理论逐渐走进中国人的视野。从 20 世纪 80 年代初开始，我国学者逐渐引入人口转变理论（张纯元，1983；郭申阳，1985）。他们对西方人口转变理论的基本观点和历史发展进行了详细的介绍、梳理和评论。人们发现，由生育率快速下降启动的人口迅速增长进程并不是中国的独有现象，也不是社会主义国家优越性的体现，而是一场波及世界的全球性历史变革。从欧洲本土到美洲大陆，再到新兴的发达国家（地区），最后到发展中国家，许多国家都已经完成或者正在经历着这场变革。而且，根据较早完成人口转变的西方各国经验，人口过程并不是一个独立的过程，而是与社会经济的发展变化密切相关，早期的人口转变论者甚至把经济社会变动因素解释生育率下降的做法称为标准解释。这给中国的人口控制带来了巨大的启示。首先，从建国初期死亡率的下降开始到后来的人口迅速增长，中国已经不自觉地卷入了世界人口转变的大潮之中，这是全球人口发展的共同趋势。其次，根据业已完成人口转变的国家的经验而言，生育率下降是未来人口的发展方向，证明我国控制人口、降低生育水平的政策是顺应历史发展潮流的。最后，经济发展对人口转变起到了关键作用。中国实行的是一种直接干预人口过程降低生育率的方法，以此来减缓人口对经济的压力。我们选择了这种艰难的方法并不是意味我们排斥通过社会经济的发展来实现人口转变的方法。以前没有采用这样的方法是因为社会经济发展的条件不具备，过多的人口恰恰成为阻碍经济发展的因素之一，企图等待经济发展起来再实现生育水平的下降是不可能的。而如今社会经济的发展已然走上了快车道，人口转变道路的转型也势成必然。

四、对既有人口转变道路的肯定和坚持

通过实行对外开放的政策，中国的社会经济面貌发生了巨大的改变。此时，中国的人口转变道路正处于历史的十字路口，人口生育水平已经达到更替水平，根据社会经济的变化而做出相应的调整已是明确无疑的方向。但是，调整什么、如何调整都成了必须深思熟虑、慎重对待的问题。随着经济社会发展水平的提高和生育水平达到了更替水平，对继续实施人口政策的疑虑也逐渐增多。第一，社会主义市场经济体制的确立，是否说明在计划经济体制下建立起来的人口政策体系已经无用武之地，应该完全退出历史的舞台？第二，社会生产力水平的提高、国家经济实力的增强和人民生活水平的提高，是否说明社会经济发展促进生育水平自发下降的机制在中国已经建立起来，人口控制的政策可以功成身退？第三，人们对世界的了解正在逐步加深，世界人口变化的规律是否说明人口转变是一个必将实现的结果，没有必要通过花费如此巨大的国家资源和社会代价去取得？

面对种种动摇和质疑，党和政府并没有被人口控制领域取得的胜利冲昏头脑，他们用《关于加强计划生育工作严格控制人口增长的决定》向全国人民表明了态度，对这些问题给出了坚定有力的回答，那就是中国必须继续坚持对人口生育水平和人口数量进行控制的政策。做出这样的决定，是建立在对我国国情和民族未来前途的充分考虑基础之上的，是清醒、理智并富有预见性的。首先，我国的基本国情没有发生改变，我国依然是世界上人口最多的发展中国家，人口多、底子薄、人均资源占有量不足依然是中国最现实的国情。人口过快增长仍然将给社会经济发展带来沉重的负担。其次，虽然进入 20 世纪 90 年代以来，我国的生育水平下降到更替水平左右，但是人口发展形势依然严峻，庞大的人口基数和人口惯性决定了每年的新增人口仍在 1 600 万以上，而且人口生育水平反弹的风险依然存在。第三，20 世纪 90 年代是我国现代化建设和人口转变历史进程中的双重关键时期，如果不能有效地控制人口增长，将直接影响到我国现代化建设的后两步战略目标的实现。

所以在 20 世纪 90 年代，中国对既有人口转变道路的方向并没有发生任何改变，而是更加肯定与坚持。从 1991 年开始，中共中央、国务院每年都在

全国人大会议期间召开中央计划生育工作座谈会（1997 年后扩展为中央计划
生育和环境保护工作座谈会，1999 年后扩展为中央人口资源环境工作座谈
会），由中央政治局常委和地方党政主要领导出席，中共中央总书记和国务院
总理都会在座谈会上发言、对人口和计划生育工作进行布置。通过这种方式，
全党、全社会对计划生育工作的重要性有了更为深刻的认识，坚持现行计划
生育政策不变，坚持既定的人口控制目标不变，坚持各级党政一把手亲自抓、
负总责不变原则的确立，成为当时肯定与坚持既有人口转变道路方向的真实
写照。

五、"三结合"整合统一了促进人口转变的力量

虽然人口转变道路的方向没有改变，但是促进人口转变的工作思路和工
作方法却发生了重大的转变。以前，中国人口转变主要的依靠力量是制度和
文化。在国家计划和人口控制目标的作用下，通过严密的网络体系和干部的
以身作则对群众开展宣传教育，激发群众的爱国热情和责任意识，并利用国
家对个人强有力的约束进行保障，在缺乏社会经济条件支持的情况下实现对
家庭生育事务的干预和对生育水平的控制。20 世纪 90 年代初，当这种人口控
制体系初显成效时，中国也迎来了市场经济的春天，一举告别了短缺经济时
代，票证经济和物质匮乏成为历史。人们发现人口与经济已然走上了一条和
谐互动之路，人口的起伏律动应合着经济发展的脚步，经济与人口竟然是如
此环环相扣。那么，当确立社会主义市场经济的改革方向后，当浩浩荡荡的
劳动力大军投入市场经济的大潮之时，促进人口转变的政策应该怎样利用这
种新趋势呢？

20 世纪 90 年代以前，各地都存在着各种为计生家庭提供经济帮助的工
作方式。面对全国人民希望更快地富裕起来的迫切愿望，在多年探索和总
结经验的基础上，各地一场场计划生育工作转型的实验正在悄然展开。在
江苏盐城，政府创办了"少生快富合作社"，通过政府对实行计划生育的农
民给予政策优惠和资金扶持以及社员间的互帮互助，通过经济手段引导群
众实行计划生育。《人民日报》还专门对盐城的经验进行了介绍，这种经验
很快就在全国推行开来。把计划生育工作与发展经济、帮助农民勤劳致富

奔小康和建设文明幸福家庭相结合的工作方法逐渐形成。"三结合"的方法改变了以前命令要求式的工作思路，而是以发展经济为切入点，准确地把握了群众脱贫致富和建设幸福家庭的愿望，通过为他们提供各种帮助让他们感受到计划生育给家庭和个人带来的益处，从而自觉地达到国家的要求。"三结合"的方法将国家和个人的目标统一在一起，显现了国家利益和家庭利益的双赢；它整合了各个部门的力量，各种政策互相配套，保证了基本国策的落实；它还实现社会经济发展、制度和文化这三种促进人口转变力量之间的有机结合。

最终，我国的计划生育政策工作思路和工作方法发生了重大的转变，从孤立地采取行政命令转变为与社会经济发展相结合、采取综合措施解决人口问题；从社会制约转变为与利益导向相结合，宣传、服务、管理相统一。这两种转变标志着我国综合治理人口问题道路的形成，也标志着我国人口转变道路第二次历史性飞跃的完成。

第四节　人口转变道路的初步成功

20 世纪 90 年代，中国的生育水平降到了更替水平以下。中国人口这辆纵横半个世纪的高速列车在经过一阵紧急刹车以后，终于显现出速度放缓的迹象。与世界上一些国家相似，中国实现了人口再生产类型从高出生率、低死亡率、高自然增长率向低出生率、低死亡率和低自然增长率的历史性转变（见图 5—2）。生育水平在短短的 30 年时间里发生了剧烈的变化，总和生育率从 20 世纪五六十年代 6～7 的水平迅速下降到 90 年代 1.7～1.8 的水平（见图 5—3）。这预示着中国的人口年龄结构仍将在未来的时间内发生剧烈的变动。人口惯性还将持续一段时间，人口总量将继续增长。但是，这种增长的实质已经发生了方向性的变化，如果低生育水平持续，人口终将达到它的峰值，转而停止增长甚至减少。而且，与发达国家在社会经济发展的过程中缓慢地完成人口转变不同的是，中国在社会经济发展水平还不高的情况下就迅速实现了人口转变。这标志着中国人口转变道路终于取得了初步成功。

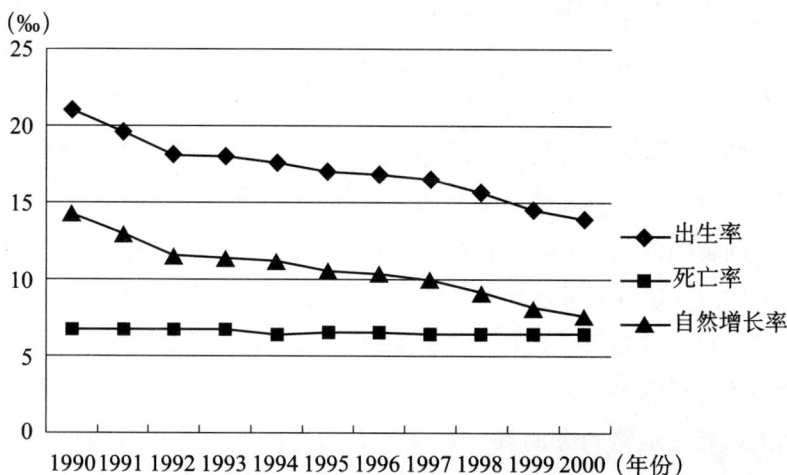

图 5—2　中国人口的出生率、死亡率和自然增长率（1990—2000 年）

资料来源：国家统计局人口和就业统计司：《中国人口主要数据（1949—2008）》，北京，中国人口出版社，2009。

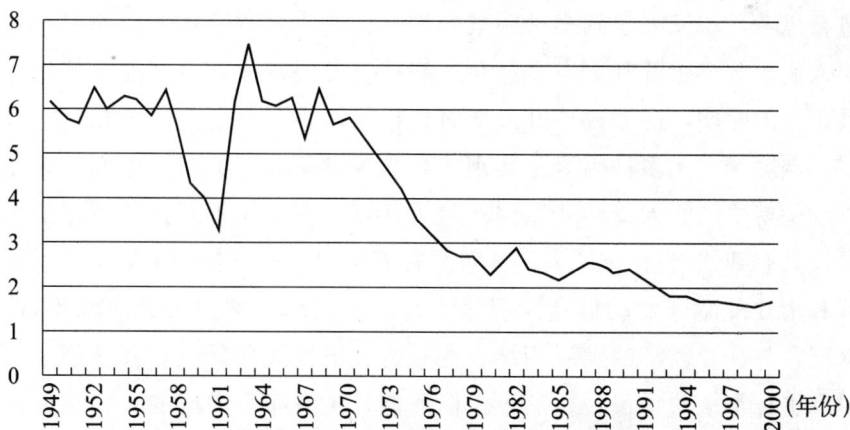

图 5—3　中国人口的总和生育率（1949—2000 年）

资料来源：路遇、翟振武：《新中国人口六十年》，北京，中国人口出版社，2009。

回首新中国成立至 20 世纪末以来 50 年的风雨发展历程，中国的人口转变道路一直在迷茫、磨难、挫折、怀疑和动摇中成长，而政府和人民却从未停止过对这条道路的探索与建设，也从未轻言胜利。

20 世纪中期，中国人民刚刚从战争和革命中走出来，面对在一个共产主义理论指导下建立起的新中国，人们不得不承认对如何建设这样一个社会，他们知之甚少，对在这样一个社会中人口该如何发展，脑海中更是一片空白。但是，历史并没有给中国人民任何喘息的机会，一次又一次的人口危机接踵而至，从建国初期的高死亡率到疾病横行，到 20 世纪 50 年代首次出现人口过快增长问题，再到"大跃进"时期的思想动摇和"文革"时期的工作停滞，中国人口与社会经济发展的矛盾越来越激烈。但是也正是在这个过程中，对中国人口问题的认识在不断深化，对解决中国人口问题的方法和手段在逐渐积累，对中国人口发展的方向日益明朗，最后中国选择了一条完全不同于发达国家的人口转变道路。此时，中国的人口转变道路刚刚建立，前路漫漫，根本无法预知其成败。

当人口转变道路的方向确定后，之后的发展过程并没有因此而变得顺利。实现现代化远大目标和前期的成功经验让人们不断收紧政策，使原有的手段和模式走到了尽头，与社会经济的变化方向显得格格不入，工作根本无法继续开展。这又为人口转变道路添上失败的一笔。此后，虽然人们及时对政策进行了调整，并开始对新时期下人口转变道路的方法和模式重新进行思考，却又遭遇到多种因素叠加导致的生育水平回升。面对此情此景，人们不敢妄断胜利。当度过在经济社会发展较为落后情况下依然坚持开展工作的时期，迎来改革开放新时代以后，中国终于走上了在社会经济发展、制度、文化多种因素下实现人口转变的道路。此时，人们又对是否要继续坚持中国的人口转变道路产生了怀疑，更不用提对这条道路成败的判断。只有到 20 世纪末，人们在对原有道路肯定和坚持的基础上，实现了单纯利用政策命令发动群众来促进人口转变的单边突进模式向政策调节、群众配合与社会经济的发展相结合的多管齐下模式的转变，并达到了人口数量和生育水平的预设目标后，人们才能真正宣布，中国的人口转变道路取得了成功。

第五节 小结

  1978 年至 20 世纪末，是我国进行大规模社会主义现代化建设和建立完善社会主义市场经济体制的时期，社会经济等都经历了具有深远意义的伟大转折。此时，人口转变的中国道路也面临着转折，并在转折中得以成熟。

  社会主义初级阶段理论和建设现代化任务的提出导致了宏观层面人口问题的战略化，原有手段与方法的成功加强了党和政府继续收紧政策的决心与信心，经济体制改革促使了微观层面家庭对劳动力需求的增加，权力下放的过程削弱了国家对个体的控制，两种不同方向的作用力严重抵触在一起，致使人口控制政策的执行举步维艰。党和政府顺应历史潮流和社会经济变化，采取以退为进的方式，放松目标、调整政策，并酝酿工作手段和方法的转变。政策调整后生育水平的反弹并没有干扰人们对人口发展形势的判断，而是继续维持了生育政策的稳定。当改革开放取得成效，社会经济发展对人口的作用开始显现，面对中国人口转变道路是否仍要继续坚持的疑虑，党和政府又在肯定与坚持既有道路方向的基础上，对中国人口道路的实现方法手段和依靠力量进行了调整，实现了人口转变中国道路的第二次历史性飞跃。其间经历了两次"调整"和两次"稳定"，形成了鲜明的对比，人口转变的中国道路在此过程中日渐成熟，对这条道路的探索过程始终体现了对历史发展趋势的准确判断、对我国国情的充分认识和政策灵活性与稳定性的统一。

  在这个过程中，我们依然看到了时代特色和国情特点对中国人口转变的影响。当现代化成为时代发展的最强音，人口转变的步伐也不得不随之加快；伴随着现代化进程的推进，社会经济发展对人口转变的影响逐渐增加，也迫使原有的人口转变道路的转型，必须将社会经济发展的力量纳入促成人口转变因素的框架之中。中国人口多、底子薄、人均资源量少的现实国情决定了我们不能改变中国特有的人口转变道路方向，放弃人口控制的政策，走上放任自流的人口发展之路。应仍然坚持将国家规划目标与家庭的生育数量限制相结合，教育和发动群众为国家利益而进行生育控制，并在此基础上通过利益导向和优质服务实现群众的利益，促使他们认识到控制生育的益处，自觉降低生育数量。

第六章

从单一控制人口增长到统筹解决人口问题

21 世纪以来，中国进入了实现现代化建设的第三步战略目标的关键阶段。21 世纪的头 10 年，是我国经济实力和综合国力极大增强，一跃成为世界第二大经济体的 10 年；是人民生活水平实现从温饱到小康历史性跨越的 10 年；也是中国国际地位迅速提高，成为国际舞台上举足轻重力量的 10 年。面对国际经济发展的新趋势，我国开始实行以全面创新为核心动力的、以提高经济增长质量和效益为中心内容的、以增强国际竞争力和综合国力为主要目标的发展战略。对经济发展的追求，从量转向了质，从单一增长转向了综合全面。人口转变道路的起伏也感应着中国社会经济发展的脉搏，从单一控制人口增长转变为统筹解决人口问题，实现了第三次历史性的飞跃。

第一节　中国人口转变道路的成功

一、社会经济发展提速，人民生活开始进入小康水平

进入 21 世纪以后，中国的社会经济高速发展，中国速度领跑全球，让世界惊叹。十年弹指一挥间，中华大地沧桑巨变。

在这 10 年里，中国的经济实力和综合国力迅速增强。改革开放以来的 30 多年里，中国的 GDP 一直以每年近 10% 的速度发展，以这样的速度保持增长那么久，这是其他任何一个经济体都没有达到过的水平。从 2000 年起，中国只用了 10 年的时间就完成了 GDP 翻两番的目标，连续超越了意大利、英国、法国、德国等 4 国，并最终在 2010 年经济总量超越日本，成为仅次于美国的世界第二大经济体。2010 年，我国的外汇储备达到了 2.8 万亿美元，财政收入也达到了 8.3 万亿元，位居世界前列（中华人民共和国国家统计局，2011）。我国钢铁、水泥、原煤、有色金属和粮食等重要工农业产品的产量稳居世界首位。载人航天、探月工程、巨型计算机、大飞机项目等一大批重要科技领域的研究都获得了重大的成果；青藏铁路、南水北调、高铁建设等一

大批重大工程顺利进行、捷报频传；北京奥运会、残奥会，上海世博会等一批重大活动的举办圆满顺利、举世瞩目；迎战特大洪水、战胜非典疫情、地震灾后重建等一系列应对社会突发事件的斗争取得胜利，民族凝聚力大为增强。神州大地上每天都在发生着令人惊喜的变化。

在这 10 年里，人民的生活水平也得到显著改善，开始进入总体小康的发展阶段。第一，城乡居民收入有了大幅的增加。从 2000 年到 2010 年，我国人均 GDP 从 856 美元增加到 3 000 多美元；全年农村居民人均纯收入从 2 253 元增加到 5 919 元；城镇居民人均可支配收入从 6 280 元增加到 19 109 元。第二，家庭财产普遍增多。城乡居民储蓄存款从 2000 年的 6.43 万亿元迅速增加到了 2010 年的 30.72 万亿元；2010 年末全国民用汽车保有量达到 9 086 万辆，其中私人汽车保有量已经达到 6 539 万辆（中华人民共和国国家统计局，2011）。第三，居民消费结构得以优化，衣食住行用水平不断提高。从 2001 年到 2010 年，农村和城镇的家庭的恩格尔系数分别从 37.9％和 47.8％下降为 35.7％和 41.1％；全年国内出游人次也从 2000 年的 7.4 万亿增加到 2010 年的 21.0 万亿（中华人民共和国国家统计局，2011）。第四，社会保障制度初步建立，贫困人口继续减少。

在这 10 年里，中国的国际地位也空前提高。从建国以来，中国从未如今天这般蒸蒸日上、欣欣向荣，人民从未如今天这般安居乐业、精神振奋，整个民族从未如今天这般扬眉吐气、傲立东方。世界将越来越多的目光投向中国，中华民族的凝聚力、向心力和自信心都大为增强，"中国奇迹"、"中国道路"、"中国速度"、"中国模式"和"中国经验"越来越频繁地出现在人们的视野之中，不断改变着人们对中国原有的认识和印象。

二、低生育水平持续稳定，中国人口转变道路成功

虽然滞后了几十年，但是中国人口转变道路中社会经济发展落后的先天不足终于得以弥补。社会经济发展对人口转变的推动作用也日渐明显地表现出来，经济增长直接或间接带来的各种有利因素，如妇女就业水平、文化水平、医疗保健水平和社会保障水平的提高等，都促成了低生育率和死亡率的继续稳定（杜闻贞，1994）。只是此时中国的社会经济发展已经不似欧美各国

那样是促使生育水平下降的启动机，而更多的是生育水平下降促成的有利结果和继续维持低生育水平的稳压器。

2000 年，中共中央再次以一个《决定》（《关于加强人口与计划生育工作稳定低生育水平的决定》）对世纪之交的人口形势和未来的人口发展趋势做出了精准的判断，对坚持中国的人口转变道路做出了肯定的回答。《决定》指出，未来中国人口将从低增长逐步过渡到零增长，但人口过多仍是问题的主要方面，人口与社会经济、资源环境之间的矛盾依然尖锐，2000—2010 年是稳定低生育水平的关键时期（路遇、翟振武，2009）。

这个判断很快就经受了事实的检验，并证明了它的正确性。2000 年以后，我国人口的低生育水平得以继续稳定，增长速度表现出一种持续、稳定的下降趋势。虽然中国人口规模增长还未停止（见图 6—1），但是由于此时中国人口的内在自然增长率已经成为负值，所以增长速度会继续保持 20 世纪 90 年代就形成的发展趋势，即增长越来越慢。最终人口增长将达到峰值，出现零增长或负增长的情况。

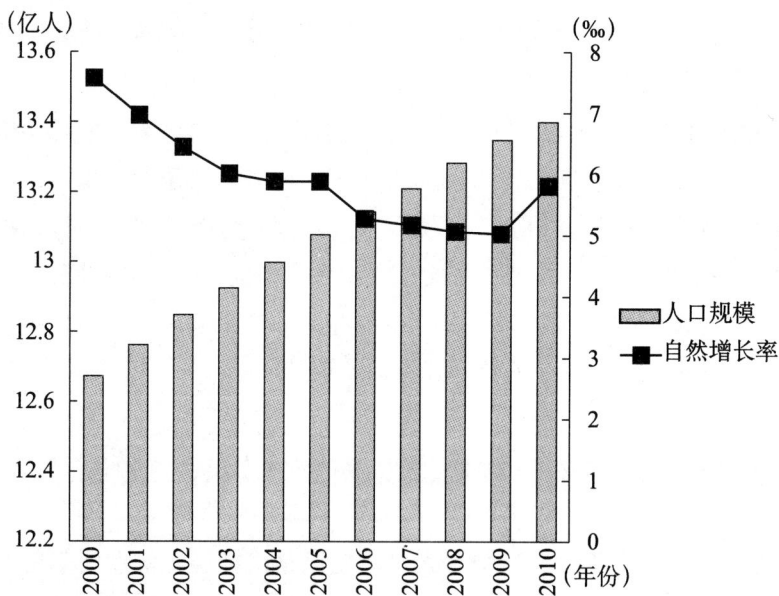

图 6—1   中国的人口规模与自然增长率（2000—2010 年）

资料来源：中华人民共和国国家统计局：《中国统计年鉴 2011》，北京，中国统计出版社，2011。

从世界人口发展的经验来看，经典的人口转变过程起始于死亡率的下降，经过一段时间后，生育率也随之下降，造成人口在一个时期内的迅速增长，而后其增速又逐渐放缓，最后趋于平稳。从较高死亡率和生育率之间的平衡状态转变为较低死亡率和生育率之间的平衡状态，这就是人类所经历的人口转变过程。所以，当一个国家或地区"低死亡率、低生育率和低自然增长率"的状态持续了一段时间后，并且内在的作用机制也决定了未来不可能发生方向性逆转或突变的情况下，可以认为这个国家或地区完成了人口转变过程。我国的生育水平从90年代就已经开始低于更替水平，现今低生育率、低死亡率和低自然增长率的模式业已成型并且稳固维持了十几年，社会经济发展、制度和文化三种力量共同促进生育率下降的机制也已经建立。从这个意义上来说，我国已经实现了人口转变，人口转变的中国道路至此已经取得了胜利。

三、新的发展模式要求新的转变

在中国发展的速度提高以后，人们很快又把焦点转向了发展的质量方面。即实现社会经济又快又好发展的理念提出后，为了达到全面建设小康社会的要求，针对我国当前社会经济发展过程中暴露出来的问题和矛盾，党和政府提出了科学发展观。这是一种新的发展模式，它以发展为第一要义，核心是以人为本，以统筹兼顾为根本方法，要求实现全面、协调、可持续的发展。这种发展模式至少在三个层面上实现了对旧有发展模式的突破。首先，它实现了对发展的追求从以速度和总量为主向以质量和效益为主的转变。其次，它实现了发展目的和对发展效果的衡量从以国家层面为主向以人民群众为主的转变。最后，它实现了发展的内容从以单一的经济为主向经济、政治、文化、社会等各个方面相结合的转变。

在发展模式上的巨大变化是根本性、战略性的变化，它要求社会各个方面都对此做出反应，进行相应的调整。中国的人口转变道路虽然已经取得了成功，但如果这条道路要继续走下去，根据新的发展模式的要求做出转变就无可回避。而且，发展方式的变化也为这次的转变提供了明显的线索。首先，对发展方向追求的改变提示中国的人口转变不应再只顾人口转变的速度、人口规模的变化，而是要更多地关注人口转变的质量，包括结构是否平衡、分布是否合理、与自然环境的关系是否和谐等一系列问题。其次，发展目的的转变提示中国人口转变道路的目的也要实现从国家利益到人民群众利益的回归。在过去的几十年中，我们一直提倡以个人短期利益的牺牲来换取整个国家和民族的长远利益。现在这条道路已经取得成功，并促进了整个中国的巨大发展，已经到了还利于人民、让人民共享发展成果的时候了。最后，发展的内容的转变提示中国人口转变道路不能只关注人口增长对经济发展的效应。长期以来，我们进行人口控制的主要目的还是为经济发展减轻负担，因为当时社会最主要的问题是经济水平发展落后。现在，发展中的问题日益复杂化、多元化，我们不仅要关注人口变化对经济发展的效应，更要关注人口变化对社会、文化、资源环境的综合效应。新时期下，中国人口转变道路实现第三次历史性飞跃的大幕悄然拉开。

第二节　人口转变带来的人口问题日趋多元化和复杂化

人口转变过程的完成，并非说明人口问题的终结，更不能宣告中国人口道路的功成身退。相反，人口转变是中国社会中一场全局性、根本性的革命，它涉及社会经济生活的各个方面，也由此衍生出许多表现各异、错综复杂的人口问题。这些人口问题中，有些带有普遍性，是先行完成人口转变的国家业已遇到的问题；有些则非常特殊，是中国独特国情与时代背景的产物。

一、人口年龄结构变化：普遍性和特殊性

在人口转变过程中，由于死亡率和生育率变化而导致的人口年龄结构变化早就为人们所注意。特别是老年人口在总人口中的比重增加，已经成为人口转变过程中的一种必然现象。因为在人口转变以前，人口的死亡率和出生率都很高，自然增长率极低，人口总量变化缓慢，年龄结构变动也很小，所

以老年人口在总人口中的比重也不会发生很大的变化。但是在人口转变的过程中，由于死亡率首先下降并趋于稳定，人们的平均寿命日益延长，而后出生率又发生下降，导致年轻人口比重下降，老年人口比重相对上升。人口转变对人口老龄化的影响是逐渐变化的过程：在初期由于死亡率下降对婴幼儿的影响最大，首先会表现出人口年轻化的现象；到了人口转变中期，生育率的下降成为主导因素，出现老年人口比重相对上升的"底部老龄化"现象；在人口转变的后期，人口平均预期寿命增加，死亡率重新成为主导因素，出现具有绝对意义的"顶端老龄化"现象（罗淳，2002）。

人口老龄化现象已经成为人口转变过程中必然出现的"放之四海而皆准"的普遍规律，并随着人口转变进程的扩散而在世界范围内相继发生。人口老龄化最早始于18世纪末期的法国，到了19世纪逐渐扩大到其他一些欧美发达国家。到第二次世界大战之后，人口老龄化已经成为一种非常普遍的社会现象和世界性的问题。从图6—2可以看出，近半个世纪以来，几乎世界上的所有地区都经历了不同程度的人口老龄化。目前，欧洲、北美等最早发生人口转变的地区老龄化程度最为严重，东亚和拉美地区则刚刚进入老龄化社会，南亚、中东和非洲则还未进入，但是各个地区老龄人口比重不断增加的趋势则是一致的。

除了人口老龄化以外，人口转变所带来的"人口红利"也引起了人们的关注。根据世界人口转变的普遍规律，死亡率下降和生育率下降之间存在着时滞，那么在死亡率开始下降而生育率基本维持不变的一段时间内，该国或地区每年出生并存活下来的人数会明显增加。当这些人成长到劳动年龄的时候，会形成劳动力年龄人口比重较高、人口抚养比较低的现象。从各国实践经验来看，确实都先后经历了一个劳动年龄人口比重不断升高的过程（见图6—3）。这种人口现象有着深远的经济影响，它意味着丰富的劳动力供给、较低的人口负担、较高的储蓄和投资以及人力资本投资的增加，为经济发展提供了良好的机会，被称为"人口红利"。人口红利也被认为是人口转变带来的必然结果，特别是在东亚地区，人口转变带来的丰富的劳动力资源与世界产业结构调整的时代机遇以及各国以发展劳动密集型产业为主的工业化战略一拍即合，成为促使国家经济迅速发展的重要原因之一。有研究表明，人口红利对亚洲经济奇迹的贡献率高达25%～40%（Bloom E. David, David Can-

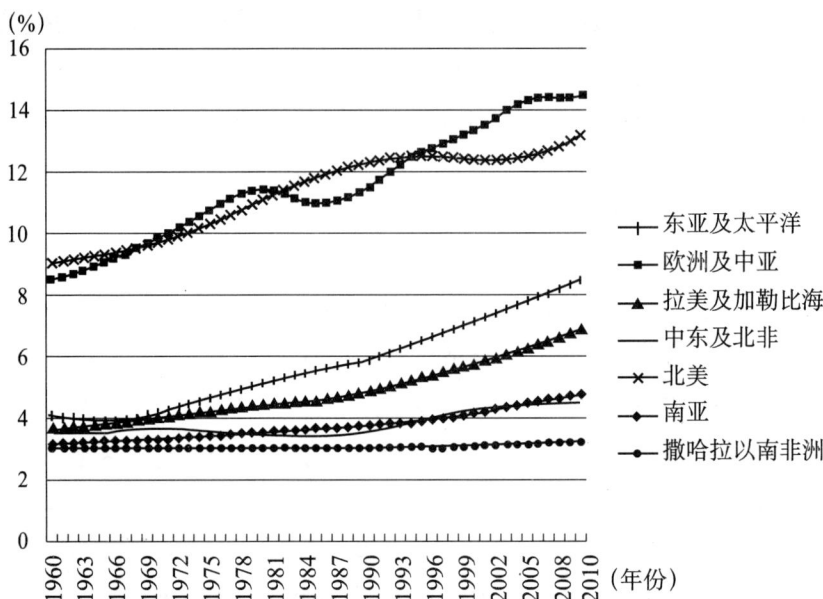

图 6—2 世界不同地区 65 岁及以上老年人口百分比（1960—2010 年）

资料来源：World Bank，Population Ages 65 and above，The Word Bank Open Data，2011 - 12 - 07，http：//data. worldbank. org/indicator/SP. POP. 65UP. TO. ZS/countries/W? display＝default。

ning，Jaypee Sevilla，2001）。

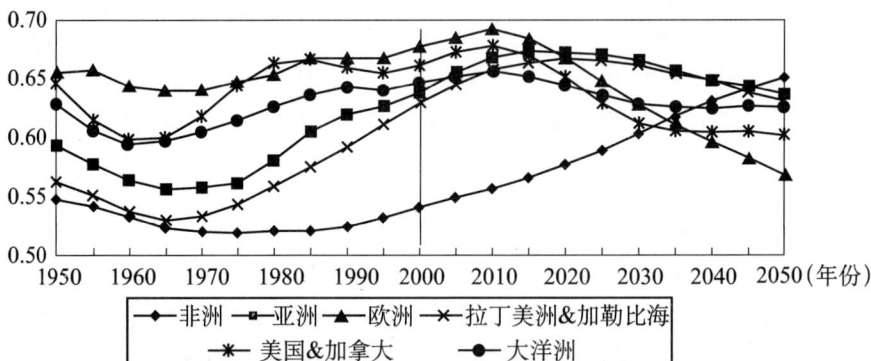

图 6—3 世界不同地区劳动年龄（15～64 岁）人口比重（1950—2050 年）

资料来源：Bloom E. David，David Canning and Jaypee Sevilla，Economic Growth and the Demographic Transition，*SSRN Working Paper Series*，2001（12）。

　　作为人口转变的普遍规律，无论是人口老龄化现象还是人口红利现象在中国都已经表现出来。但是，由于时代发展特征和具体国情（包括社会经济发展水平、制度、文化传统等因素）的不同，我国人口转变所带来的人口结构变化问题表现出了一些新的特点。

在人口老龄化方面，迅速、超前的人口转变过程使老龄化发展迅速、应对老龄化缺乏社会经济条件积累，长期以来独特的重视家庭、依赖家庭的文化传统使中国缺乏社会保障的意识和基础，这些因素都使人口转变过程中人口年龄结构老化所带来的问题在中国显得比其他国家更为严重。

一方面，由于中国并不是在社会经济发展的过程中自然而然地实现人口转变进程的，而是采取了主动干预人口转变过程、控制人口来促进经济发展的模式，所以中国的人口转变过程非常迅速，其进程也大大超前于社会经济发展水平。这注定了中国的老龄化是来势迅猛的，而且在应对老龄化所带来的一系列问题之时也是缺乏积累和基础的。最早发生人口转变的法国，65 岁及以上老年人口比重由 1801 年的 5.5% 上升到 1921 年的 9.1%，花了整整120 年时间（吴忠观，1988），而中国 65 岁及以上老年人口比重从 1990 年的5.5% 增长到 2010 年的 8.9%，只花了 20 年的时间。如果将 65 岁及以上人口达到 7% 作为进入老龄化社会的标准，部分国家实现老龄化的时间和该国当时的人均 GDP 水平可见表 6—1。无论与发达国家相比，还是与发展中国家相比，在进入老龄化社会时，中国的经济发展水平都是远远落后于其他国家的，而且差距非常悬殊。快速的老龄化速度和相对薄弱的社会经济基础使中国在应对人口老龄化问题方面比其他国家更为困难。这种困境对社会保障体系的覆盖程度、建设速度和保障水平来说，都是十分严峻的考验。

表 6—1   世界部分国家进入老龄化社会时间及人均 GDP

国家	年份	65 岁及以上老年人口比重（%）	人均 GDP（美元）
中国	2000	7.0	949
韩国	1999	7.0	9 554
新加坡	1998	6.9	21 647
泰国	2000	6.9	1 943
巴西	2010	7.0	10 710
智利	1998	7.0	5 278

资料来源：World Bank, Population Ages 65 and above&GDP per capita（current US＄）, The Word Bank Open Data, 2011-12-07, http：//data. worldbank. org/indicator/NY. GDP. PCAP. CD&http：//data. worldbank. org/indicator/SP. POP. 65UP. TO. ZS/countries/W? display = default。

另一方面，中国特有的文化传统使中国缺乏社会保障的观念和积累，在应对人口老龄化方面显得"先天不足"。欧洲在很早的时候就出现了"仁杖"、"保健储蓄箱"等社会养老方式,到中世纪时,社会养老的方式已经非常普遍:富有阶层的老年人到修道院养老,农民手工业者阶层的老年人与财产继承人签订契约养老,城市工商业阶层中退休制度比较普遍(孙光德、董克用,2008)。中国是一个拥有几千年文明的大国,一些文化传统经过长时间的积累和传承早已根深蒂固。在中国,大家庭和家庭关系网历来具有多重的功能性和重要性,因而家庭一直受到高度重视,它是社会的基本结构和基本结合纽带,人们对其有着强烈的依赖性(罗兹·墨菲,2010b)。长期以来养老的责任主要都是由家庭来承担,老年人将数世同堂、儿女供奉颐养天年的养老方式视为幸福的表现,政府政策和道德规范的作用也主要在于保障家庭养老方式的延续,而不是组织社会性的养老。这种对家庭养老的依赖使中国的社会养老体系发展不足,筹措资金和提供服务管理的社会化程度都比较低。20世纪五六十年代,中国才开始建立起正式的养老保障制度,直到70年代末,中国的养老保障体系的覆盖面仍然非常小,而且企业成为替代家庭的养老责任承担者,所以仍处于社会化程度很低的状态。20世纪80年代以后,中国开始推行养老金社会统筹的试点,养老保险"社会互济"的作用和特点才真正开始体现出来。目前,覆盖城乡居民的养老保障体系还没有健全,2011年的《政府工作报告》中仍然把扩大农村养老保险试点的范围和推进城镇养老保险制度的改革作为"十二五"时期的重要任务之一。在养老服务的提供方面,同样面临着发展不足的困境。20世纪70年代以来,由于家庭规模的持续缩小和人口流动性的逐步增加,老年人和儿女分开居住的趋势日益明显,使中国出现了"家庭全国化"的发展趋势——家中子女外出求学或参加工作,居住在与老年人相隔甚远的城市或省份之中。这种发展趋势使子女不能长期照料父母的日常生活,极大地削弱了家庭的养老功能。而且根据欧美国家的发展经验,家庭小型化的趋势只会伴随着社会经济发展而逐渐向前推进,重新恢复到大家庭模式的可能性不大。这就需要中国的养老服务模式实现从家庭化向社会化的转变。在中国几千年的传统中,一直都是由家庭成员特别是子女来给父母提供养老服务,所以社会化养老服务体系的覆盖范围和发展水平都比较低。2000年,发达国家在机构中养老的老年人口比例大约为5%~7%,而中国2000年时的相应水平只有0.76%,直到2010年也只有1.37%(中华人民共和国国家统计局，2011）。居家养老的方式在中国还处在理论探讨、萌芽和试点探索的时期，远远没有推广。目前所能提供的居家养老服务内容碎片化，缺乏系统性。提供服务的主体也过于分散化，缺乏规模性，所利用和开发的社会力量还不够充分。

　　在劳动年龄人口方面，由于中国劳动年龄人口规模一直就十分庞大，而且人口转变超前于社会经济发展意味着在劳动年龄迅速增长的过程中，社会经济发展水平仍比较低，经济对劳动力的需求量也未随之增长，所以充裕的劳动年龄人口给中国带来更多的不是"人口红利"，而是就业问题。就业问题贯穿整个国民经济的发展过程。在新中国成立初期，就要面对旧中国遗留的失业问题，当时城镇的失业率高达 23.6%，而且伴随着死亡率快速大幅的下降，人口加速增长的进程开始启动，政府经过近十年的经济发展和大规模安置才有所缓解（国家统计局社会统计司，1987）。"大跃进"时期城镇和第二产业吸收了大量的劳动力，此后的经济探索失败加之人口迅速的增长，过剩的劳动力又给城镇带来严重的就业问题，人浮于事、劳动生产率低下，政府进行大规模的职工精减，通过使过剩劳动力回到农村的办法予以解决。"文革"时期，在脆弱的社会经济发展过程中人口继续快速增长，就业问题再次显现，政府将就业压力转移到农村，出现了具有时代标志意义的知识青年"上山下乡"运动。20 世纪八九十年代，在经济体制改革的大潮中，城镇职工的下岗问题和农村剩余劳动力的转移问题又凸显出来。直到现在，就业形势依然严峻，就业压力将长期存在。据预测，"十二五"时期，中国劳动力年龄人口将达到 9.97 亿的历史高峰；城镇平均每年需就业的劳动力约为 2 500 万人，每年的岗位缺口都在 1 300 万以上；而且，还有 1 亿多农村富裕劳动力的存在，预计每年需转移就业的约为 800 万～900 万人（中共中央宣传部理论局，2011）。

　　在工业化的过程中出现劳动力过剩的现象，发生人口转变的国家大多有着相似的经历，只是时代和国情的不同决定了各国劳动力过剩问题的表现和解决的办法存在着巨大的差别。19 世纪欧洲的经济优势使欧洲的人口增长率高于世界其他地区，马尔萨斯的"人口增长力大大超过土地生产力"理论反映的正是对那个时代人口迅速增长的深刻担忧。此时的欧洲仍以农业为主，过剩的农业劳动力问题通过两种方式进行解决。一是从农村去往城市或工业化地区，例如波兰人去法国北部或者德国鲁尔区的矿井工作，爱尔兰和苏格兰人去英格兰修筑公路、铁路和运河等。二是到新大陆寻找机会。19世纪40年代，爱尔兰出现大饥荒，110万（占总人口的1/7）爱尔兰人移居海外新大陆，美国是最大的接收国，每年欧洲到海外的移民从19世纪30年代的1万人迅速增加到了19世纪末的1 500万人（德尼慈·加亚尔、贝尔纳代特·德尚、J.阿尔德伯特，2010）。明治维新以后，为了解决失业问题，日本同样采取了对外移民的办法。所不同的是，日本最初实行的是以向美洲国家输出劳动力为主的"官约移民"，这是在国力较弱情况下的权宜之计，后来又通过侵略和建立殖民统治向殖民地进行了大规模的武装移民，抢占资源、长期定居（李卓，2010）。韩国是二战后崛起的新兴工业化国家，它选择了一条解决劳动力过剩问题的新道路。20世纪60年代开始，韩国利用世界产业结构调整的机遇，重点发展劳动密集型产业，以此来吸收过多的劳动力，也正是利用这丰富而廉价的劳动力资源，实现了经济长期高速发展的"汉江奇迹"。但是与大多数亚洲国家相同，韩国在二战前还是一个贫穷落后的农业国，不像在工业革命前已具备较高农业发展水平的欧洲，韩国出口导向的、优先发展工业的"不均衡发展"战略必然要求牺牲农业，2008年韩国除稻米外的农产品都只能依靠进口（田景、黄亨奎、池福淑等，2010）。

面对各国人口转变过程中普遍出现的劳动力过剩问题，时代和国情特征留给中国的是更为复杂的局面。首先，开发海外新大陆和建立殖民地的时代已一去不返了，欧洲和日本的方法已经无法借鉴，只能采取发展工业、服务业和兴建城市，通过农村剩余劳动力向城市转移的方法来解决劳动力过剩的问题。其次，中国庞大的人口总量意味着同样庞大的劳动力人口规模，它决定了中国的农村剩余劳动力转移不能是直接的、突然性的涌入，而应是一个逐步、渐进的过程，需要一个缓冲地带。这也是我国在农村剩余劳动力转移初期采取发展乡镇企业和大力发展小城镇的政策，并对城乡流动加以严格限制的原因。最后，与大多数发展中国家一样，中国在开始工业化之初，农业发展水平很低，不像欧洲是农业的高度发展为工业化创造了资本，所以还必须把解决农村剩余劳动力转移问题和农业发展问题兼顾起来。这并非一件易事，韩国就采取了基本放弃农业的方法换取工业的迅速增长，以此来解决过剩劳动力的问题，而由此产生的农产品生产的问题则完全依靠进口来解决。

中国不可能照搬这条道路，因为中国庞大的人口所带来的对农产品的需求是无法通过进口得到满足的，例如 2010 年中国口粮需求为 26 236 万吨，粮食总需求达到了 51 618 万吨（马永欢、牛文元，2009），已经远远超出了当年世界粮食出口的总额 27 555 万吨（刘忠涛、刘合光，2011）。所以中国在发展城市和工业吸收农村剩余劳动力的同时，还必须兼顾农业的发展，这给中国解决劳动力过剩问题又增加了难度。

随着人口转变的持续进行，世界上许多国家在劳动力持续增加的阶段以后，又会面临一个人口红利逐渐消失的阶段。即人口转变造成劳动年龄人口增长放缓，随着劳动年龄人口相对减少和绝对减少的相继发生，劳动力市场供求关系将发生根本性的改变。在工业化过程中，随着农村剩余劳动力向非农产业的逐步转移，农村剩余劳动力逐渐减少，最后导致农村劳动力的短缺和城市工资的上涨，这种现象被称为"刘易斯拐点"。从 2004 年开始，我国东南沿海开始出现"民工荒"现象，大量企业招不到工人，农民工的短缺成为这些地区劳动密集型产业企业的普遍现象。从这之后，"民工荒"现象愈演愈烈，从珠三角、长三角等一些沿海发达地区扩散到我国中部、西部的部分省份，甚至一些传统的劳务输出大省，如今俨然已经成为一个不分区域的全国性难题。尤其在春节前后，这种"荒情"显得更为明显，每逢节后民工外出打工时，一些地区甚至会上演输出地截留劳动力，和输入地争抢劳动力的戏码。很多学者认为"民工荒"是人口红利逐渐消失和刘易斯拐点到来的特征性表现之一。和世界上大多数经历"民工荒"现象的国家相似，这一现象虽然在一定程度上是人口转变所带来的人口结构变化所导致的，但是由于中国国情的特殊性，使得中国的"民工荒"现象显得更为复杂。

首先，中国的"民工荒"问题并不主要是因为劳动力的减少而导致的，而是由于劳动力的老化所导致的。近些年来我国劳动力人口的总量是逐渐增加的，而且至少未来十几年中劳动力年龄人口总量的供给是稳定和充裕的。目前我国劳动力总量为 9.16 亿人，在未来的十几年内，这个总量还会缓慢地增加至 9.27 亿人，到 2020 年左右劳动力人口总量才开始下降（见图 6—4）。但是，由于受到人口波动的巨大影响，在劳动年龄人口总量增加的同时，劳动年龄人口本身的年龄结构却发生了剧烈的变化，劳动力人口老化程度不断增加（见图 6—5）。

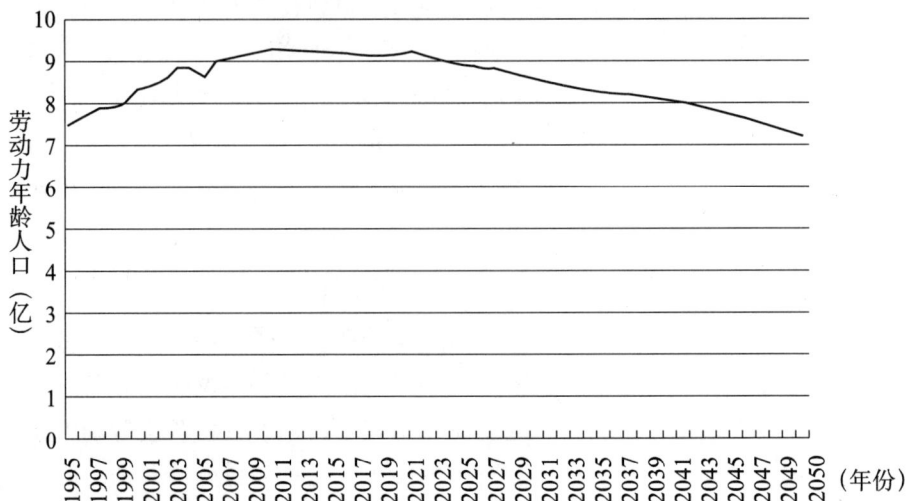

图6—4　中国劳动年龄人口（15～59岁）总量（1995—2050年）

资料来源：2010年以前的数据来源于历年《中国人口和就业统计年鉴》（《中国人口统计年鉴》），2010年及以后数据根据陈卫《中国未来人口发展趋势：2005—2050年》分年龄人口数据计算。

从2000年到2005年，我国劳动年龄人口（15～59岁）的年龄中位数增长了3.4岁，老化的速度非常快。在未来的20多年里，劳动年龄人口的年龄中位数将继续增加，到2030年将超过39岁。2000—2009年间，较为年轻的劳动年龄人口（15～29岁）在劳动年龄人口中所占的百分比从38%下降到31%，而较为年老的劳动年龄人口（45～59岁）所占的百分比则从24%增加到32%。这种劳动年龄人口本身年龄结构的老化与"民工荒"的产生有着密切的关系。在劳动年龄人口总量供给稳定的前提下，如果年轻劳动力和年老劳动力可以完全替代，年龄结构对劳动力市场的影响就微乎其微了。但是在实际的经济运行过程中，我国年老劳动力对年轻劳动力的替代率非常低。因为我国目前在对劳动力特别是民工的使用过程中，存在一种极为奢侈的"选择性雇用"现象。企业存在"只利用劳动力劳动生命中最年轻时段，而大量弃用城乡'40 50'年龄段劳动力的用工倾向"。各个企业在招聘时往往把年龄条件限制在25岁以下，有的甚至是18～22岁，很少有企业愿意招聘30岁以上的民工。改革开放几十年来，民工群体的年轻特征已经深深地烙印在了大众思维之中，这也就是平时我们常常将民工称作"打工妹"、"打工仔"，却从没有人叫他们"打工嫂"、"打工哥"的原因。40岁

2000年

人数(万)

2009年

人数(万)

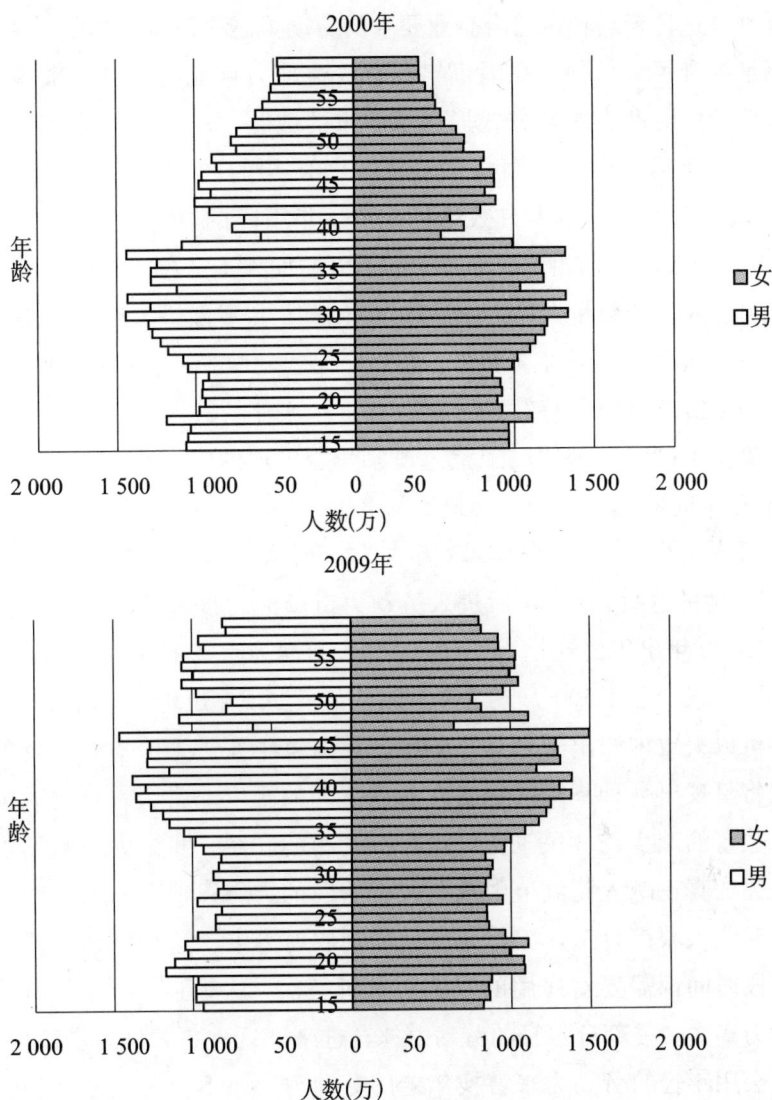

图6—5 2000年和2009年中国劳动年龄人口金字塔

资料来源：根据《2000年第五次全国人口普查资料》和《中国人口和就业统计年鉴2010》全国分性别、年龄人口数据绘制。

以上的民工在统计时毫无疑义地被当作劳动力人口，但是却很少有人注意到在现实经济过程中他们其实是不会被企业所雇用的。在年轻劳动力比重不断下降的背景下，企业却固守着一种长期以来形成的只使用劳动力体力和精力最旺盛的黄金时期的浪费性用人方式，年轻劳动力的供需矛盾才会日益显现。这种矛盾使得符合企业要求的劳动力越来越少,"民工荒"的出现就不足为奇了。另外,我国每年新进入劳动力年龄的人口越来越少,这对企业传统的劳动力更替方式形成了严重的威胁。观察我国历年出生人口数量,并聚焦第三次出生高峰的波峰(1987 年的 2 522 万),我们会发现1987 年以后我国的出生人口数量呈现出逐年下降的趋势,到 2009 年只有1 615 万,与波峰时期相比下降了 900 多万!如果不考虑死亡和国际迁移的影响,出生人口的数量大体上能反映出未来 15 年后新进入劳动年龄人口的数量。1988 年开始的出生人口数量持续、迅速地减少,意味着 2003 年起新进入劳动年龄人口数量持续、迅速地减少。这种新进入劳动年龄人口数量减少现象发生的时间与"民工荒"现象开始出现的时间是吻合的。1986—1990 年 5 年间我国共有 12 161 万人出生,而 1991—1995 年 5 年间共有10 670 万人出生,下降了 1 500 万左右,那么大体可以推测出,1991—1995 年出生的这批人 15 年后进入劳动力市场的时候(2006—2010 年)与1986 —1990 年出生的这批人 15 年后进入劳动力市场的时候(2001—2005年)相比,减少了 1 500 万人之多。而且,根据现在出生人口的进一步减少的趋势可以大致推测出未来几十年中,我国每年新进入劳动力年龄的人口数量仍将呈现出一种下降的趋势,并且下降的幅度非常大。新进入劳动年龄人口数量的减少与"民工荒"也存在紧密的联系。我国大多数的农民工最后是无法真正融入到城市中成为城市居民的,所以他们的人生轨迹往往是年轻时流入城市打工,工作几年就回到农村养老。这种流动模式使企业每隔一段时间都需要对雇用的农民工进行一次"大换血"——一部分年老的劳动力离去,一部分年轻的劳动力补充进来。这种更替模式是单向式的,企业只会用年轻的劳动力来替换年老的劳动力,而不会用更年老的劳动力去填补原有劳动力离去所产生的这些空缺。在每年有大量新进入劳动力的背景下,这种劳动力的更替模式固然能够顺利运作。但是面对新进入劳动年龄人口数量日益减少的状况,这种模式自然就难以为继了。也就是说,劳动力补给环节的链条发生了断裂,所以才会产生"民工荒"问题。可见,人口转变造成的劳动年龄人口结构变动与"民工荒"现象的出现密切相关:劳动年龄人口中年轻人口比重下降与企业"择青弃老"的用工方式产生严重矛盾,导致年轻劳动力供需失衡;而每年新进入劳动力年龄人口数量的逐渐减少又破坏了企业劳动力更替的补给通道。

其次，中国的"民工荒"现象部分源自中国高等教育的飞速发展。高等教育的初次职业分流作用对"民工荒"现象的形成和发展起了"雪上加霜"的作用。接受高等教育与否不仅仅是一种学历的分化，从更为重要的意义上来说，它是劳动力的初次职业分化，因为接受过高等教育的人毕业后绝大多数是从事脑力劳动，不太可能从事体力劳动。所以，即使每年新进入劳动力年龄的人口数量不变，如果接受高等教育的大学生多了，成为农民工的人数自然会减少。近些年来，我国接受高等教育人口的数量和比例都在不断上升。从绝对数量上看，1995—2009 年短短 15 年时间，我国普通高等教育的招生规模从 1995 年的 93 万增长到了 2009 年的 640 万，2009年的招生规模是 1995 年的 6 倍多。从比例上看，高等教育的毛入学率从 20世纪 90 年代初的 5％左右增长到了 2012 年的 30％左右，2012 年的毛入学率水平是 20 世纪 90 年代初的近 6 倍。也就是说，20 世纪 90 年代初在 18～22 岁的适龄人口中，只有 5％接受了高等教育进入了从事脑力劳动工作的行列，其余 95％都从事以体力为主的工作；而现在 18～22 岁的适龄人口中，30％都将从事脑力劳动工作，从事体力劳动的比例从 95％迅速下降到70％。这种教育的初次职业分流作用使从事管理、技术岗位的脑力劳动者（大学生）越来越多，从事体力劳动的人数（包括农民工）越来越少，而在一段时间内企业对不同类型人才的需求结构相对是比较稳定的，所以才会出现"民工荒"和大学毕业生"就业难"并存的现象。而且，在未来几十年里，每年新进入劳动力年龄人口的数量会进一步下降，而随着我国教育水平的提高，高等教育的招生规模会继续扩大，那么新进入劳动力市场的民工数量将受到进一步的挤压。如果到时我国的产业结构、企业用工模式还基本维持现状的话，"民工荒"的现象只会越来越严重。

劳动力人口年龄结构的老化、未来新进入劳动力市场的人口逐渐减少和教育水平的逐步提高对中国而言将是一个长期的趋势，那是否说明中国必然要无奈地接受年轻劳动力短缺的局面呢？其实并非如此。根据 2012 年世界人口数据表的数据显示，2012 年中国劳动力总量为 10 亿左右，这个数字比所有发达国家劳动力数量的总和（8.4 亿）还要多。而当年发达国家的 GDP 总量是中国 GDP 总量的近 5 倍！这说明中国经济发展的瓶颈问题并不是劳动力数量不够（发达国家人口数量少于中国照样能维持比中国更庞大的经济规模），而是中国劳动生产率太低。目前人口转变所导致的人口结构变动趋势正预示着中国劳动密集型产业兴旺时代将渐行渐远，人口转变将倒逼中国产业特别是制造业的升级换代。为此，中国必须尽快走上提高劳动生产率，发展技术密集型产业的道路。这不仅是人口转变带来劳动力结构老化的约束所致，更是教育扩招带来劳动力受教育水平提高这种有利条件下的必然选择。

可见，在人口转变中出现人口老龄化、劳动年龄人口比重变化等现象既是世界普遍规律，又会由于发展时期和国家具体情况的不同而表现出特殊性。中国超前于社会经济发展的人口转变进程，人口多、底子薄的国情和特殊的现代化过程都使人口老龄化、劳动力人口过剩问题和劳动力人口老化问题在中国变得更为严峻和复杂。

二、出生性别比失衡：特殊现象中的普遍规律

在人口转变的过程中，中国人口的性别结构也在发生变化，特别是每年出生婴儿的性别结构长期、严重失衡，出现了男孩多、女孩少的现象，这是世界上较早经历人口转变的国家不曾有过的遭遇。这种看似仅在以中国为代表的部分亚洲国家出现的特有现象，背后却蕴藏着适用于全球人口转变过程的普遍性规律。

（一）出生性别比升高是发生在以中国为代表的部分亚洲国家的特殊现象

性别比是最常使用的用以描述人口性别结构的人口学指标，而其中最为基础的是出生性别比，它对总人口性别比和分年龄人口性别比起着决定性的作用，它是某个特定时期内出生的男、女婴数量的比值，一般用每百名女婴所对应的男婴数量表示；在没有人为干扰的情况下，出生性别比应该是比较稳定的，变化范围在103~107之间（田雪原，2004）。从1950年到2005年，世界大部分国家的出生性别比都在104~106之间（Christophe Z. Guilmoto，2009）。

在中国，出生性别比却从20世纪80年代以来表现出长期、持续、严重的升高、偏高现象。从中华人民共和国成立以来到20世纪80年代初的前30

年里，虽然出生性别比时有超出正常范围的情况，但总体而言还是围绕着正常范围的上限（107）而上下波动，但是从 80 年代以后，出生性别比却一路攀升，目前达到 120 左右的水平（见图 6—6）。而且出生性别比偏高的现象已经在全国迅速扩散，从东、中部蔓延到西南、西北部，从以农业人口为主的

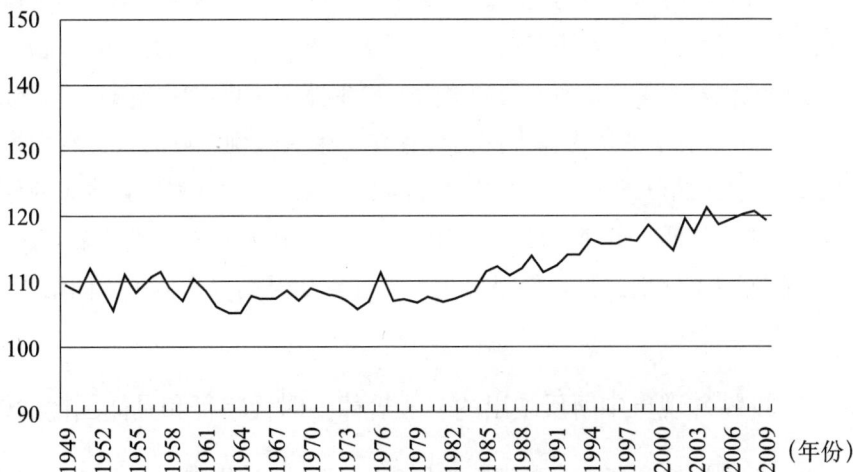

图 6—6 中国人口的出生性别比（1949—2009 年）

资料来源：1949—1979 年数据来自田雪原：《人口学》，杭州，浙江人民出版社，2004；
1980 年及以后数据来自国家统计局人口和就业统计司：《中国人口主要数据（1949—2008）》，
北京，中国人口出版社，2009。

省份蔓延到大城市，到 21 世纪初，大多数省份的出生性别比都严重失常，出生性别比偏高已经演变成一个普遍性的全国难题（刘爽，2005）。

由于欧美的人口转变过程中并没有出现过出生性别比升高的现象，所以从欧洲人口转变实践经验中得出的人口转变理论之中也没有关于出生性别比升高规律的内容和论述。于是，一些学者根据亚洲部分国家在人口转变过程中出生性别比升高的事实，从亚洲独特的社会经济文化背景出发，试图从出生性别比偏高的现象中总结出普遍性的规律，以此扩展经典的人口转变理论。有学者总结了亚洲人口转变过程中出现的性别比转变规律：在第一阶段，性别鉴定技术的可得性和自由流产的合法性、社会对性别选择行为的接受以及低生育率的压力这三个条件造成了亚洲人口出生性别比的升高；在第二阶段，男孩的过剩使未来整体人口环境对男孩逐渐不利，人们主动自发地减少对男

孩的偏好，社会经济的进步则会削弱以男性为主的传统，在这内外两方面力量的共同作用下，出生性别比又会逐渐回归到正常的水平（Christophe Z. Guilmoto，2009）。国内的研究者近些年来也开始关注人口出生性别比逐渐升高并且在高位停留一段时间后出现缓慢下降趋势这个问题，他们将这种现象归于生育在短时间内迅速下降、挤压生育空间，加之遭遇亚洲"男孩偏好"文化传统的强大阻力，双方的激烈冲突导致了出生性别比的升高；随着妇女社会经济地位的改善和政府部门的努力，出生性别比将重新回归正常（陈卫、李敏，2010）。有学者认为在中国同样存在着带有性别偏好的人口转变模式，即在人口转变的第三阶段，受到社会经济发展的影响和计划生育政策的作用，生育水平快速降低，迅速压缩了人们的生育空间，人们实现男孩偏好的方式从多生育转向了性别选择，使得出生人口性别比升高（李树茁、闫绍华、李卫东，2011）。

（二）特殊现象中所反映出的一般规律：时代特征和具体国情的体现

出生性别比的升高、偏高确实是发生在以中国为代表的部分亚洲国家的特殊现象，但是这种现象却反映出了人口转变过程的一般性规律。与中国人口转变所体现出的其他特点一样，出生性别比偏高是人口转变在演进与扩散过程中特殊时代背景和具体国情下的产物。

它的时代特征充分体现在技术的可得性上。从20世纪50年代开始，超声波才在医学领域逐步得以应用，帮助医生更为直观地诊断病情（P. P. Lele，1972），人们才可能通过这项技术观察到胎儿的生长发育状况（当然包括他们的性别）。性别鉴定和选择技术的成熟与传播就如同当年的生育控制技术一样，将人们的生育意愿转化为了实际行动，使父母在孩子出生前就能根据其性别而决定保留与否的愿望具备了实现的可能性。性别鉴定和选择技术的诞生、应用与发展使大规模性别选择行为深深打上了时代烙印，这是科学进步和技术发展的结果。

出生性别比偏高现象中又透露出何种国情特征呢？正如前文所提及的几项研究成果所述（Guilmoto，2009；陈卫、李敏，2010；李树茁、闫绍华、李卫东，2011），以中国为代表的部分亚洲国家之所以会产生出生性别比升高的现象，主要源于其人口转变过程（主要是生育转变过程）的"快速性"和强大而特殊的"男孩偏好"的文化传统。本书并不认同这种观点，生育的快速下降并不局限于亚洲或中国，强烈的"男孩偏好"文化传统也并非亚洲或中国独有，但是其他具备相同条件的地方并没有出现出生性别比偏高的现象，充分说明这两个条件并不足以阐明出生性别比偏高现象发生的一般规律。

从人类步入文明社会的门槛，到现代文明社会之前，被压迫、被轻视可以说是世界妇女共同的命运。在欧洲，重男轻女和"男孩偏好"的文化传统同样严重。在古罗马，妇女地位低下到没有姓名权，只能依靠父亲或丈夫来进行身份识别（诺曼·戴维斯，2007），按照罗马的传统，人们迫切地需要男性子孙来实现姓氏永存的目的，在婚姻中妇女永远处于次要的地位（德尼慈·加亚尔、贝尔纳代特·德尚、J. 阿尔德伯特，2010）。直到中世纪的欧洲，妇女在大多数时间还是被看作毫无价值的物件（德尼慈·加亚尔、贝尔纳代特·德尚、J. 阿尔德伯特，2010）。在日本，"家"制度的建立将妇女置于完全无权的地位，女人被称为"借腹之物"，唯一的作用只是生育子嗣。在江户时代就曾经出现过对子女性别甚至出生顺序理想模式的各种说法，比如"一姬两太郎"、"卖物、迹取、用心棒"等，主要意思是嫁出去的女儿就像是卖给人家的了，所以第一胎最好生女孩，在出嫁前可帮家里分担家务，第二胎一定要生儿子保证有人继承，最后还要多生一个儿子来保险（李卓，2010）。这些国家"男孩偏好"文化传统的强烈程度丝毫不亚于中国，但是在它们的人口转变过程中并没有出现出生性别比偏高的现象。

同样，快速的生育率下降过程也不能保证出生性别比现象发生的必然性。在日本，生育率的转变也是非常迅速的。明治维新后，随着经济条件的改善，生育率先是呈现出上升的趋势，二战时受到鼓励增殖人口政策的影响，生育率也没有下降，从 20 世纪初到二战结束出生率一直维持在 30‰以上。二战以后，生育率发生了急速、大幅的下降，出生率一下子下降到 1950 年的28.1‰，1972 年进一步下降到 19.3‰，90 年代以后至今一直保持在 10‰以下（见图 3—4）。在日本生育率快速下降的时候，性别鉴定和选择技术已经问世，而且日本在封建时代就有堕胎、溺婴、弃婴的做法，1948 年制定的《优生保护法》和 1952 年制定的《母体保护法》大大放宽了对人工流产的限制，所以在技术可得性和社会接受程度方面都不存在巨大的障碍（李卓，2010）。但是，在整个生育率急速下降的过程中，日本的出生性别比却一直保持在正常范围之内，并没有出现出生性别比偏高的现象（见图6—7）。这充分说明了在强烈的"男孩偏好"的文化传统下，在技术水平和社会接受程度都具备的条件下，生育率的迅速下降也并不一定会导致出生性别比的升高。

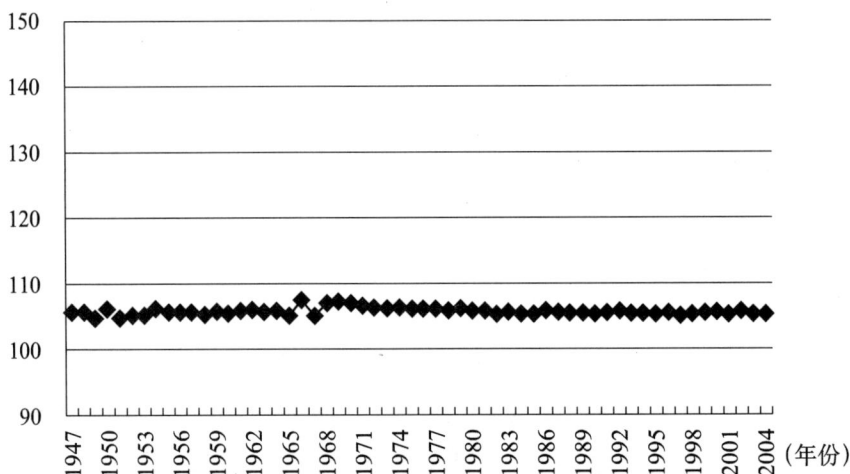

图6—7 日本人口的出生性别比（1947—2004年）

资料来源：日本总务省统计局、政策统括官、统计研修所网站，根据表2—24男女别出生人数和出生率（明治五年—平成二十一年）数据绘制，见http：//www.stat.go.jp/data/chouki/02.htm。

那么，包括中国在内的一些出现出生性别比升高现象的国家，它们共同的国情特征是什么呢？答案是现代化进程的滞后性和交织性。现代化是一次巨大的社会变动，它实现了人类文明从农业文明向工业文明的转化，是一种新的文明形式（工业文明）逐渐确立的过程（钱乘旦、杨豫、陈晓律，1997）。这是一次涵盖社会各个领域的、全方位性的、深刻的历史变革，经济结构、社会结构、政治体制和人们的思想观念都发生了巨大变化。与其他地区相比，欧洲在中世纪时，农业生产力低下、技术落后，工业化是在农业文明自然解体的基础上实现的，也就是说当工业化引发生育率下降的时候，重男轻女的封建文化传统也失去了支持的基础，所以整个人口转变过程中不会发生出生性别比升高的现象。欧洲的海外殖民地还有亚洲的日本可以说是几乎全盘照搬了欧洲的现代化模式，所以情况也是类似的。但是在其他地区，特别是在以中国为代表的部分亚洲国家，几千年来农业文明的发展方向一直不断得以巩固，后来在欧美国家的冲击下开始瓦解，才被动地开始了工业化进程，所以农业文明的解体和工业文明的生成同时进行。这些地区对现代化所持的态度是矛盾的，一方面承认工业文明的先进性，迫切地希望早日实现工业化，另一方面又对源自西方的工业文明有所保留，害怕因此丧失本身的民族特性，所以使现代化过程变得相当复杂（钱乘旦、杨豫、陈晓律，1997）。支持生育率下降和支持"男孩偏好"的因素同时存在、互相交织，导致了出生性别比的偏高。

在欧洲，农业文明的彻底解体和工业化的迅速发展使封建社会重男轻女的文化传统逐步淡化。农奴制的废除、文艺复兴和宗教改革将人们从封建社会人身自由、思想和精神方面的束缚中解放出来，地理大发现增强了商业精神，农业成为商品生产，封闭的庄园经济被打破，开始变成一个不断扩大的农业市场。新的职业的出现提供了新的就业机会，妇女的受教育程度增加，越来越多的妇女取得了各种职业所必需的才能；妇女的平均寿命增加，生育和抚养孩子的时间相对缩短，她们的作用不再限于生养子女；妇女的法律地位和政治地位提升，拥有财产权、选举权等各种权利（德尼慈·加亚尔、贝尔纳代特·德尚、J. 阿尔德伯特，2010）。这一切都使得在生育率下降过程中，重男轻女和"男孩偏好"的文化传统也已经大大削弱，所以并没有表现出出生性别比升高的现象。

同样，日本在生育率转变开始前已经初步完成了现代化的进程。1868 年明治维新以后，日本就迈上了现代化的道路，而且迅速取得了成功，它不仅适时完成了对国家政体的改造，而且通过确立向西方学习的国策，大力发展现代经济并取得成功，初步创造出一个具有现代性的新型民族国家。在非白人社会中，没有哪个地方能像日本那样"脱胎换骨"式地迅速实现现代化（钱乘旦，2010）。明治维新以后，在资产阶级启蒙运动的影响下，压抑个人人性的家族制度和男尊女卑的观念受到强烈的冲击。文化开明政策使西方文化、技术和生活方式传入，人们的家庭观念发生变化，以夫妇为中心的新家庭理论开始出现，蓄妾制被废除。贤妻良母主义逐渐形成，它将一夫一妻制之下、与男子具有同等权利、在教育子女方面有教养和知性的女性作为理想形象。产业革命后，西欧资产阶级的女子教育论引入日本，女子教育的必要性逐渐为世人接受，到日本实行六年制义务教育的 1907 年，女子小学的入学率已经达到 96%，几乎适龄女子全部入学（日本文部省调查局，1963）。战后，日本的现代化进程最终完成，妇女从男尊女卑和封建家长制中彻底解放

出来，获得了与男子平等的法律地位，包括姓氏权、离婚权、财产权等。妇
女参政议政的意识大大增强，议员、内阁和司法部门中女性的比例迅速提高，
从 20 世纪 60 年代开始，参众两院选举时的投票率，女性一直高于男性（李
卓，2010）。传统封建家族制度彻底瓦解，男子优先、父子关系为基础的家庭
关系转变为男女平等、夫妇关系为基础，妇女代替年长男性成为主管家计和
安排生活的"一家之主"。婚姻观也发生巨大变化，对妇女而言结婚不再是终
身的从属和唯一的选择，晚婚、不婚、离婚的现象越来越普遍。2005 年，日
本女性的平均初婚年龄为 27.4 岁，2000 年 20～34 岁女性中有 56％没有结婚
（日本国立社会保障、人口问题研究所，2005）。在这些因素的共同作用下，
日本的传统文化中的"男孩偏好"逐渐淡化，从表 6—2 可以看出近 30 年来，
日本家庭并没有表现出强烈的"男孩偏好"，甚至更偏好生育女孩。

表 6—2　　　　　日本夫妇理想子女组合（1982—2010 年）（％）

		1982 年	1987 年	1992 年	1997 年	2002 年	2005 年	2010 年
1 个孩子	1 个男孩	51.5	37.1	24.3	25	27.3	22.2	31.8
	1 个女孩	48.5	62.9	75.7	75	72.7	77.8	68.7
2 个孩子	2 个男孩	8.8	4.1	2.7	2.1	1.9	2.2	1.9
	1 男孩，1 女孩	82.4	85.5	84	84.9	85.9	86	87.9
	2 个女孩	8.9	10.4	13.3	13	12.2	11.8	10.2
3 个孩子	3 个男孩	0.7	0.5	0.3	0.4	0.6	1.1	0.9
	2 个男孩，1 个女孩	62.4	52.3	45.1	38.4	41.6	38.5	40.7
	1 个男孩，2 个女孩	36.2	46.2	52.9	58.9	55.4	58.3	55.4
	3 个女孩	0.7	0.7	1.6	2.3	2.4	2.1	3.1
理想子女组合的性别比		105	99	91	85	87	86	87

　　资料来源：日本国立社会保障、人口问题研究所：《第 14 次出生动向基本调查：关于结婚和生育的全国调查·夫妇调查结果概要》，2011 - 10 - 21，见 http://www.ipss.go.jp/ps-doukou/j/doukou14/chapter3.html＃33。

　　但在中国等大多数亚洲国家，与人口转变过程相比，现代化过程则显得
滞后与复杂。第一，现代化的进程姗姗来迟，不仅距离先行国家差距大，在
地理位置上与先行国家相隔甚远也使民众在心理文化上对现代化的认同力很
低，所以需要国家的力量来强力推进。所以在这些国家，现代化与人口转变
的关系就不再是简单的因果关系了，而是变得非常复杂：人口转变并不仅仅

是现代化过程的结果，至少在生育率下降的前期，政府的强力工业化和控制人口政策起了很大的作用；而且，反过来倒是人口转变为这些国家的现代化过程创造了良好的条件。第二，像中国这样的亚洲国家，自古以来整个机制都是为农业文明服务的，发达的社会结构功能以巩固农业文明为宗旨，典章制度为农业文明设置，价值取向和思想意识形态为农业文明辩护；它不像欧洲，还有一个半独立于封建农业社会的市民社会的存在，很早从农业主体结构中分离出来，可以不受约束地发展自己的生存方式和价值取向；中国社会越完善，农业文明就越巩固，西欧社会越发展，背离农业文明的离心力就越大（钱乘旦、杨豫、陈晓律，1997）。所以，西欧的农业文明是一种自然解体的过程，并为工业文明的形成做好了准备，而其他地区的农业文明则是在欧洲工业社会的冲击下才开始瓦解，农业文明的解体与工业文明的形成同步进行。特别是在中国、印度这些亚洲的国家，一度曾是古代文明的中心，现代化过程是在西方殖民主义的剧烈冲击中被迫开始的（钱乘旦，2010），所以它们对源自西方的现代化过程表现出强烈的排斥情绪，从技术、经济发展手段、政治制度再到思想文化的现代化，都是一点一滴地慢慢接受改变，完全是一个循序渐进的过程。在这两个因素的作用下，以中国为代表的部分亚洲国家，其人口转变过程也呈现出一种矛盾的状态：一方面，由于国家的强力推动，工业化进程取得了迅速、巨大的成功，加之人口政策的作用使生育率发生快速的下降；另一方面，农业文明还处于缓慢解体的过程之中，被包裹在最核心的思想文化更是改变甚少，"男孩偏好"的根基还未瓦解，矛盾作用的结果是人们对孩子的性别进行选择，在宏观层面上表现为出生性别比偏高的现象。

（三）出生性别比升高现象的未来发展趋势

以中国为代表的部分亚洲国家出生性别比升高现象的出现与这些国家现代化进程的特殊性有着密切的联系。那么，随着这些国家现代化进程的进一步推进，农业文明的解体逐步完成，"男孩偏好"的文化就会失去支撑的根基，出生性别比又会逐渐恢复到正常水平。当然，农业文明解体的速度和所采取的纠正出生性别比失衡现象政策的强度都将使各国在出生性别比回归正常方面表现出不一样的速度。

韩国是亚洲出生性别比升高趋势最早发生逆转的国家，出生性别比在

1990 年达到峰值 116.5 之后就处于一个逐步下降的过程中，目前已处于正常水平（见图 6—8）。有学者认为除了有效的社会政策以外，伴随着社会经济的发展，女性获得更大的自主权，社会和经济地位上升，从而弱化以男性为基础的社会传统和习俗是导致韩国性别偏好观念的淡化和消失、出生性别比恢

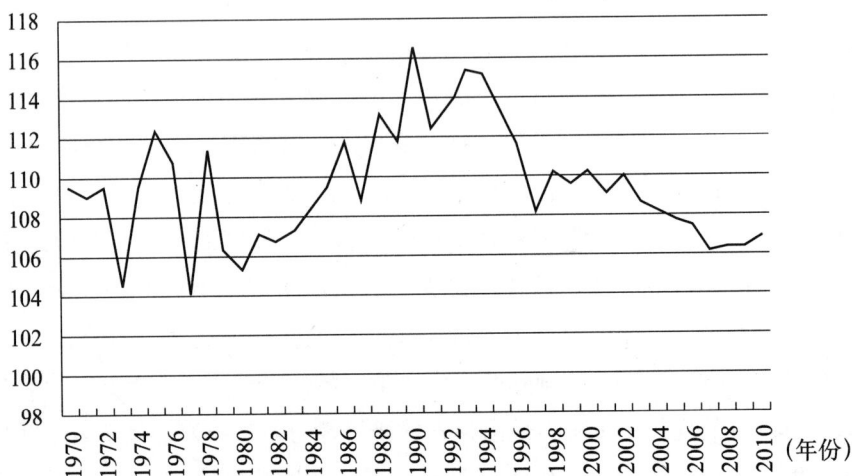

图 6—8　韩国人口的出生性别比（1970—2010 年）

资料来源：Statistics Korea，Vital Satistics of Korea：1970—2010，Korea Statistical Database，2012 - 02 - 06，http：//kosis. kr/nsieng/view/stat10. do。

复正常的原因（陈卫、李敏，2010）。女性地位的上升本身就是男性占主导地位的农业文明逐步解体的标志性表现之一。

在中国，同样开始表现出这样的趋势。近些年来出生性别比不断上升的趋势发生了转变：2002 年后，全国出生性别比一直保持在 120 左右，进入了一个相对平稳发展的时期；而部分原来出现出生性别比升高、偏高问题的省份，出生性别比出现了不同程度的下降。根据欧洲的发展经验，农业文明的彻底解体有以下两个方面的表现：在国家层面，农业生产力高度发达，为社会提供充裕产品，使得大量工业人口的生存成为可能，导致人口和资金最终大规模向工业部门转移，推动整个国家的经济起飞；在家庭层面，家庭规模小型化、人口都市化倾向明显，原有家庭功能极大削弱，社会功能逐渐增强，形成一套与工业化社会相对应的包括住房、公共卫生和社会保障在内的社会功能体系（钱乘旦、杨豫、陈晓律，1997）。上述趋势在中国已经有所体现，

而且这种农业文明逐步解体的趋势与中国人口出生性别比上升趋势的转变密切相关。

本书利用中国人民大学人口与发展研究中心2010年5—11月在湖北、浙江和河北三省开展的以育龄妇女及其家庭的生育、生活情况为主要内容的专题调查取得的定量和定性数据，对农业文明解体的发展趋势对"男孩偏好"的影响作用进行了分析。这次调查在全国选择了三个出生性别比发生下降情况并且实施相同计划生育政策（一孩半政策）的省份（浙江、湖北和河北），在每个省份中分别选取两个县（县级市）进行重点调研。它们分别是湖北的大冶和洪湖、浙江的瑞安和嵊州，以及河北的定州和文安。其中，文安的出生性别比一直处于正常水平；瑞安的出生性别比一直处于偏高水平，并没有发生下降趋势；其他四地都经历了出生性别比下降的过程，特别是嵊州，出生性别比已降至正常水平近10年。课题组在这六个地区都进行了问卷调查、各级计生干部小组座谈和妇女深入访谈。共调查了2 078位农村已婚育龄妇女，召开小组访谈18次，并对90位已婚育龄妇女进行了深入访谈。

在回归分析中，因变量是"男孩偏好"，在问卷中设置已婚育龄妇女是否无论采取什么方法都一定要生育一个男孩的问题来进行测量。因变量为二分类的名义变量，在模型中转换为虚拟变量。主要的自变量是体现农业文明解体的因素，包括家庭主要收入来源是否以农业收入为主、对未来养老功能承担者的预期和家庭的居住方式等。主要的控制变量包括年龄、民族、教育程度、户口性质、家庭收入、地区等。各变量的具体定义见表6—3，回归结果见表6—4。

表6—3　　　　　　　　变量的定义及单变量描述统计

变量	定义	百分比/均值
因变量		
是否一定要生育男孩	1＝是；0＝否	13.33
自变量		
家庭主要收入来源	1＝非农收入为主；0＝农业收入为主	71.32
认为养育男孩成本更高	1＝是；0＝否	24.01

续前表

变量	定义	百分比/均值
因变量		
老年后经济上靠谁养老	1=自己积蓄/劳动收入/养老金；0=儿子、儿媳/女儿、女婿/子女共同	67.18
居住方式	1=自己独立居住；0=与公婆或父母同住	52.26
控制变量		
年龄	调查对象的年龄，连续变量	32.52
民族	1=汉；0=其他	98.26
教育程度	1=初中以上；0=初中及以下	20.40
户口性质	1=农业；0=非农业	92.64
家庭收入	2009年夫妻双方现金收入，连续变量	37 833.85
地区	以浙江嵊州为参照组	
大冶	1=调查对象的居住地在湖北大冶；0=其他	15.54
洪湖	1=调查对象的居住地在湖北洪湖；0=其他	15.64
瑞安	1=调查对象的居住地在浙江瑞安；0=其他	15.20
定州	1=调查对象的居住地在河北定州；0=其他	22.71
文安	1=调查对象的居住地在河北文安；0=其他	15.25

说明：样本量为2 078。

表6—4　　　　"男孩偏好"的Logistic回归模型分析结果

（不认为必须生育男孩为参照）	发生比	标准误
自变量		
家庭主要收入来源为非农收入（来源为农业收入为参照）	0.868 7*	0.067 8
认为养育男孩成本更高（不认为养育男孩成本更高为参照）	0.682 3**	0.100 3
老年后经济上靠自己养老（靠儿女养老为参照）	0.749 5*	0.111 0
自己独立居住（与父母公婆合住为参照）	0.904 8*	0.051 7
控制变量		
年龄	1.037 1**	0.013 3

续前表

（不认为必须生育男孩为参照）	发生比	标准误
汉族（其他民族为参照）	1.249 9	0.690 2
初中以上受教育程度（初中及以下受教育程度为参照）	0.528 7**	0.111 2
农业户口（非农业户口为参照）	0.964 8	0.270 7
家庭收入	1.000 001	6.39×10^{-07}
地区（嵊州为参照）		
大冶	5.483 4***	1.774 7
洪湖	9.105 6***	2.813 8
瑞安	3.298 9***	1.082 1
定州	1.471 4***	0.518 5
文安	4.159 6***	1.359 8
Log Likelihood	$-736.912\ 5$	
LR chi2	157.88	
Pseudo R^2	0.096 8	

说明：样本量为 2 078，*** $p<0.001$，** $p<0.01$，* $p<0.05$。

根据回归分析的结果，并结合对深入访谈资料的研究，本书发现，随着农业文明的逐步解体确实对人们的性别偏好的改变起了很大的作用。

首先，随着农业生产力的发展、生产工具的先进化和生产技术的进步，男性在农业生产中的优势逐渐消失。长期以来，我国农村的农业生产力水平和机械化程度都比较低，生产方式以手工劳动为主，对劳动力体力的依赖度很高。这导致了男性劳动力与女性劳动力相比具有先天的优势，也是农村地区家庭形成"男孩偏好"的现实原因。但是近些年来，这种情况已经发生了巨大的变化。农业生产力不断发展，农业机械化程度大大提高，传统的生产方式得以改变。在河北定州 D 镇调查时，几位农村妇女为我们描述了这样一幅农村生产的新图景：

以前种地都要劳动力，现在不必了，都机械化（作业）了。以前需要男的扛、挑、打场，现在用拖拉机，又都是平原，女的都能开。过去需要男的晚上去浇地，叫女孩去就不放心，现在不用看着了，一刷卡就能自动浇地。

小麦、棉花、玉米这些都是联合收割，只需要打个电话通知一声叫人来收就行了，三五天就能完成。玉米秸秆现在也不用砍，养牛户自己来（收）了，剥玉米也有专门的机子。现在每家基本上都雇专门的人来收，机械化作业。（专门收割的人）本村有，不够用时外村的也会过来。秋收的时候还与河南省联合收割，因为两地的收割时间不一样，可以互相帮忙、异地作业。

过去最需要男劳动力的，还有一个就是猪圈里积粪，这个女的干不了。现在家家都用沼气，政府还给补助 500～800 元。现在在生产劳动中，男女没有什么差别了。

可见，生产工具和生产技术的迅速发展使男性劳动力的优势逐渐丧失，农业生产对劳动力性别的要求不再像以前那样严格。家庭对生育男孩作为农业劳动力的需求也因此弱化了。

其次，随着农村劳动力逐步向非农产业转移，非农收入逐渐成为一些农村家庭收入的主要来源。近些年来，农村的产业结构和农村家庭的收入结构也发生了很大的变化。在许多经济发达的农村地区，本地第二、三产业产值比例不断提高，有的甚至第二、三产业成为地区主要产业，许多农民已经脱离农业生产劳动。在许多经济欠发达的农村地区，出现大量劳动力离开农村去城市的第二、三产业工作的情况。所以从家庭层面观察，许多农村家庭的收入主要来源已经不是务农收入，定性调查的结果也印证了这一现象。比如我们在浙江嵊州调查时就了解到，当地产业结构以轻工业为主，包括服装、领带、电机、家具等，当地大部分农民都在镇上的工厂上班，打工收入已经成为他们家庭主要的经济来源。相比于第一产业，第二、三产业对劳动力性别的要求比较宽松，男女差别不大。所以在这种背景下，对于许多农村家庭来说，男孩女孩获得经济收入的能力差异并没有像从事农业劳动时差别那样明显了，有的地方甚至出现女孩更容易找到工作、取得收入的情况。在现代经济部门中，男女取得收入能力的差异与在传统农业经济部门相比已经有所下降，这在一定程度上削弱了对男孩的偏好。回归结果表明，家庭主要收入来源为非农收入的妇女产生"男孩偏好"的发生比要比家庭主要收入来源为农业收入的妇女低 13% 左右。总之，农村产业结构和农民收入结构发生了改变，非农产业和非农收入比例不断升高。这使农村家庭中男女获得收入能力的差异逐渐缩小，人们对男孩的偏好随着男孩经济优势的丧失而逐渐下降。

第三，人口流动性的增加以及养老功能的承担者从家庭向社会的转移也使人们对子女养老的预期下降，养儿防老的观念逐渐淡化。"养儿防老"是中国社会延续已久的传统思想，也是造成"男孩偏好"的重要原因。而且在目前的现实生活中，特别是广大的农村地区，大家还是比较认同应该由儿子承担赡养父母的主要责任。但是，许多方面的变化让人们对儿子养老功能的预期逐渐走低：社会保障制度的完善和个人风险意识的增强使父母对儿子的养老需求降低；人口流动性的增加和家庭居住方式的改变使"养儿防老"的模式日渐式微；耳濡目染身边许多"儿子不孝，女儿孝顺"的案例使人们对儿子养老的期望大大下降。在这些变化的共同作用下，人们对生男孩来养老的需求逐渐降低。从多元 Logistic 回归的结果来看，经济上希望依靠自己养老的妇女存在"男孩偏好"的发生比比希望依靠儿女养老的妇女低 25% 左右。

（1）近些年来，中国的平均家庭规模不断缩小，子女成家后与父母分开居住的比例越来越高，空巢家庭日益增多；城市化的发展过程中，农村劳动力的转移不可避免，年轻农村人口流动到城市工作、生活，与父母长期分开的情况与日俱增。在这样的背景下，无论是儿子还是女儿，都越来越不可能留在父母身边照顾日常起居。所以，"养儿防老"成为一个越来越遥远的梦想。而且人们也逐渐感受到了这种发展趋势，所以对儿子将来养老的预期自然也就下降了。

（2）随着以农村养老保险、新型农村合作医疗等政策为主要内容的农村社会保障体系的建立和逐步发展，加之人均收入水平和人们风险意识的增强，很多农民不再将儿子赡养作为首选的养老方式，而是转为依靠社会保障和个人积蓄。在个案访谈中，湖北大冶 J 镇一位已经参加了社会保险和新农合的农村妇女表述了她选择社会保障作为主要养老途径的原因：

> 我的儿子很优秀……但是儿子长大了去外地，在当地找了媳妇，我们也没办法，只希望他们过得好。养老还是要靠自己，靠他是靠不住的。所以给自己买了保险。要改变目前（重男轻女）的观念，主要是（完善）养老保险，把养老的后顾之忧解决了，儿女都不用靠，自然生男生女无所谓了。

（3）因为传统观念认为养老的主要责任在儿子，所以原来人们对儿子养老的预期很高，一旦儿子没有承担好这个责任，人们就很容易产生"儿子不孝顺"的看法。相反，由于人们对女儿的养老预期本就很低，一旦女儿稍微做出一点孝敬父母的行为，就会得到父母及亲朋好友的赞扬并广为流传。再加上一般女孩在照顾父母方面本就比男孩更细心、贴心，久而久之，各个地方多多少少都会形成一定程度的诸如"儿子不孝顺，反倒不如女儿靠得住"的舆论，这对降低儿子养老预期、改变"男孩偏好"也起了一定的作用。在访谈过程中，我们听到了民间许多表达"女孩在养老方面更靠得住"含义的说法。例如"生男孩住养老院，生女孩住洋房花园"、"生男孩是名气，生女孩是福气"等等。

最后，家庭规模小型化的发展趋势和父母、子女分开居住模式的普遍化使以往那种"女方嫁进男方家庭，成为男方家庭中一员"的观念逐渐失去支持的现实基础，人们看到更多的是"男女双方一起平等地组建一个新的家庭"。不与公婆居住在一起从一定程度上把妇女从"属于男方家的人"的身份约束中解放出来，可以自由地照顾双方父母（杨凡，2010）。回归分析的结果表明不与公婆或父母合住的妇女和与公婆或父母合住的妇女相比，"男孩偏好"的发生比下降了10%左右。

近年来，农村的住房条件和交通条件发生了很大的变化。许多农村家庭的子女成年后会拥有自己独立的住所，既不与男方父母同住，也不与女方父母同住，而交通条件的改善使子女们又能够很快地回到父母身边。所以，许多地方的农村形成一种类似城市的生活方式，即子女成家后单独居住，定期回去探望两边的老人。这样一来，"谁嫁到谁家"的概念日渐模糊，男女双方的父母都能得到相同程度的照顾，对男孩的偏好就进一步弱化了。

在访谈中，许多父母都提到会在自家的宅基地以外重新购买土地，为成年的子女单独建造房屋，而自己不再与子女们合住。所以，以往那种"女方嫁进男方家庭，成为男方家庭中一员"的观念逐渐被"男女双方一起平等地组建一个新的家庭"的新观念所替代。

但是，不住在一起并没有影响到子女对父母的照顾。相反，不与公婆居住在一起从一定程度上把妇女从"属于男方家的人"的身份约束中解放出来，可以自由地照顾双方父母。方便的交通大大缩短了双方父母与子女的距离，使兼顾男女双方的父母可行性进一步增强。在文安X镇计生干部的访谈中，一位计生专干谈了他对人们性别选择行为改变原因的看法：

> 女的嫁出去一样管父母，一般嫁得都不太远，交通很方便，一个电话十几分钟就回来了。很多女的结了婚不出村，娘家婆家两边都留房，两边都能住。婆家也愿意，因为有车有道路，城乡同化了。文安最近在

搞新民居集中建设，以后就住得更近了。

可以看出，居住条件和交通条件的改善，把妇女从"嫁进男方家"的桎梏中解放出来，能够自由、平等地照顾双方父母。男女双方父母都能得到相同程度的照顾，为人们"生男生女都一样"观念的固化提供了现实基础。

通过韩国和中国的案例可以发现，随着这些国家现代化过程的继续推进，农业文明解体过程会彻底完成，支持"男孩偏好"的因素也会逐渐消失，出生性别比也会逐步恢复到正常的状态。如果国家能在此过程中采取保障女性权益、提高女性地位和打击性别选择行为等方面的措施，这个过程将更为顺利和迅速。

总之，在以中国为代表的部分亚洲国家，看似特有的出生性别比偏高现象其实反映了人口转变过程的一般规律。时代和国情的特殊性共同决定了它的产生。时代特征体现在性别鉴定技术的可得性上，国情特征体现在其现代化进程的特殊性上，而并不是这些地区文化传统的强大和生育率下降速度的迅速。因为这些都只是表面现象，它所反映的实质还是这些国家现代化进程的特殊性。与西方发达国家工业文明对农业文明实现完全替代的现代化过程不同，以中国为代表的这些国家在现代化进程中，农业文明缓慢解体和迅速工业化过程是同步进行的，所以在一定时期内导致生育率快速下降和保持"男孩偏好"继续存在的因素在这些国家的现代化过程中同时得到支持，由此引发了出生性别比偏高的现象。滞后、复杂、交织的现代化进程为中国人口转变带来了欧美发达国家不曾经历的新问题。

第三节 统筹解决人口问题，促进人口长期均衡发展

一、从单一人口控制转变为统筹解决人口问题

进入新的世纪以后，发展模式从追求速度和规模向追求质量的转变、生

育率长期稳定保持在较低水平以及人口转变所带来的一些比西方国家更为复杂的人口问题使得中国人口转变道路的发展方向慢慢发生改变。人们考虑的不再只是人口增长的速度、人口规模的变化问题，而是开始考虑人口转变的质量问题，包括人口的素质是否提高、结构是否平衡、分布是否合理、与自然环境的关系是否和谐等一系列问题。除了对国家整体发展带来的影响之外，人口变动和人口政策对数以亿计的家庭和个人所带来的影响也逐渐成为重要议题。人们不仅关注人口变化对经济发展的效应，更关注人口变化对社会、文化、资源环境的综合效应。

　　无论是在思想理念方面，还是在具体的人口政策方面，以人为本、以人的发展统筹解决人口问题的道路在逐渐成形。其实，这种发展趋势早在20世纪90年代就已初步显现。当时，世界范围内的人口领域也发生着深刻变化，并对中国的人口转变道路产生了巨大的影响。1994年，联合国召开的开罗国际人口与发展大会上提出了以人为本、促进公民生殖健康等口号。它们打开了中国人口工作者的眼界，明确了中国实行计划生育工作的最终目的，拓展了计划生育工作的服务内容，为中国计划生育工作的转型提供了思路。1987年在联合国世界环境与发展委员会的报告《我们共同的未来》中所提出的可持续发展概念已经被世界各国广泛接受，并在1992年联合国环境与发展大会上取得共识。受此影响，中国也于1994年出台了《中国21世纪议程——中国21世纪人口、环境和发展白皮书》。从此，人口与发展这两个概念紧密地联系在了一起，人们开始从可持续发展的高度重新认识人口问题，它不仅只是和经济的发展有密切的关系，而是也与资源和环境的开发及保护密切相关。

　　从1997年开始，每年的中央计划生育工作座谈会改为中央计划生育和环境保护工作座谈会，1999年又改为中央人口资源环境工作座谈会，一直延续至今。这些会议确定的人口发展目标也在发生着改变，"稳定低生育水平"取代了"控制人口过快增长"，同时，处理好人口素质、出生性别比、人口老龄化、劳动就业以及人口流动与迁移问题也成为人口工作的重要目标。2004年3月，由胡锦涛总书记在中央人口资源环境工作座谈会上提出的"坚持以人为本，全面、协调、可持续的发展观"更是为新时期中国人口工作的终极目的、具体目标和实现手段指明了方向，为中国人口转变道路从单一控制人口增长向统筹解决人口问题的飞跃提供了理论基础。在这种指导思想的影响下，中共中央、国务院于 2006 年发布了《关于全面加强人口和计划生育工作统筹解决人口问题的决定》，提出了稳定低生育水平、提高人口素质、改善人口结构、引导人口合理分布、保障人口安全和促进人口与社会、经济、资源环境协调发展等发展目标（国家人口和计划生育委员会，2007）。它标志着中国特色统筹解决人口问题道路的确立，也标志着中国人口转变道路第三次飞跃的实现。此后，作为对中国人口未来发展方向的高度概括，促进人口长期均衡发展的概念被提出来，它是指一种人口的发展与经济社会发展水平相协调、与资源环境承载能力相适应，并且人口总量适度、人口素质全面提升、人口结构优化、人口分布合理及人口系统内部各个要素之间协调平衡的发展状态（翟振武、杨凡，2010）。如今的中国人民，在建设"人口均衡型、资源保护型和环境友好型"社会的道路上昂首阔步，迈开了自信的步伐。

二、对中国人口转变未来的展望

人口转变完成以后，未来的中国人口又将展现出一张什么样的发展新图景呢？要准确回答这个问题是十分困难的。因为人口的发展过程受到社会、经济、文化、制度等多种因素的影响和制约，而未来这些因素都存在着巨大的不确定性。比如，伴随着社会经济发展水平的提高，人口的生育水平是否会一直下降？对这个问题的回答仍然是一个未知数，目前从大多数国家的经验来看确实是这样的，但是在一部分业已完成人口转变、拥有较高社会经济发展水平的国家当中，生育率逐步回升的趋势已经开始显现（Mikko Myrsky-la，Hans-Peter Kohlerl，Francesco C. Billari，2009）。又如，在中国这样一个深受人口政策影响的国家，未来实行什么样的人口政策也将直接改变中国人口的发展轨迹。而且，世界上最早经历人口转变的地区，其人口转变的历史也仅仅只有两百多年的时间，目前完成人口转变的国家并不多，即使在已经完成人口转变的国家中，死亡率和生育率水平也存在着巨大的差异，所以很难从中发现人口转变完成后所表现出的明确趋势性规律。

但是，我们仍然可以通过一些合理的假设对未来中国人口的发展趋势做出一个大致的方向性判断。我们利用 Spectrum 软件进行了 2010—2050 年的人口预测。基本参数设置如下：第一，起始年份的分性别年龄结构来自第六次全国人口普查的分性别年龄数据。第二，历年的分性别平均预期寿命以国家统计局公布的 2000 年全国分性别预期寿命为基础，按照联合国在世界各国人口预测中对平均预期寿命变化经验假设的中方案，计算得到全国 2010—2050 年的分性别预期寿命。2010 年，男性为 71.71 岁，女性为 75.61 岁；2050 年男性为 77.65 岁，女性为 82.05 岁。第三，考虑到现代化进程的逐步完成和政策干预等多种因素的共同作用，借鉴韩国出生性别比的变化趋势，假定未来我国出生性别比将会逐渐归于正常水平。在 2010 年，假设我国的出生性别比为 115，随后逐年下降，在 2030 年降至 107，此后保持不变。第四，对于最为关键的生育率数据本书设置了高、中、低三套方案。

第一套低方案建立在维持现行政策体系不变的条件下给出的假定，假设人口的总和生育率 2010—2050 年一直维持 1.5 不变。国家统计局经过对"六普"数据进行评估和矫正，认为中国 2010 年的总和生育率为 1.5 左右。近些年来，关于生育水平与生育政策调整的研究是学者关注的重点与焦点，不同学者利用不同来源的数据，对我国生育水平进行估算，多数研究结果认为我国的实际生育水平在 1.5～1.7 之间，这里取其最低值并一直保持不变作为生育水平的下限。而且，分析之所以将总和生育率设为保持 1.5 的水平不变，是参考了世界一些较早完成人口转变国家目前的生育水平。2009 年，欧洲总和生育率的平均水平为 1.5，北欧为 1.9，西欧为 1.6；东亚总和生育率的平均水平为 1.6，日本为 1.4，新加坡为 1.3，韩国为 1.2（美国人口咨询局，2010）。考虑到中国目前的城市化水平还远远低于日本、新加坡和韩国等国（2010 年中国的城市化率为 50％，日本、新加坡和韩国的城市化率为 86％、100％和 82％）（美国人口咨询局，2010），而且以后即使按 2000—2010 年中国城市化率的平均增长速度（平均每年增长 1 个百分点）继续发展，2050 年中国的城市化率仍达不到新加坡等国目前的水平，所以本书认为将中国直到2050 年前的总和生育率最低水平设定为略高于这些国家的水平（1.5 左右）是合理的。

第二套中方案设定 2010 年全国总和生育率为 1.63，考虑到未来社会经济发展的影响以及人们生育意愿与行为的不断改变，假定生育水平将处于不断

下降的过程中，从 2010 年的 1.63 按照逻辑斯蒂曲线逐步下降至 2030 年的
1.56，再逐步下降到 2050 年的 1.5 左右。2010 年的起始生育水平 1.63 是通
过其他来源的数据对 2010 年普查数据进行调整得到的。

如果将不同来源的数据中出生同批人的数据放在一起对比，很容易发现
普查数据确实存在着漏报的问题。对 2000 年普查 0～4 岁五个年龄组的人口
数量、2010 年普查 10～14 岁五个年龄组的人口数量、2012 年公安数据 12～
16 岁五个年龄组的人口数量和历年教育数据中 7～10 岁四个年龄组的数据进
行了如下处理：(1) 人口数量统一为普查的标准时点 11 月 1 日；(2) 将各套
数据中各个年龄组人口数量利用存活率进行回推；(3) 教育数据每个出生队
列会对应 4 个推算值（分别根据每个队列在 7 岁、8 岁、9 岁、10 岁时的统计
值推出），取这 4 个推算值的平均值。经过以上处理以后，将每个出生队列的
根据不同数据来源计算得出的出生人数进行比较，结果如表 6—5 所示。可以
发现，无论是哪一个出生队列，相同的出生队列根据 2000 年普查数据得到的
总人数总是要低于根据 2010 年普查数据得到的总人数。造成这种现象的原因
可能是 2000 年 0～4 岁五个年龄组的漏报，也可能是 2010 年 10～14 岁五个年
龄组的多报。但是，综合教育数据和公安数据所显示的相同出生队列的人数
来看，它们也均比 2000 年普查数据的值要高，甚至比 2010 年普查数据的值
都要高。所以，2000 年 0～4 岁五个年龄组漏报的可能性非常大。

表 6—5　根据 2000 年普查、2010 年普查、2012 公安和历年教育数据推算的
历年出生人口数量（1996—2000 年）　　　　单位：万人

出生年份	2000 年普查	2010 年普查	2012 公安	历年教育
1996	1 575	1 654	1 751	1 816
1997	1 493	1 583	1 660	1 760
1998	1 445	1 601	1 598	1 724
1999	1 182	1 448	1 529	1 661
2000	1 413	1 501	1 528	1 693

造成"五普"低年龄组漏报的原因主要有两个方面：一是孩子数量与政
府部门政绩和普通百姓利益挂钩，增强了人们瞒报、漏报孩子数量的主观动
机；二是人口流动性的增强，给准确登记低年龄人口带来了一定的难度。而
这 10 年以来，这两方面的原因都没有出现任何缓解的迹象。所以，2010 年第
六次人口普查的低年龄组也很可能出现同样的问题。

许多已有研究都表明，由于 2010 年普查采取了"两头登记，事后匹配"的办法，所以也出现了青年人口的重报问题（崔红艳、徐岚、李睿，2013；翟振武、张浣珺，2013）。利用普查和公安数据进行比对的结果同样印证了这一观点。例如，1990 年普查得到 0～4 岁的女孩有 5 539 万，2000 年普查时 10～14 岁的女孩总数增长到了 6 005 万，到 2010 年时 20～24 岁组又进一步增长到了 6 340 万。这固然体现了普查时低龄组漏报的问题，但是如此巨大的差异全是由于漏报所导致的吗？为了回答这个问题，我们比较了公安数据中相应年龄组的人数，2011 年和 2012 年公安数据的统计结果都在 6 100 万左右。所以，青年育龄妇女很有可能存在着重登、多登的现象。

那么，普查数据存在的这些问题又会给生育水平估计带来什么样的影响呢？总和生育率是最为常见的衡量生育水平的人口学指标，计算总和生育率需要用到育龄妇女的分年龄人数和分年龄生育孩子数。在育龄妇女分年龄生育孩子数无法直接得到时，可以根据出生人数和育龄妇女生育的分布模式计算。如果利用 2010 年普查数据推算 2000 年以来的生育水平，首先要利用低年龄组的人数去推算 2000—2010 年的出生人口，然后也要用 2010 年的分年龄育龄妇女人数去推算 2000—2009 年的分年龄育龄妇女人数。如果出生人口出现漏报的情况，对总和生育率影响较大的青年育龄妇女出现重报的情况，那最后计算出的总和生育率必然是低估的。所以在利用普查数据对生育水平进行估计时，不仅要对出生人口的数量进行调整，也要对育龄妇女的数量进行调整。

所以，为了对 2010 年的"六普"数据进行调整，我们利用了独立于人口普查系统之外的其他数据进行推算。教育数据是教育部每年对在校小学生数量的统计。已有的一些研究对我国教育数据的真实可靠性进行了详细的论证，认为教育统计数据的收集过程严密，数据的报告者和收集者也没有修改、调整数据的动机（翟振武、陈卫，2007）。但是，也有另外的一些研究对教育数据的质量进行了质疑，主要集中在年龄组的选取、入学率的设定和利益相关者的虚报等问题上（蔡泳，2009；郭志刚，2010）。所以本研究为了规避这些问题而进行了相应的处理。首先，本研究并没有选取教育数据的入学人数或者人数最多的 9 岁、10 岁组数据，而是采用了相同出生队列在不同年份 4 次统计值的平均值，避免了由于选取某个固定年龄数据而带来的系统性偏差。

其次，本研究假设小学生的入学率为100％。因为有的研究者将利用教育统计得到生育水平的原因归为入学率设置太低，而且不同学者对入学率的设置存在着一定的争议。所以本研究将入学率这个假设放宽到最大限度100％，使研究问题简单化和集中化，在不考虑入学率影响的条件下估计生育水平。但是必须牢记的是，在这种假设条件下推算出的结果，始终是对生育水平的一种较低的估计。第三，针对"两免一补"政策的实施，我们通过在北京的几所小学进行的实地调研发现，"两免一补"的政策对教育数据质量的影响并没有人们所想象的那样巨大。由于学校的财政经费并没有直接与学生人数挂钩，学校仍然是按照教师人数来获得财政经费，补助是直接进入学生的银行账户，并不通过学校代转，学校和学生间并不涉及资金往来，所以学校依然没有多报学生的动机，或者说，即使学校想获得更多的财政经费，也不太可能选择虚报学生的方式来完成，因为存在着很大的操作难度和风险。从数据本身来看，教育数据中相同的出生队列无论被统计多少次、在什么时候统计，该队列在不同时点的统计值都是非常接近的。这说明了教育统计的成熟性和稳定性，也从另一个角度证明了教育数据质量较高的观点。但是，教育数据的时效性并不强，可利用的年龄段较少。它所反映的是6～10年前出生人口的信息，利用目前最新的教育数据也只能推算出2003—2004年左右的生育水平，这也是教育数据的一大局限性所在。所以，对于生育水平的研究来说，我们认为教育数据仍然不失为一种可用的数据来源，所要解决的问题是如何充分利用6～10年前的信息来辅助估计近些年来的生育水平。公安数据是指公安部公民身份信息系统中的数据。户籍登记是日常性工作，户籍统计每年年底上报，由各乡镇派出所上报到县公安局户政科，然后再逐级上报，有纸质和电子报表同时上报。对于户籍统计的结果，管理部门不存在任何影响和干扰其准确性的因素，影响的因素主要来自户口对老百姓的效用。《户口登记条例》要求婴儿出生一个月内进行户口登记，但实际上一些人在小孩需要户口时才来登记户口，比如小孩上学、办理身份证等，因此学龄儿童的户籍统计是比较完整、准确的，而对年满16周岁的已经拥有身份证的成年人户籍统计就基本能做到全覆盖了。因此户籍统计中6岁以上人口（不包括老年人数据）数据可靠性比较高，16岁以上人口（不包括老年人数据）数据质量更高，但6岁以下人口的数据年龄越低，数据覆盖越不完整。0～6岁人口的数据只是有一定的参考价值，但需要经过调整和校正后才能应用到分析中。通过对数据本身的评估，也发现公安数据的低年龄组确实存在着漏报的问题，但是对成年人的登记还是比较准确的。

本研究将 2012 年公安数据中所体现出的发展趋势和历年教育数据中所体现出的出生人口数量水平相结合，利用最小二乘回归的方法对公安数据和教育数据所推算出的出生人口数量之间的关系进行线性拟合，并根据回归公式进行外推，对 2000—2010 年的出生人口数进行估算。由于普查数据的青年组存在着重报现象，所以本研究用公安数据来计算育龄妇女人数，通过 2012 年公安数据的分性别、年龄人数回推得到 2000—2010 年的育龄妇女人数，然后根据育龄妇女的生育分布模式计算得到 2010 年总和生育率水平为 1.63 左右，作为中方案中的起始生育水平。

第三套高方案考虑了生育政策调整的影响，总和生育率直接引用了中国人民大学人口与发展研究中心相关研究的成果。该研究使用队列（横向）与时期（纵向）相结合的预测方法对未来生育水平进行预测。考虑政策调整后各个队列生育率的变化，得到每个队列未来各个年份的生育水平，然后再将某年各队列的生育率加总得到该年份的总和生育率，其他各年份的总和生育率都采取同样的方法获得。本书采取了该研究成果中较高的一套方案作为本研究总和生育率水平的较高估计。在该方法中，总和生育率在 2010 年起始水平设定为 1.7，假设从 2013 年开始实行夫妻一方是独生子女的即可生育二胎的政策调整，考虑到我国妇女实际生育二胎的时间分布和对放开单独以后二胎生育的拥挤效应，研究假定单独放开后，符合政策条件的妇女从次年开始生育，并在未来 10 年完成二胎生育，同时也将城市和农村单独家庭的生育二胎比例放宽到 0.7、0.95 进行预测。该方案表明 2010 年初始生育水平为 1.7，2013—2025 年总和生育率都在 1.8 以上的水平，在 2021 年达到峰值 1.857，然后开始下降，到 2027 年，降到 1.745，之后 20 年左右上升到 1.77 的水平，本书直接引用其研究结果作为对中国未来生育水平的较高估计。

必须要说明的是，几十年以后生育率会在什么水平上停止下降，甚至是否会出现持续下降还是会有所回升都是难以预见的。而生育率是进行人口预测的关键性参数，所以本书列出的预测结果仅仅是建立在对生育率做出不同假定条件下的、对未来人口发展状况的可能性描述。

从预测结果（见图 6—9）可以看出，无论是高方案、中方案还是低方案，中国人口总规模的发展趋势还是非常一致和明显的。在 21 世纪 20 年代至 30 年代达到峰值后，就会开始发生历史性的下降，各方案所不同的只是绝对水平的区别。低方案的峰值为 2023 年的 13.78 亿，到 2050 年下降为 12.19 亿；中方案的峰值为 2024 年的 13.93 亿，到 2050 年下降为 12.53 亿；高方案的峰值为 2026 年的 14.22 亿，到 2050 年下降为 13.40 亿。当然，未来人口规模下

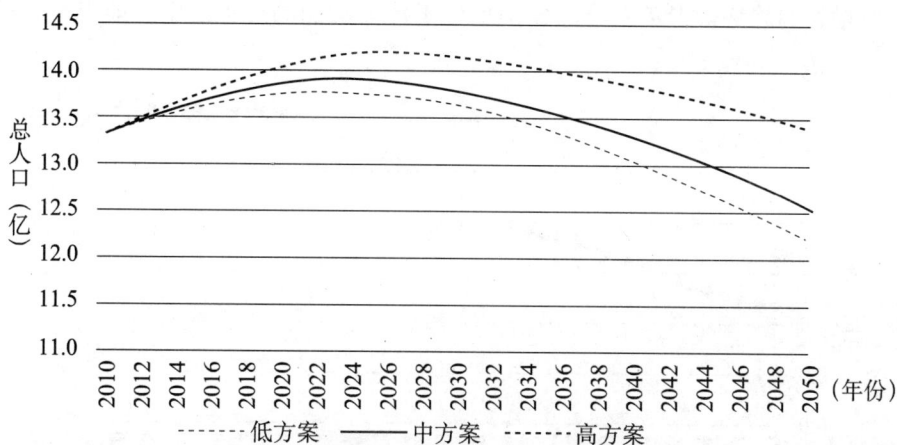

图 6—9　预测的总人口数量（2010—2050 年）

降的速度取决于未来生育率的真实水平，但是由于总和生育率已经在低于更替水平的位置上持续了一段时间，而且未来它重新恢复到更替水平以上的可能性并不大，所以这种人口规模的下降趋势是可以预见到的。

由于三套方案所预测的老年人口规模十分接近，所以本书只列出了中方案预测结果（见图 6—10）。老年人口的规模则会在经历一段时期的增长后逐步稳定，这种增长继而稳定的趋势也是可以预见到的。增长的前半期发生在 2010—2035 年之间。在此期间，1950—1975 年间两次出生高峰形成的、庞大规模的出生人口陆续进入老年人口的队伍，这使每年老年人口的净增数量形成了一个高峰，所以老年人口的总规模增加得特别快。在增长过程的后半期，老年人口的增长速度放慢。这是由于 1975 年以后出生高峰的规模再也没有达到过类似六七十年代出生高峰的水平，相应地 2035 年以后每年新进入老年人口的规模也会比 2035 年之前有所减少，再加上在 20 世纪五六十年代出生的庞大人口又陆续进入死亡的阶段，所以每年老年人的净增人数就有所减少，

老年人口的增长速度也就放缓了。可以预见到的是，在 2050 年以后，此时每年新加入老年人口的人都是在 1990 年以后出生的，由 1990 年以来出生人口所呈现出的逐步下降的趋势可以大致推算出 2050 年后每年新加入老年人口的人数也将呈现出逐年下降的趋势。而此时，20 世纪六七十年代出生的大批人口正处于陆续死亡的阶段。如此，每年新增的老年人数无法弥补死亡的老年人数，老年人口的数量就开始发生逐步的下降。随着老年人口的规模呈现出持续增长的趋势，老年人口的比例也处于持续增加的过程之中，前半个时期

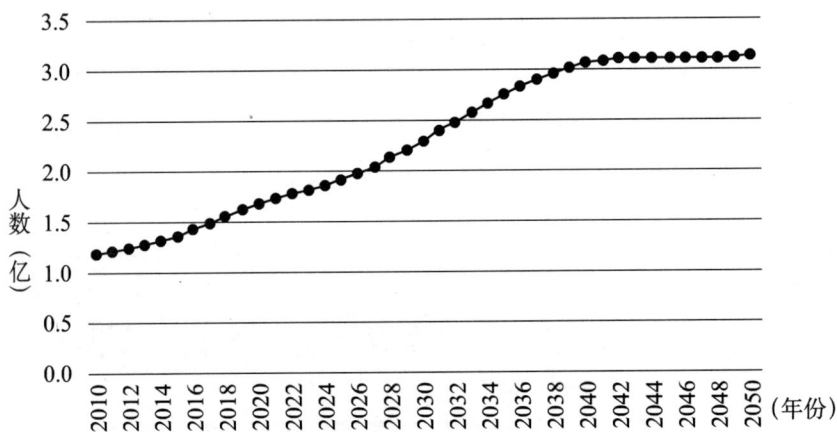

图 6—10 中方案预测的 65 岁及以上老年人口数量（2010—2050 年）

增长速度较快，后半个时期增长速度放缓（见图 6—11）。

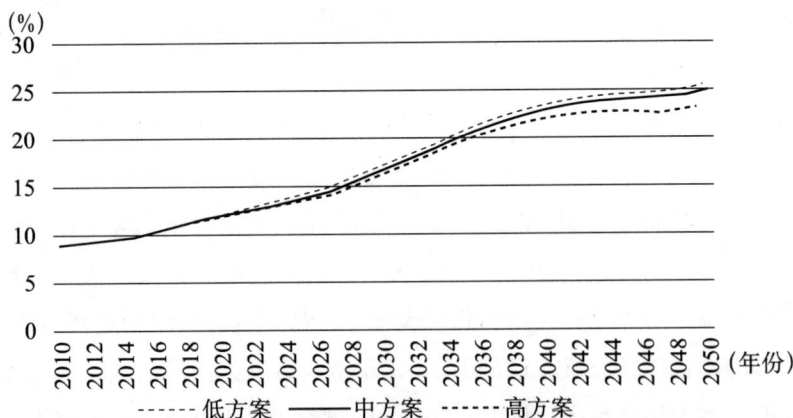

图 6—11 预测的中国 65 岁及以上老年人口比例变化趋势（2010—2050 年）

从对中国未来的人口发展趋势的展望中可以看出，当中国人口转变的

历史性阶段完成之后，数量问题已经在人们的掌控之中，更为突出的是结构问题。届时，中国人口增长将逐渐停止，并历史性地开始下降，但是它仍将面临一段较为艰难的老龄化过程，无论老年人的数量还是老年人的比例都将经历一个快速增长的时期。当这段时期过去以后，中国的人口将迎来一个历史新时期，无论是人口的数量和结构都将变得比较稳定。而此时的稳定与人类发展初期的稳定已经有了巨大的实质性差异。人口的发展从无序转变成为有序，对人类自身生死事件的态度从被动适应转变成为主动调节控制。从这种意义上来看，人口转变使得中国的人口发展迈向了一个新的时代。

从未来中国人口转变的形势来看，对人口调控政策而言，对人口数量进行控制和调节的时代逐渐走向完结，取而代之是以结构调整为主要内容的新时代。在中国人口转变的初期，人口的数量问题是主要矛盾，必须优先予以解决。然而，对这个问题快速、有效的处理过程却导致了人口的结构问题的尖锐化。所以，未来在人口数量问题日趋缓解的背景下，就必须对结构性的问题予以考虑和进行弥补。它意味着中国的人口转变道路不能一味追求低生育水平，而是要兼顾各个方面，使人口的规模和构成都要与社会经济发展相适应。因此，人口政策特别是对生育水平的控制政策也要根据未来人口转变的趋势做出相应的回应，通过前瞻性的规划进行适时、适度的调整，使中国人口转变的过程尽可能地平稳、圆满和顺利。

三、高瞻远瞩：从解决问题走向未雨绸缪

社会经济发展主题的改变，新的人口问题的出现和未来人口形势的变化都对中国人口转变道路提出了更高的要求。从建国以来，解决人口问题成为我国社会经济发展过程中的一个关键词，中国的人口转变道路也在应对和处理各种人口问题的过程中逐步成形和发展。而新的形势要求人们今后在解决各种人口问题方面要变得更为主动、灵活和有预见性。

在 20 世纪五六十年代，人们对接踵而至的各种人口问题基本采取"兵来将挡、水来土掩"的被动处理方式，对中国人口的发展规律并没有形成清晰的认识，对应对人口问题的政策也缺乏系统、成熟的考虑。在经历了数次人

口危机的历练以后，随着对中国人口发展理论认识的深化和处理人口问题实践的增加，我国形成了一条主动干预人口发展过程、控制人口过快增长的人口转变道路。可以说，过高死亡率和过高生育率的问题使中国不得不急于探索出这样一条道路。

在社会经济发展水平还很低的 20 世纪 70 年代，这条道路的作用发挥到了极致，生育率迅速下降到了很低的水平，为经济社会的进一步发展提供了良好的人口环境。也正是在此时，生育率进一步下降的空间已经很小，缺乏相应的社会经济发展基础的支持使中国的人口转变道路遭遇重大挫折。但是，此时人们对中国人口转变道路的认识程度已远远超越了 50 年代，他们依然坚持原有的发展方向，主动、适时地对政策目标进行了调整，以退为进，等待社会经济的发展来推动人口转变的继续进行，并积极寻找人口转变与经济发展的结合点，促成了人口转变道路的第二次飞跃。在这个过程中，虽然主要还是在继续解决如何有效地实现人口生育率持续下降的问题，但是我国对处理人口问题的熟练性和灵活性已经充分体现了出来。

20 世纪 90 年代以后，社会经济的发展使生育率一直保持在较低水平，我国又做出了稳定低生育水平的决定，既认清了人口问题将是社会主义初级阶段必须长期面对的问题，没有盲目乐观、放弃人口调控政策，又不是一味追求越低越好的生育率，而是要维持在一个稳定的水平。这种精准的判断说明我国对人口情况的把握程度和对人口政策的运用已经相当成熟。

迈入 21 世纪以后，中国又一次站在了历史的重要转折点上。一方面，几十年来的努力使中国创造了经济快速增长和人口有效控制的两大奇迹，人口过快增长的势头得以控制，人口对资源环境的压力得以缓解；另一方面，许多复杂的新旧人口问题依然存在，人口多、底子薄、人均资源相对不足的基本国情仍未改变，经济社会发展不发达、不平衡的背景下，人口素质、结构和分布等问题又凸显出来。此时的中国人口政策将何去何从，已经成为世界瞩目的焦点，人们对这场世界第一人口大国社会实验的动向充满了期待。依然没有任何现成答案，但是几十年来对人口转变道路的探索和所取得的初步成功使中国继续探索的步伐更为坚实、更为自信、更具前瞻性。

为了对未来的人口形势做出科学的判断，我国开展了国家人口发展的战略研究，并据此编制了人口发展"十一五"和2020年规划，为宏观经济社会政策的制定提供了基础性和战略性的指导。在2011年发布的《中华人民共和国国民经济和社会发展第十二个五年规划纲要》中，我国提出了在坚持计划生育基本国策的前提下，要逐步完善生育政策。2013年11月，十八届三中全会通过的《中共中央关于全面深化改革若干重大问题的决定》中又提出"坚持计划生育的基本国策，启动实施一方是独生子女的夫妇可生育两个孩子的政策"。全国上下对生育政策调整的研究、讨论和实践正在热火朝天地展开。人们已经开始积极地对未来人口的发展趋势进行预测，对未来可能出现的问题及其作用后果和影响程度进行评估，并根据可能的后果进行政策的模拟，以便及时调整、提早防范。这说明中国的人口转变道路又向前迈进了一大步，它不再是疲于应对各种接踵而至人口问题下的无奈选择，而是科学规划、周全考虑和主动防范下的未雨绸缪。

第四节　小结

进入21世纪以后，我国综合国力迅速增强，人民生活水平也实现了历史性的跨越。在新的发展模式的影响下，我国对经济发展的追求实现了从量到质、从单一向综合全面的转变。而当中国完成人口转变过程以后，却因为人口转变过程衍生出一系列人口问题，这些问题之中有的是较早完成人口转变的国家所经历过的普遍问题，有的是属于中国特有的问题，但特殊的时代背景和国情特征使这些问题在中国变得尤为尖锐和纷繁复杂。在这样两方面因素的作用之下，中国人口转变道路的发展方向再次发生改变，从单一以控制人口增长为目标转变为统筹解决各种各样的人口问题，实现了第三次历史性的飞跃。未来，中国的人口规模问题将逐渐退出历史的舞台，结构问题将成为新的焦点。当艰难的老龄化时期过去以后，中国将迎来一个规模和结构都比较稳定的历史新时期。发展主题的转变、新的人口问题的出现和对未来人口发展形势的展望，无一不为中国人口转变道路的发展方向提供了线索。此时，对中国人口道路的探索也已经日臻成熟，从被动应对到主动解决，从灵活调整到未雨绸缪，越来越彰显出中国人民对运用自己独有方式解决中国人口问题的智慧与自信。

第七章

人口转变的中国道路

第一节　人口转变中国道路的主要内容

中华人民共和国成立以来到今天 60 多年的时间里，中国已经完成了人口转变的过程。虽然中国的人口转变发生在全球人口转变的背景之下，许多欧美发达国家业已完成了这个过程，许多发展中国家也在经历着这个过程，但是时代和国情的特殊性赋予了中国人口转变许多新的特点，使中国的人口转变道路显得与众不同。也正因为如此，西方国家所经历的人口转变过程和在此基础上总结得出的人口转变理论并不完全适用于中国。这就需要对人口转变的中国道路进行概括和总结。那么人口转变的中国道路到底包含了哪些主要内容呢？

本章将从三个方面去研究人口转变中国道路的主要内容。首先，从发展线索角度去梳理人口转变中国道路的发展和探索历程。从上个世纪 40 年代开始延续至今，对中国人口转变道路的探索延续了 60 多年，其发展过程艰难曲折、纷繁复杂，所涉及的人和事件更是林林总总、千头万绪。这就需要总结这个发展过程中所体现出的关键性线索，透过现象看本质，使整个人口转变道路的发展和探索过程简洁化、明晰化。其次，从实践角度去总结中国人口转变道路的基本经验。中国的人口转变过程有着许多鲜明的特点，其中最为引人瞩目的就是"快速性"和"超前性"。这就意味着中国在相对落后的基础上却以更快的速度完成了西方国家曾经历的相同过程。这一"中国奇迹"是如何被创造出来的值得探究，所以也要对中国人口转变道路特有的模式进行分析，包括采取了何种方法、采取这些方法的原因、取得了哪些效果、做了哪些改进和获得了什么经验等各种内容。最后，从理论角度去探寻中国人口转变的发展规律。实践的特殊性决定了理论的创新性，传统的人口转变理论正是对西欧人口转变实践的概括。所以，也需要对中国独特的人口实践进行分析，深化对传统人口转变理论的认识，探索中国人口转变过程特有的发展规律及它们之间的关系，形成中国化的人口转变理论。

第二节 人口转变中国道路的基本历程

一、两条发展脉络

通过对世界人口转变过程的回顾，可以发现世界人口转变开始于18世纪的西欧和北欧地区，其在全球范围内的演进花费了两三百年的时间。在这期间，许多国家都先后经历了与欧洲相似的人口变动过程，但是它们所表现出的不同特点让人更为印象深刻。这些看似纷繁复杂、表现各异的人口转变过程，却有着两条十分清晰的发展脉络——现代化和本土化。现代化是指与当前时代发展的状况和特征相结合的发展趋势，而本土化是指同各自国家的情况相结合的发展趋势（"马克思主义中国化的历史进程和基本经验"课题组，2009）。

在中国人口转变的过程中也充分体现出了时代特征和具体国情的双重印记。经济全球化和科技革命已经成为这个时代的历史标签。由发达资本主义国家主导的全球化以经济为中心，逐渐向政治、文化和精神领域扩展。以信息产业为基础的科学技术正以前所未有的速度和规模向前推进，对人类的生产方式、生活内容和文化交流等各个方面产生了巨大的影响。这样的时代背景便利了西方先进技术和现代文化的传播，特别是给中国带来更快速的经济发展和更为先进的降低死亡率及生育率的技术，这使中国经历了比传统发达国家更快的人口转变过程。中国发生人口转变的时代，和平与发展是时代的主题，求和平、谋发展已经成为不可阻挡的潮流。也正是这个时代主题决定了中国的人口转变无法复制欧美的现成道路，无法通过人口向新大陆的迁移和殖民扩张来释放或转移由于人口快速增长形成的压力，而是要通过主动控制人口规模的方法从内部减小压力。中国人口多、底子薄、人均资源量少的现实国情决定了中国既不可能像欧美各国一样在实现现代化后再等待人口发生转变，又不可能像新兴的工业化国家（地区）那样采用倚重工业化战略来促进人口转变的发生，也不可能像其他发展中国家一样实行较为和缓的人口控制政策。巨大的人口规模与薄弱的经济基础之间的尖锐矛盾已经严重阻碍了中国经济发展和人民生活水平提高的步伐，中国没有可以等待的时间和可以斡旋的空间，所以最终选择了一条主动的、严格的控制生育的道路。

二、三种影响力量

现代化和本土化决定了人口转变的发展趋势，而真正影响到人口转变进程成败和缓急的是社会经济发展、制度和文化这三种作用力。社会经济发展、制度和文化这三种力量是影响中国人口转变道路进程的重要因素，它们三者贯穿于中国人口转变道路的三个发展阶段之中，始终都在中国人口转变的过程中发挥了巨大的作用。

与世界其他国家一样，社会经济的发展对死亡率和生育率下降的作用不言而喻。社会经济的快速发展使人们的生活质量和受教育水平大幅提高，身体素质和营养状况大为改善，医疗卫生技术飞快进步，传染病防治知识广泛传播，这些因素都导致了死亡率的迅速下降；而社会经济进步带来的就业岗位增加、人们受教育时间的延长、自身时间经济价值的提高、生活方式的变动以及家庭养老功能的弱化、传统家庭控制减弱和生育技术的进步则是促成生育率下降的重要因素。在中国，经济的发展形势更是左右了人们对人口问题的态度和判断。建国初期人口的过快增长影响到国家经济发展和人民生活水平的提高，使数千年来被视作繁荣象征的人口增长被当作人口问题；在"大跃进"期间，对社会主义经济形势的盲目乐观导致了对人口问题的盲目乐观；社会主义市场经济体制的建立，使人们对解决人口问题依靠力量的认识发生了改变；新世纪以来经济增长重点和方式的转变，也使人们对人口问题内涵的认识进一步拓展。

制度的影响力量在中国更是表现得尤为突出。从宏观层面上观察，社会主义制度的优越性和巨大的动员能力保证了建国初期死亡率的迅速下降，但社会主义的福利制度也是使生育率维持在高位的重要原因之一。此后，在严格的计划生育政策和计划经济体制对人们强大约束力的作用下，中国生育率在社会经济水平较为落后的条件下，依然实现了迅速的下降，创造了世界人口发展史上的奇迹。从微观层面上观察，制定规划、明确责任、建立网络和宣传教育等多种具体政策和措施在人口调控过程中发挥了巨大的作用。

在中国，文化的力量一样不容小觑，正是中国文化传统中强烈的爱国精神、对集体利益的尊重态度、"天下兴亡，匹夫有责"的担当意识和在逆境中奋发有为的坚韧意志，有力地保证了中国人口死亡率和生育率快速下降过程的实现。但也正是受到中国文化传统中安土重迁、养儿防老、传宗接代等农业社会传统观念的影响，导致了包括老龄化在内的一些世界人口转变中普遍遇到的问题在中国表现得更为尖锐和复杂，而包括出生性别比失衡在内的一些世界人口转变过程中不曾出现的问题也在中国爆发出来。

三、三次关键性转折

中国的人口转变过程经历了三次关键性的转折。第一次关键性转折发生在新中国成立初期，死亡率的迅速下降拉开了中国人口转变道路的序幕。在此之前，中国的人口一直处于随朝代兴亡更替而增减的历史轮回之中，呈现出一种大起大落而又缓慢的波浪式的增长过程。特别是1840年鸦片战争以来，中国人民一直处于水深火热的状态之中，患病率和死亡率都极高。新中国成立以后，中国积贫积弱的状态得以彻底改变，人民的生活水平也发生了翻天覆地的变化，特别是党和政府对人民群众身体健康工作的重视，使中国人口的死亡率开始大幅迅速下降，并且这种趋势长期得以保持。这标志着中国的人口转变全面启动，中国进入了现代人口发展的新时代。

第二次关键性转折发生在20世纪70年代，在强有力的计划生育政策的直接作用下，生育率发生了快速、持续的下降，人口的出生率从1968年的35.8‰持续下降到1978年的18.3‰，净增人口数量也一改20世纪60年代居高不下的状况，历史性地呈现出一种逐渐下降的趋势，从1968年的2 121万快速下降到了1978年的1 147万。继死亡率的快速下降以后，生育率的快速转变使中国的人口转变过程大大加快，标志着中国人口的再生产类型开始向现代类型转变。

第三次关键性转折发生在20世纪末，低生育水平的发展趋势得以稳定，这标志着中国人口转变道路取得了初步成功。经过 20 世纪 80 年代严格"一孩"政策的失败和此后生育水平的反弹，到 90 年代中国的人口转变道路终于等来了改革开放成果初现的有利时机，在社会经济发展和计划生育政策的双重力量的作用下，生育水平下降到更替水平以下并保持稳定。它意味着中国人口增长已经发生了方向性的变化，如果低生育水平持续，人口增长最终将停止，甚至可能转向减少，这标志着中国人口转变道路终于取得了初步性的胜利。

四、三次历史性飞跃

在探索过程中，中国的人口转变道路也经历了三次历史性的飞跃：从被动解决人口问题到主动干预人口发展进程，从单纯依靠教育和发动群众的单边突进转变为在社会经济发展的条件下通过人口政策促进人口转变尽快完成的多管齐下和从单一控制人口增长转变为统筹解决各类人口问题。

建国初期，中国百废待兴，在人口理论和人口政策方面都是一片空白。从 1949 年中华人民共和国成立到 1978 年十一届三中全会召开的这个时期，发生了四次人口危机，分别是建国初期全国人口的患病率和死亡率都较高、50 年代的人口快速增长给经济发展和人民生活带来压力、"大跃进"和三年严重困难时期控制人口思想的动摇和天灾人祸使人口与资源环境的矛盾激化以及"文革"期间工作停滞带来的人口与社会经济资源环境之间的矛盾再度凸显。在面对和处理这四次人口危机的过程中，人们深化了对中国人口问题和规律的认识，逐渐明确主动控制人口过快增长的态度，开始酝酿和构建人口政策体系，这是人口转变中国道路的第一次历史性飞跃。

第二次历史性飞跃发生在改革开放以后，实现现代化的迫切要求和前期人口政策取得的胜利使中国的人口政策不断收紧。在遭遇了强大的阻力之后，人们对仅仅依靠行政命令和发动群众的工作方式进行了反思与改正，采取了综合治理人口问题的方法，在社会经济的发展中促进人口转变的实现，政策的社会接受度和执行效果都大大提高，实现了中国人口转变道路的第二次飞跃。在这个时期，中国的人口转变道路经历了两次"调整"和两次"稳定"。两次"调整"是指为实现现代化目标人口政策的逐渐收紧、"一孩"政策遭遇阻力后的政策调整和 90 年代社会经济进步对人口转变的影响逐步增加，人们对促进人口转变的依靠力量和方法手段所进行的调整；两次"稳定"是 20 世纪 80 年代生育率反弹波动时期和 90 年代改革开放初现成果、社会经济对推动生育率的效果初步显现之时，党和政府始终对时代发展特征和世情国情保持了清醒的认识和正确的判断，坚持了中国人口转变道路的正确方向，既没有因为受到挫折就草草收场，也没有因为初尝胜利果实就功成身退，这体现出中国人口转变道路的逐步成熟。

进入 21 世纪以来，在科学发展观的指导下，我国的经济发展目标从量转向了质、从单一转向了全面；我国独特人口转变过程和我国独特的经济发展过程相互作用，衍生出一系列复杂的人口问题；展望未来的人口转变趋势，人口数量问题将不再成为矛盾的主要方面，而结构问题却逐渐表现出来。这几方面因素的共同作用，改变了中国人口转变道路的发展方向，从单一的以控制人口增长为目标转变为统筹解决各类人口问题、实现人口的均衡发展为目标，实现了第三次历史性的飞跃。

五、对三个问题的回答

20 世纪中叶，中国在开始探索建设社会主义道路的同时也开始了对中国人口转变道路的探索。马克思主义经典理论中对社会主义条件下人口的发展规律并没有明确、详细的论述，在探索的过程中，中国已经认识到苏联地广人稀的具体国情与中国有着巨大的差异，所以解决中国的人口问题必须寻找一条适合中国自己国情的道路。虽然在探索过程中，充满艰难和反复，但是随着解决人口问题实践的发展和对中国人口变化规律认识的深入，人们控制人口过快增长的态度越来越明确，对进行人口调控目的的认识也越来越清晰，人口政策的体系也越来越完善。从某种意义上来说，对中国人口转变道路的探索史，也是对"是否要进行人口调控"、"进行人口调控的目的是什么"和"如何控制人口过快增长"这三个问题的回答史。

关于是否要进行人口调控的问题，经历了一个从争论到反复、最后赞成的态度逐步明确的过程。在 20 世纪 50 年代，人口迅速增长的现实引发了人们对是否要进行人口调控问题的争论，严峻的现实迫使中国做出了主动进行人口调控的选择。在"大跃进"时期，社会主义建设取得的巨大成就和对人的主观能动性的过高估计使鼓励人口增长的思想占据了上风，给经济和人口都带来了巨大损失，使人们从反面认识到人口控制的重要性。"文革"时期人口工作的停滞使人口与社会经济资源环境的矛盾再次爆发出来，人们更加坚定了赞成人口控制的态度。此后，无论是在改革开放和现代化建设的大潮中，还是在新时期人口进入低生育水平的发展阶段以后，中国是否要进行人口调控的态度始终是如一的，那就是要主动控制人口过快增长，稳定低生育水平。实行计划生育政策、控制人口过快增长甚至成为我国的基本国策。

关于人口调控的目的问题，经历了一个从实现国家民族的长远利益到保证现代化建设顺利进行和人民生活水平的提高，再到实现可持续发展和人的全面发展的过程。在改革开放之前，我国对进行人口调控目的的回答援引了马克思的"两种生产理论"作为指导思想，为了实现物质再生产和人口再生产的统一，缓解国家经济增长的压力，从而实现国家和民族的长远利益。进入改革开放时期以后，我国把"国家和民族长远利益"具化为保证现代化建设的胜利完成，运用人均的概念将经济发展与人口增长更为紧密地联系在一起，并补充了进行人口调控的目的，不仅要实现国家富强，更要提高人民的生活水平。进入新世纪以后，人口调控的目的继续得以拓展和升华，提高到了促进人口与资源、环境的可持续发展和实现人的全面发展的高度，不仅以更为宽广的视角来认识人与客观世界的关系问题，也实现了国家利益和人民利益的统一。

关于如何进行人口调控问题，经历了一个人口调控手段不断扩展、人口调控的内容不断丰富的过程。在最初实行人口调控的过程中，与当时的计划经济体制相适应，我国采取的是制定计划加宣传发动的方法，在国家层面制定人口发展计划，在家庭层面逐渐形成对生育数量的要求，通过对群众开展广泛的宣传和教育，鼓励他们为了国家和民族的利益自觉限制生育。改革开放以后，这种方法的作用已经发挥到极致，并且与社会经济的发展水平极不符合，对人口调控方法的改革也迫在眉睫。人们结合改革开放的方向，综合运用法律、行政和经济手段，将人们脱贫致富和追求幸福生活的愿望与计划生育政策的要求结合在一起，通过社会经济的进步来推动人口转变的完成，取得了良好的效果。进入新世纪以后，面对日益复杂的人口问题，应和着经济发展目标从量向质的转变，我国人口调控的内容不断拓展，不再只关注人口数量的经济效应，更关注人口转变的质量问题和人口变化对社会、文化、资源环境的综合效应，包括人口的素质是否提高、结构是否平衡、分布是否合理、与自然环境的关系是否和谐等一系列问题。一条手段多样、内容丰富的综合治理和统筹解决人口问题的道路正在逐步形成。

第三节 人口转变中国道路的基本经验

今天，当我们回首中国 60 多年来人口发展的历史，我们可以自豪地向世界宣称，中国已经完成了人口转变，并走出了一条有中国特色的人口转变道路。我们在不到 60 年的时间里，在社会经济发展水平还较为落后的条件下完成了人口转变的过程，不仅在发展中国家之中出类拔萃，其速度和难度也是发达国家所无法比拟的。那么，是什么造就了这项可以与几十年经济持续快速发展相媲美的"中国奇迹"呢？许多人将此归功于强有力的国家政策干预。但是国家生育政策的干预并不仅限于中国，却没有多少国家能取得如此令人瞩目的成绩。所以，促成中国人口转变道路成功的因素并非只有"干预性"如此简单，关键还在于中国实施人口政策的背景、措施和过程。从这些因素中我们能寻找出铸就人口转变"中国模式"的基本经验。

一、社会主义制度的特殊力量

社会主义的国家性质保证了国家根本利益和人民根本利益的高度一致性。在其他一些国家，不同党派和政治集团之间存在着不同的利益诉求。在这样的条件下，许多利国利民的政策都会因为各党派和政治集团之间的相互牵制而无法顺利通过或执行，即使得以执行也会因为各种力量间的互相博弈和妥协改变政策的最初目标和执行效果。而在中国就不存在这样的情况，国家的根本利益与人民的根本利益是一致的，只要是对国家有益的事，从长远的角度来看对人民也是有益的。计划生育政策缓解了人口过快增长对社会经济造成的巨大压力，成就了国家经济的迅速发展，促使人民生活水平实现了由贫困到小康的飞跃，这对整个国家和民族的未来发展而言无疑是有益的。虽然它确实需要每个家庭为此做出一定的牺牲，部分意愿性的生育无法实现，也给这些家庭日后的养老问题带来困难，但是它对国家根本利益的有利性决定了它对人民根本利益的有利性，所以必将会被人民所选择和接受。最终，计划生育政策成为我国的基本国策，并且写入了《宪法》之中，这充分说明了它是全国人民共同意志的体现。虽然一直存在不同的意见，但计划生育政策毕竟在整个中国范围内实行了几十年，如果没有全体人民的支持和配合，是根本无法一直坚持至今的。

社会主义的国家性质决定了人民的利益是国家各项活动的首要目标，直接关系人民生活的各项工作得到了高度的关注和优先保证。在建国初期，旧中国遗留下来的各种传染病与寄生虫病严重威胁到人民群众的生命健康和安全，所以在百废待兴的背景下，这个问题依然受到了党和政策的高度重视，列入各级党委的议事日程，并调动了广泛社会资源和社会力量来优先处理，保证了我国在短期内实现了死亡率的迅速下降。我国在现代化水平还比较低的情况下，一些直接关系到人民切身利益的社会改革却走在了前面，比如普及教育、扩大就业范围、保证妇女的平等地位，这些方面的进步都有力地促进了生育率的下降。

社会主义制度对公共资源巨大有效的调配力量和社会主义计划经济体制对人的约束与限制大大增强了政策的执行力，对在短期内实现死亡率和生育率下降作出了巨大的贡献。在社会主义的条件下，人口发展目标被纳入国民经济计划之中，在宏观层面上与国家其他方面的工作得以协调，有计划、有步骤地进行。并能在政府的统一领导下，广泛动员卫生、公安、民政、统计、财政等各个部门和工会、妇联、共青团等各个社会团体协作参与。在社会主义发展初期，计划经济的体制使人们工作、生活、学习等各项活动和吃、穿、用、住、行等各个方面都严重依赖于国家或集体，这在一定程度上增强了国家对人们生育行为的监督能力和对违反生育政策行为的处罚能力，从客观上保证了政策执行的效果。

二、完整的网络覆盖和广泛的宣传教育

我国有专门负责计划生育工作的职能部门，并建立了由中央、省、地（市）、县、乡（街道）、村、村民小组等多级单位组成的，覆盖全国的网络体系。在中央机构方面，从 20 世纪 50 年代卫生部就开始管理节制生育工作；到 70 年代成立了国务院计划生育领导小组，协调全国计划生育工作的宣传指导、药具供应和研究交流等；1981 年成立了国家计划生育委员会统一管理全国的计划生育工作（2003 年更名为国家人口和计划生育委员会）。在地方机构方面，经过 50 年代以来的不断发展和改革，已经形成了完善的行政管理网络，从省级、地（市）级、县（市、区）级、乡（镇）级街道一直延伸到村、居委会和企事业单位。

战后，亚洲的许多国家都采取了国家性的降低生育的政策，但是许多地方都存在着一个共同的问题，那就是计划生育的资源分布得极为不平衡，人们并没有平等的机会获取这些资源，政策覆盖人群的比例比较低，所以影响了政策的效果（United Nations，1982）。之所以在这些国家计划生育政策的覆盖面不大，主要原因还在于缺乏严密完整的网络体系。比如，印度是世界上最早实行家庭计划的国家，但由于政令不统一、行政管理系统薄弱，收效甚微；泰国的民间组织实施家庭计划方面取得了一定的成效，但远不及中国，因为民间组织与行政组织的力量相比，在政策实施的范围和强度等方面都相去甚远（吕红平，1996）。在中国，完整的网络覆盖保证了计划生育政策的宣传、计划生育知识的传播、免费用具和医疗服务的提供都能够快速、高效、无遗漏地传递给所有人群，保证了政策目标人群的全覆盖，这对生育率的下降起了巨大的推动作用。

宣传教育是我们党一贯极为重视的工作方法，在群众文化和思想素质还普遍偏低的情况下，它能有效地引导和团结广大人民群众理解和接受党的路线、方针、政策并为之共同努力奋斗，为中国革命战争的胜利立下了汗马功劳。在新中国成立初期，人们刚刚脱离了半殖民地半封建社会，文化素质偏低，思想较为落后，缺乏现代卫生知识，更是羞于讨论生育问题。在这样的基础上开展节制生育和计划生育工作难度可想而知，所以宣传教育成为促使

人们自觉限制生育、推动生育率下降的重要手段。新中国人口发展几十年的过程中，宣传教育工作始终坚持不懈地开展，宣传工作者利用自身的干部队伍、大众传媒和社团组织，采取了书籍报刊、展览、媒体、影视剧、文艺演出、板报标语、专业培训、走访慰问等各种宣传手段，对我国的基本国情、基本国策、人口理论、计生政策法律法规和有关生育的科普知识进行了广泛的宣传。这种地毯式的宣传造就了中国在整体国民素质与世界先进国家还存在一定差距的条件下，计划生育方面的素养和知识水平却普遍较高，这就如同奥地利的国民音乐素养和欣赏水平一样，在世界独树一帜。如今的中国，计划生育已成为耳熟能详、妇孺皆知的词汇，国家控制生育的政策深入人心，延伸到人们生活的各个方面和各个话题之中，人们对生育和性的态度也变得更为坦然开放。计划生育的宣传教育工作在这个发展和转变的过程中起到了重要的推动作用。

三、精英阶层的示范作用和牺牲精神

在我国的计划生育工作中，包括各级干部、党员和团员在内的精英阶层一直走在最前面，他们的实际行动对计划生育工作的推广起了良好的示范作用。这种示范作用体现在三个层面上。第一，在制度设计层面，精英阶层受到计划生育政策的制约更大。可以说，在中国的生育政策上，党员和干部始终没有任何特权和例外，甚至要执行比一般群众更严格的生育政策，违反政策所受到的处罚和付出的代价也要比一般群众更重。在中国这个深受"不患寡而患不均"文化传统影响的国度里，精英阶层的示范作用为严格生育政策的实施铺平了道路。第二，在政策执行层面，精英阶层需要带头执行计划生育政策。20 世纪 50 年代，一大批领导干部带头采取避孕措施、接受节育手术，带动了避孕节育工作的开展。例如，山东省文登县 20 多名党员、干部带头做了男性绝育手术，打消了群众的顾虑，全县的节育工作顺利进行，走在了全国前列（国家人口和计划生育委员会，2007）。1980 年，中央采取了向共产党员和共青团员写公开信的形式来进一步收紧生育政策，希望通过他们在生育问题上响应党的号召，来做好周围群众的思想工作。第三，在政策推广层面，精英基层还需要负责宣传和教育群众。在计划生育工作中，宣传教育的作用被一再强调并且发挥得淋漓尽致，使计划生育工作获得了巨大的成功。在中国，实施这种宣传教育的主体正是精英阶层。

除了看到广大干部党员的示范作用，我们更应看到党和政府在推动中国人口转变过程中做出的牺牲。实现人口转变的道路是多样的，即便在当时的中国摆在人们面前的道路也是多样的，党和政府却选择了最艰难、最辛苦的一条。虽然它对国家和民族来说是最为有益的，但是国家直接使用政策对百姓的生育数量和间隔做出规定，确实是十分危险的行为。从奴隶制社会以后，生育行为在中国数千年的文化传统里都是个人私事，虽然广大农民一直处于地主的压迫剥削之下，但是生育领域的自由并未受到干涉。控制生育不但不符合中国的传统，也将面临国际社会的非议和压力。事实也证明，它造成了党群、干群关系的紧张，党和政府在几十年浴血奋战和辛苦建设基础上培养起来的执政基础也遭到削弱，甚至还要承担党和政府执政地位可能发生动摇的风险。相反地，如果不控制人口或者采取较为和缓的政策虽然会使国家和民族遭遇困难、发展缓慢一些，人民生活水平低一些，但对党和政府来说却会大大减少批评和责难，是一种极为保险的选择，也是世界上大多数政党的选择。中国的选择是会让一切以部分阶级本身利益为中心的资产阶级政党望而却步的。所以，只有代表广大人民群众利益的政党与拥有十分稳固和良好的群众基础的政权，才会做出如此无私的选择，才具备做出这种选择的勇气和魄力。

四、充分依靠群众，激发他们的责任感和能动性

群众路线是中国共产党取得革命战争胜利和社会主义改造及建设胜利的重要法宝。在人口转变的道路中，党和政府依然坚持了"从群众中来，到群众中去"的工作方针，充分相信和依赖人民群众的力量，最大程度激发他们的积极性和创造性，对在十分艰苦的条件下实现死亡率和生育率的快速下降起了关键性的作用。

中华民族具有几千年的悠久历史，传统文化对人们的影响极为深刻，其中既有积极的因素，也有消极的因素。如何挖掘和利用传统文化中的积极因素来推进中国人口转变的过程成为至关重要的问题。受传统儒家思想的影响，

中国人对国家极为忠诚、爱国意识强烈，而且集体的利益受到高度的尊重，在忠孝不能两全的情况下，尽忠是受到鼓励的行为；中国人有着"天下兴亡，匹夫有责"的入世情怀和敢于担当的责任意识；中国人还有较强的忍耐力和承受力，吃苦耐劳（吕红平，1996；罗兹•墨菲，2010）。在抗日战争、解放战争时期及社会主义改造和建设时期，中国人民那种浓厚的爱国精神、对集体利益的尊重、对国家发展的责任心和在逆境中奋发的意志力，都最大限度地体现了出来，这帮助中国在敌我力量对比悬殊的情况下取得了战争的胜利，在一穷二白、极其艰苦的条件下快速实现了战后的全面恢复和社会主义制度的建立。此后，激发群众爱国热情和责任意识的工作方法被迅速应用在人口领域。无论是群众爱国卫生运动，还是计划生育工作的开展，都有异曲同工之妙，即把人口问题上升到关系国家存亡、民族兴衰的高度，要求全体人民都行动起来，用自己的行动改变国家的危机状态。实践证明，这种方法确实在短时间动员了广泛的社会力量，为死亡率和生育率的快速下降作出了巨大的贡献。

第四节　人口转变中国道路的发展规律

一、现代化和本土化是人口转变理论的两大发展趋势

人口转变理论是对人口发展过程中某一阶段历史规律和趋势的科学把握，但是它绝不是跨越时间、超越空间的亘古不变的教条。几个世纪以来，人口转变理论随着时间和空间的变化向前发展，在现代化和本土化的实践中不断丰富自身，这也是人口转变理论的生命力所在。

世界人口转变的过程无一不体现出现代化和本土化这两种发展脉络的印记。欧洲作为人口转变的先行地区，人口转变过程经历时间较长，整个过程非常和缓，无论是死亡率、生育率还是自然增长率，变化都非常缓慢，这正

是时代特征和具体国情的体现。在 19 世纪中期，无论是营养状况的改善，还是医疗技术的进步，其过程都是非常缓慢的，这造成了欧洲死亡率下降的波动性和渐进性。也正是由于欧洲人口转变前结婚率就比较低，经历了婚姻控制阶段过渡作用的特点以及 18、19 世纪避孕技术的成熟和扩散的过程，欧洲生育率的下降过程才显得漫长与和缓。欧洲地区的海外殖民国家则在人口转变过程中表现出强烈的移民特征，经过恶劣条件选择生存下来的人口拥有更高的身体素质，加之宽松的社会环境，这些地区发生人口转变前的生育率更高。但是相似的转变时间、科技水平和文化背景使这些地区在人口转变过程之中，死亡率和生育率很快就达到了与欧洲国家相似的水平。

日本和新兴的工业化国家（地区）虽然都属于新兴的发达国家（地区），但时代发展的特征使它们的人口转变过程明显快于传统的发达国家。这得益于两次世界大战期间的技术进步和社会变革，加速了死亡率和生育率的下降速度。这些地区的饮食结构、婚育模式和快速工业化过程等地区特色也使它们人口转变的过程大大快于欧洲。

广大发展中国家的人口转变过程同样体现出了时代特征和各国特色。时代背景和殖民经历的相似性使它们能快速吸收西方先进的技术和卫生知识，所以经历了比发达国家更为快速和顺利的死亡率下降过程。和平与发展成为战后世界的主旋律，发展中国家的经济在战后逐步恢复和发展，现代化过程的启动，生育率出现了先升后降的共同趋势。影响生育率的因素复杂多样，包括社会经济发展水平、政策制度和文化传统各个方面，它们在更大程度上是各国本土化特色的体现，这也正是不同发展中国家在生育率的下降速度和水平方面存在着巨大差别的原因。在中国的人口转变过程中，现代化和本土化的发展趋势更是贯穿始终，得到了进一步的验证。

人口转变理论不是思辨的结果，它的产生源于对欧洲的人口转变实践的归纳，在以后的发展过程中依然保持了很强的实践性。从诞生之日开始，它就以某种反映特殊区域特点和历史时代特征的具体形式存在。它不可能脱离某个地区的具体历史文化特点和经济社会发展水平而以一种纯粹抽象的、类似"空中楼阁"的形态而孤立存在。所以，人口转变实践现代化和本土化的趋势决定了人口转变理论也将与不同时代和不同国家的实际情况相结合，从而产生一种新的形态。中国发生人口转变的时代背景和国情特征与欧洲存在着巨大的区别，所以中国人口转变过程、模式和规律也有着区别于传统人口转变理论的鲜明特点，但归根结底都是人口转变理论现代化和本土化的体现。

二、影响人口转变进程因素的经济决定性、矛盾作用性和有限替代性

社会经济发展、制度和文化这三种力量在中国人口转变的过程中共同发挥了巨大的作用，但是这三者在相互作用过程中却表现出非常复杂的关系。首先，社会经济因素一直是最为基础的决定性力量，对制度和文化产生深刻的影响。其次，它们的作用方向并不是完全一致和一成不变的，相反正是由于这些力量之间的矛盾作用才使中国的人口转变过程呈现出鲜明的特点。第三，每一种力量都有作用的弹性范围，所以可以彼此替代和互补，在某种力量缺位或式微的情况下，其他力量仍然可以在一定程度上推动人口转变的继续进行。然而，各种因素间的替代是有限度的，超过了这个限度，人口转变进程的推进就会受到阻碍，甚至发生停滞。

在中国的人口转变过程中，促进国家的社会经济发展一直是进行人口调控的重要目的之一，所以社会经济的发展形势和目标变化在很大程度上左右了人口政策的发展方向。在改革开放之前，人口过快增长对社会经济发展的压力始终存在，并没有随着社会主义制度的建立和社会主义经济的发展而迎刃而解，在这样的背景下，中国才开始实施节制生育和计划生育政策，走上了一条主动干预人口转变进程的道路。改革开放以后，实现现代化的迫切要求和目标压力又使计划生育政策逐步收紧，并最终导致了"一孩"政策的出台。经济体制的转变使国家对个人的控制能力减弱，促使计划生育的工作方式也做出相应的转变，要求计划生育工作与发展经济和提高人民生活水平相结合，综合治理人口问题的道路逐渐形成。进入新世纪后，对经济增长的目标从总量与速度向质量的转变和发展观的转变也影响了人口政策目标的多元化，人口的规模和增长速度不再是关注的唯一焦点，人口规模、结构、分布和人口资源环境的协调可持续发展被纳入了国家人口调控的目标之中。社会经济的发展对文化传统的改变力更是不容小觑。多生多育、重男轻女是在中国具有几千年历史的传统生育观念，新中国建立以后，人们的受教育水平迅

速提高，越来越多的妇女在家庭外寻找到自身的价值，而过多的子女给广大群众的工作、学习和生活，特别是对子女的教育、养育方面带来了很大的困难，人们多子多福的观念发生改变。实行改革开放以后，在市场经济的背景下，想要在市场竞争中出奇制胜、发家致富，依靠的是技术和能力优势，而不是家庭人数优势，人们自然而然地将精力投入到学习和提高技术与能力方面，而不再是多生多育，多子多福的观念逐渐失去了市场。近些年来，社会经济的不断发展使传统文化中的重男轻女思想所坚守的阵地在逐渐失去：男孩作为不可替代的劳动力的优势逐渐消失，男女在取得收入方面的差距日益缩小，养育男孩存在较高成本的问题逐渐体现在人们的生育决策之中，养儿防老的作用被社会保障机制慢慢替代（杨凡，2010）。这些社会经济方面的进步正在使传统的重男轻女文化发生转变。

这三种力量之间存在着矛盾性，它们的作用方向并不是始终一致的。在新中国成立初期，和平的社会环境、国民经济的恢复发展和医疗技术的进步都是有利于死亡率的下降的；社会主义制度的建立使一种发展成果惠及大众的制度安排成为现实，建立全国性的疾病防疫和监控体系、将卫生运动同群众运动相结合政策的实行使患病率和死亡率都大幅下降；中国人重视身体健康问题、向往延年益寿的文化对现代卫生和健康知识的传播起了巨大的推动作用。在这个时期，三种力量的作用方向是一致的，所以死亡率下降十分迅速、人口转变的进程变得非常顺利。生育率的转变就没有如此顺利和幸运了，三种力量的作用方向发生分化，它们的相互抵触和矛盾作用使整个生育率下降的过程波澜起伏。在 20 世纪五六十年代，社会经济的初步恢复、大包大揽的社会主义制度的建立和人们多子多福的文化观念都是有利于生育率提高的，所以生育率一直持续在较高水平，即使初步的节制生育和计划生育工作已经展开，但仍然收效甚微。到了七八十年代，虽然现代化的进程已经启动，导致生育率下降的种种社会经济因素也有所显现，加之严格的计划生育政策的实施和人民群众爱国意识与责任心被极大激发，生育水平曾一度迅速地下降，但是终究由于落后的社会经济基础和重伦理、轻法制、养儿防老等多种传统文化思想的阻挠而出现生育水平的波动和反弹现象。直到 90 年代后期，这三种力量的作用方向才又重新统一在一起，保持了低生育水平的稳定。进入 21 世纪以后，社会经济发展速度加快，加上先进的社会制度和有效的人口政策的作用，中国逐步体现出现代化社会的初步特质，老龄化、低生育率、家庭小型化的趋势都有所显现。与此相对的是，文化传统中依靠子女养老、重男轻女的思想却依然存在，与现代社会的特质格格不入，导致了人口转变过程完成后人口问题却层出不穷，而且这些问题比其他完成人口转变的国家表现得更为复杂、尖锐。

这三种力量之间不仅存在着矛盾性，也存在着替补性，但是这种替补终究是有限度的。也正由于它们的作用范围存在着一定的空间，当一种力量不足时可以依靠另一种力量去弥补，这才使中国的人口转变进程一直持续进行，没有发生长时间的停滞现象。在 20 世纪 70 年代，中国的社会经济基础依然是很薄弱的，没有具备充分的促成生育率大幅下降的内在动力。而此时的中国却另辟蹊径，通过国家政策的刚性规定、涉及人民生活方方面面的奖惩体系和广泛教育发动群众的工作方法，在 1974—1978 年这短短五年时间内实现了总和生育率从 4.2 到 2.7 的大幅下降。这充分说明了政策因素对社会经济发展因素的替补作用。但是，这种替补作用是存在限度的，通过政策手段虽然可以使人口转变进程在一段时间内、一定程度上超前于社会经济的发展，但是不可能长期、无限地持续下去，终究还是会受到社会经济基础的制约。80 年代过紧的生育政策遭到强烈的抵抗，而后生育水平发生反弹和波动，直到 90 年代低生育水平才得以稳定的状况即是这种替补作用的局限性的明证。

三、人口转变所带来的特殊人口问题背后的一般规律

在中国，人口转变的过程中出现了许多特殊的人口问题，其中既有在其他经历人口转变的国家已经出现过但在中国变得更为严重和复杂的老问题，也有只在以中国为代表的部分国家才出现的新问题。在这些看似特殊的人口问题背后，其实隐藏着许多一般性的规律。它们的特殊性大多源于中国独特的现代化进程。

劳动力年龄人口的过剩和老龄化现象其实是在人口转变导致的年龄结构变动中先后产生的两个发展阶段。死亡率和生育率先后下降并且死亡率先于生育率下降的共同规律使所有经历人口转变的国家都会经历一段时期内出生人口的迅速增长。它使人口年龄结构发生剧烈变动，在年龄结构上形成一个

"突起"，当这个"突起"进入劳动力年龄时，劳动力丰富（过剩）的现象就会表现出来，当这个"突起"进入老年人年龄时，老龄化的现象就充分体现出来了。可以说，劳动力年龄人口的过剩和老龄化现象是人口转变过程中的规律性现象。那么，这些问题何以在中国表现得尤为复杂和棘手呢？这是因为中国现代化进程的特殊性。传统的发达国家利用殖民移民和工业化、城市化两种手段来解决劳动力过剩问题，利用社会风险共担和服务社会化、产业化的办法来解决老龄化问题，它们都有一个共同的特点，即明显的工业化社会的特点。而在中国，现代化进程是在西方工业文明的冲击下被迫启动的，不仅启动时间晚，而且起始水平和积累程度也比较低，农业社会的痕迹还很明显。它决定了中国在追求快速工业化的同时不得不兼顾农业的发展，不像欧洲工业化本就是农业高度发展的结果，也就给转移农村剩余劳动力带来更大的难度。它也决定了中国应对老龄化问题的艰难性，因为社会风险共担和服务的社会化及产业化是工业社会的产物，中国这种被迫式、国家推动式和快速式的现代化进程导致中国缺乏应用这些方法的先天积累和文化传统。

出生性别比偏高现象是以中国为代表的部分亚洲国家在人口转变过程中发生的特殊现象。透析这种现象发生的特殊原因，并不是中国生育转变过程的快速性或者中国传统文化的强大性，而是中国现代化进程的特殊性。从更为一般的视角去审视出生性别比偏高现象，如果在现代化过程中支持生育率下降和支持传统男孩偏好的因素共同存在，那么很可能会发生出生性别比偏高的现象。另外，在亚洲的一些国家，生育率快速下降和出生性别比偏高现象都表现得十分突出，这不是一种偶然。对于这种现象的一种解释是，出生性别比偏高现象也会对生育转变的过程产生影响。

在以中国为代表的部分亚洲国家，现代化进程的滞后与民族文化的差异，使它们需要依靠强大的外力推进这个现代化进程。而且，由于特殊的历史经历，这些国家大部分时期的经济发展方向始终是农业文明的完善和进步，对工业化持有部分保留的态度。这两种因素相结合，使中国的现代化进程与西欧完全不同，它不是农业文明自然解体并为工业文明的发展做好充分准备的由内而外的过程，而是农业文明被迫缓慢解体与工业文明逐步形成同时进行的自外向内的转变过程。这种特殊的现代化进程导致人口转变过程中出现两种矛盾发展的力量，导致了生育率的迅速下降和"男孩偏好"在一段时间内还将继续并存。所以，无论是生育转变过程的快速性或者传统文化的强大性都不是导致出生性别比偏高现象出现的根本原因，真正的原因在于现代化过程的特殊性。生育转变的快速性和"男孩偏好"的并存也只不过是现代化过程特殊性的表现之一。

从更为一般的意义上去考虑，发生在亚洲的特殊的出生性别比偏高现象对其他地区也有着很强的参考价值和借鉴意义。亚洲这些发生出生性别比偏高现象的国家都具有相似的现代化进程特点，而其他地方之所以没有产生出生性别比偏高的情况，是由于现代化过程并没有像这些亚洲国家一样出现两极化的作用力量。当然，这些亚洲国家形成这种特殊的现代化过程是由发展历史和地域特色所决定的，这是其他地区不具备的。但是，如果未来其他国家在现代化过程中出现影响生育率下降和维持"男孩偏好"的因素共同存在的现象，那么无论其形成原因是什么，都很可能会发生出生性别比偏高的现象。

在以中国为代表的部分亚洲国家，生育率的快速下降和出生性别比偏高现象都令人瞩目。所以许多研究者将两者联系起来，认为是生育率的快速下降挤压了为实现"男孩偏好"而进行生育的空间，所以人们不得不进行性别选择。他们忽略了对于这两种现象同时的另一种解释是，即它们之间可能存在一种反向的因果关系，出生性别比偏高现象也会对生育转变的过程产生影响，使生育率下降更为快速和顺利。在前文的论述中已经提到，"男孩偏好"存在于世界大部分国家和民族的文化传统之中。所以在这些国家生育率的下降过程中，首先表现出来的是对女孩需求的下降，在一定时间内对男孩的需求依然存在。在较早发生人口转变的国家中，技术手段远未成熟，实现男孩需求的方法只能是多生育，这也是这些国家生育率下降比较缓慢的原因之一。而在较晚发生人口转变的地区，性别鉴定和性别选择性流产的技术已经普及，人们完全可以通过性别选择来实现男孩需求，所以不必进行过多的生育，这已是这些地区能实现生育率快速下降的原因之一。生育是一种包含数量、时间和性别三种特征的社会现象（顾宝昌，1992）。在性别鉴定和选择技术条件没有具备的情况下，数量和性别是相依相存的，对于性别的需求需要依靠数量来实现，所以对性别需求的存在决定了对数量需求转变的缓慢性和困难性。而当技术条件成熟并普及的条件下，人们才能将性别需求从数量需求中分离出来，数量需求的转变就变得相对顺利和迅速了。

四、欧洲的人口转变道路并不是实现人口转变的唯一道路

作为人口转变的滥觞之地，欧洲的人口转变模式深入人心，以至于欧洲将自身的人口转变道路认定为现代人口发展的必经之路，其他各个国家更是将之视作人口转变的范本（马力、姜卫平，2010）。但是，伴随社会经济的现代化进程而自然实现人口转变并不是唯一的道路，它只是实现人口转变的众多道路中的一种。中国的人口转变实践证明，带有浓厚中国特色的"精神先行"模式是成功的，这也是实现人口转变的道路之一。

在18世纪的欧洲，资产阶级革命、启蒙运动、农业革命和工业革命这一系列具有世界意义的历史事件为人口转变做好了政治、经济、文化等各方面的良好准备。一方面，通过农业革命使食物的种类和供应量大为增加，民众的营养状况普遍改善，医疗技术的进步降低了传染病带来的人口损失，文化普遍性使健康知识广泛传播，这些因素的综合作用降低了死亡率。另一方面，死亡率的降低使补偿性生育不再必要，随着现代化进程的发展，人们单位时间的经济价值不断增加，抚养孩子的经济成本也随之提高，生活方式发生了巨大的变动，人们对闲暇时间的需求不断增加，传统力量对人们的控制能力减弱，这些条件使人们的生育需求减弱，控制生育技术的进步使这种需求成为现实，所以生育率表现出了下降的趋势。

这是经典的欧洲人口转变的原因和过程，但是考察中国发生人口转变时的社会经济情况，有些条件并不具备。在死亡率的下降因素方面，类似于启蒙运动的文化改革不曾发生，文化的公共性并不具备，先进的医疗技术和知识也不是自然扩散的结果，而是由于社会主义制度的建立和群众爱国卫生运动开展的直接后果。在生育率的下降因素方面，至少在生育率发生下降的初期，中国养育孩子的成本收益和人们的生活方式并没有发生多大的改变，生育率的下降并不主要依靠这些因素的影响。更为关键的是，社会经济的现代化在中国本身就是有待实现的目标和努力方向，要等这个目标实现后再来推动人口转变是不现实的，历史发展的进程也根本没有给中国留下足够的时间。历史证明，在中国反而是人口转变取得的成果为现代化的实现推波助力。

那么，中国是依靠什么样的一种模式来实现人口转变的呢？答案是一种"精神先行"的模式。即在条件艰苦、基础薄弱的背景下，国家通过宣传和教育群众，把人口问题提升到关于国家存亡和民族命运的高度，激发群众的爱国热情和责任意识来实现政策目标。对于民众而言，降低死亡率和降低生育率已经不是一个局限于成本—收益分析的个人利益问题，而是用自己的实际行动支持祖国的发展，甚至拯救国家于危亡之中、实现国家的伟大复兴的全局利益问题，它所依赖的是人们的精神力量。中国人口转变的实践证明了这一模式的有效性和成功性。值得一提的是，这种模式在中国人口问题中运用并非偶然，它来源于我国长期在艰苦卓绝条件下进行革命战争的经历和白手起家进行社会主义经济建设的经验，背景的相似性和目标的高远性使这些经济经验成功地实现了向人口领域的移植并发挥了巨大的作用。而它的成功与我国的国家性质、政党性质、民族的优良传统以及党和人民在长期革命及建设过程中培养形成的鱼水相依的关系有着密切的联系，所以它是带有浓厚中国特色的人口转变模式。

第五节　对人口转变中国道路的总结

通过对发展历程、基本经验和发展规律这三个方面的分析和概括，中国人口转变道路的全貌已经勾勒成形。下面将通过对四个问题的回答，对这条道路进行系统性的总结。

首先，中国人口转变道路的主要特点是什么？答案是精神先行，即在社会经济条件还不具备的情况下，依靠激发群众的精神力量来实现促进人口死亡率和生育率下降的目的。需要说明的是，这并不是否认社会经济发展因素在人口转变过程中所起的巨大作用，而是强调与其他经历人口转变的国家相比，精神先行的力量在我国表现得尤为突出。

其次，为什么中国要选择这样一条与众不同的人口转变道路？回答是这是时代和国情的选择。与战前欧美国家依靠社会经济发展而实现缓慢的人口转变不同，二战后科学技术水平的突飞猛进与和平稳定的世界环境加速了各国的人口转变过程，来势汹涌的人口大潮促使许多战后开始人口转变的国家都采取了一种更为直接、有效的措施来控制人口过快增长，那就是生育控制的政策，中国亦是如此。但是人口众多、底子薄的具体国情又使中国并不具备试验和等待的余地，而是迫切需要在短时间内迅速降低人口的生育率，控制人口规模，并反过来以此推动社会经济的发展。这种模式既是时代和国情的选择，也与我国的历史经历和经济发展经验有关。我国长期在艰苦卓绝的条件下进行革命战争的经历和白手起家进行社会主义经济建设的经验，使这种模式不断在实践中得以完善、逐步成熟，并在人口转变道路的探索过程中继续发挥了巨大的作用。

再次，这种精神先行的模式是如何在中国实施的？它主要通过在国家和家庭层面制定严格的政策目标，建立起完整和严密的网络体系使控制生育的政策、技术和服务能高效、迅速地覆盖全体人群和宣传教育的方式来进行。其中，教育群众、发动群众的手段是这种模式最为核心的部分。通过宣传教育一方面能在整体国民素质还偏低的情况下迅速提高群众有关医疗健康和避孕节育知识的水平，另一方面能提高他们的觉悟和思想境界、激发他们的精神力量，使他们不再局限于个人利益的得失，而将个体行为同国家、民族的前途命运紧密联系在一起，从全局利益高度来思考问题并且做出牺牲。

最后，这种模式为什么在中国能成功？它的成功是多种因素综合作用的结果，包括了社会主义制度、中国的文化传统和历史机遇。社会主义制度为这种模式的成功提供了制度保障。因为在社会主义条件下，人民利益和国家利益在根本上是一致的，严格的人口政策虽然在短期要求人们做出一定的牺牲，但是对国家有利的事从长远角度来看对人民也是有利的，所以它最终能得到群众的理解和支持。社会主义制度使国家拥有了对公共资源的巨大调配能力和对个体的较高控制程度，从而保证了严格的人口政策得以贯彻实施。中国人民所具备的尊重集体利益、热爱国家、艰苦奋斗的文化传统为这种模式的成功提供了精神动力。历史机遇为这种模式的成功提供了有利的社会经济发展背景。在这条道路探索和形成的初期，全国上下正处于社会主义建设的大潮之中，政府采取的一系列降低死亡率和生育率的措施使国家和家庭都减轻了负担，满足了人们急于从战争创伤中恢复，建立和巩固新的社会制度的迫切要求，从而保证了这条道路的迅速形成。而当20世纪80年代初宣传教育的手段发挥到极致、政策实施遭遇困难时，经过短暂的政策调整后，中国又迎来改革开放成果初现的良好时机。社会经济发展对人口转变的影响作用开始明显体现出来，为这条道路的继续实施提供了后续动力。从这个角度看，中国是十分幸运的，但这也正说明了中国所选择的这条道路始终是顺应历史发展潮流的。

第六节　人口转变中国道路的意义

18、19世纪，欧洲作为世界政治、经济和文化的变革中心，在人口领域也发生着一场同样惊天动地的深刻变革——人口转变。在对欧洲人口转变的阶段、过程和原因进行研究的基础上，人口转变理论逐步形成。此后，人口转变的趋势在世界其他地区陆续发生，到20世纪时，人口转变的大潮已经席卷全球。转变阶段、过程和原因的大体相似性使人们将欧洲的人口转变道路视为人口转变过程的经典范本，将从欧洲人口变化实践中概括得出的人口转变理论作为指导本国人口转变过程的一般理论。但是随着时代的变迁和人口转变过程在世界各种不同类型、不同发展水平国家的展开，不同于欧洲的人口转变过程和规律逐步呈现出来，不断修改着人们对经典人口转变理论的认识。

20世纪中叶，中国也开始了人口转变的进程。历经了60多年的时间，中国成功地完成了人口转变并且在此过程中探索出一条在许多方面与其他国家不同的、带有中国特色的人口转变道路。本书立足于世界人口转变的背景，对中国人口转变道路的形成、成熟和发展的过程进行了研究，并在此基础上从发展线索、实践和理论角度分别对中国人口转变道路的基本历程、基本经验与发展规律做出了概括和提炼。

在基本历程方面，现代化和本土化是人口转变中国道路的趋势方向，社会经济因素、制度因素和文化因素是人口转变中国道路的推动力量，三次关键性转折和三次历史性飞跃是人口转变中国道路的阶段里程碑，而对"要不要"、"为什么"和"怎样"进行人口调控等问题的回答是人口转变中国道路的探索成果。

在基本经验方面，中国形成了一整套行之有效的、实现死亡率和生育率快速下降、推动人口转变进程向前发展的方法体系。其中，社会主义制度是政治基础，完整的网络覆盖是机构保障，广泛宣传教育是方法手段，精英阶层的示范作用和牺牲精神是引导力量，而广大人民群众的爱国精神、责任感是最终依靠力量。

在发展规律方面，从发展趋势、影响因素的作用与关系、转变结果和普适性价值等四个方面对中国人口转变的规律进行探索。从发展趋势方面来看，现代化和本土化是世界人口转变理论的两大发展趋势，中国的人口转变过程也很好地印证了这一发展趋势；从影响因素的作用与关系方面来看，影响中国人口转变过程的因素之间存在着经济决定性、矛盾作用性和有限替代性的复杂关系；从转变结果来看，现代化进程的特殊性导致了中国在人口转变过程中演变出许多人口问题，其中一部分是与其他发生人口转变国家的共有性问题，只是在中国表现得比较突出和复杂，另外一部分是在以中国为代表的部分国家所表现出的特有问题；从普适性价值方面来看，伴随社会经济的现代化进程而自然实现人口转变的欧洲模式并不是唯一的道路，它只是实现人口转变众多道路中的一种。中国的人口转变实践证明，带有浓厚中国特色的"精神先行"的模式是成功的，这也是实现人口转变的道路之一。

中国的人口转变道路不仅是一场发生在中国的、涉及亿万人社会实验的重大成果，更是世界人口转变过程中前所未有的创举。它的成功，对其他正在进行或者将要进行人口转变的国家都有着重要的借鉴作用，为丰富世界人口转变的资源库提供了丰富的信息。所以在世界人口转变的背景下，对人口转变中国道路的普适性价值进行研究，具有更为重要和深远的意义。

首先，作为完成人口转变的国家之一，中国的人口转变过程是世界人口转变过程的一个重要组成部分。所以，无论是中国人口转变的过程、基本经验还是发展规律，甚至是失败、挫折和教训，都为丰富世界人口转变的案例和信息作出了巨大的贡献。人们对世界人口转变规律的认识是处于不断变化和深入的过程中的，每一步更为纵深的研究需要大量实践经验的支持。中国的人口转变过程前后延续 60 多年，人口转变的过程一波三折、跌宕起伏，其中有成功也有挫折，有符合世界人口转变规律的共有现象，也有极具中国特色的特有现象。这就为世界人口转变规律的研究提供了丰富的实践素材。

其次，作为二战后开始人口转变的发展中国家之一，中国在人口转变的时代背景、国家社会经济发展水平方面与目前尚处于人口转变过程中的广大发展中国家更为接近，中国转变道路的成功为它们人口转变过程的完成提供了良好的范例，比欧洲转变道路更具借鉴意义。中国的人口转变发生在二战以后，民族解放运动胜利带来的和平独立是二战后开始人口转变国家的共有特征，长期遭受殖民压迫所造成的远远落后于发达国家的社会经济发展水平是它们的共同起点。这样的背景与欧美传统发达国家开始人口转变之时已经相去甚远，注定它们的人口转变道路也将是大相径庭的。所以，中国的人口转变道路对其他正在经历或者马上就要进行人口转变的大多数发展中国家来说才具有更好的比较和借鉴意义。中国人口转变道路所代表的是战后发展中国家的人口转变过程，其时代特征和国情特点的特殊性决定了从中得出的人口理论的特殊性。它将体现人口转变一般理论在战后和发展中国家应用后的新发展和新形态，不断修正、丰富和发展传统人口转变理论。

最后，作为世界人口第一大国，中国是通过严格的人口政策对人口规模进行主动调控，从而成功实现人口转变的，这对世界人口转变更具有举足轻重的意义。在中国的人口转变道路形成之前，世界发生人口转变的国家，有的是经济社会发展水平极高的发达国家，在现代化的进程中自然实现人口转变；有的是依靠快速的、高度的工业化过程来促进人口转变；还有的是主动采取生育控制政策，但是效果并不明显。中国作为一个拥有世界 1/5 人口的大国，进行了一场前无古人、旁无借鉴的，主动、严格的控制人口的社会实验，这在整个人口发展历史上是不曾经历的。而且，中国的这场实验最终取得了胜利，人口数量得以控制，人口素质不断提高，人口对资源环境的压力得到缓解，人口自身的发展状况也得到改善。这使得20世纪末以来，中国创造了经济快速增长和人口有效控制的两大奇迹。在一个拥有世界第一人口规模的大国，采取主动控制生育的政策来推动人口转变的迅速完成，并且取得了胜利，这对整个世界的人口转变进程来说是具有填补空白的意义的。

参考文献

[1] Ansley J. Coale, Edgar M. Hoover. Population Growth and Economic Development in Low-income Countries: A Case Study of India's Prospects [M]. Princeton: Princeton University Press, 1958: 10 - 13.

[2] Ansley J. Coale, Roy Treadway. A Summary of the Changing Distribution of Overall Fertility, Marital Fertility, and the Proportion Married in the Provinces of Europe [M]. in Ansley J. Coale and Susan Cotts Watkins. The Decline of Fertility in Europe. Princeton: Princeton University Press, 1986: 31 - 181.

[3] A. J. Coale, S. C. Watkins. The Decline of Fertility in Europe [M]. Princeton: Princeton University Press, 1986.

[4] Bloom E. David, David Canning, Jaypee Sevilla. Economic Growth and the Demographic Transition [J]. SSRN Working Paper Series, 2001, 12: 27.

[5] Carl Mosk. Demographic Transition in Japan [J]. The Journal of Economic History, 1977, 37 (3): 655 - 674.

[6] Chesnais. The Demographic Transition [M]. Paris: PUF Press, 1986: 294, 301.

[7] Christophe Z. Guilmoto. The Sex Ratio Transition in Asia [J]. Population and Development Review, 2009, 35 (3): 519 - 549.

[8] C. P. Blacker. Stages in Population Growth [J]. The Eugenics Review, 1947, 39 (3): 81 - 101.

[9] David S. Reher. The Demographic Transition Revisited as A Global Process [J]. Population, Space and Place, 2004, 10: 19 - 41.

[10] D. J. Van de Kaa. Europe's Second Demographic Transition [J]. Popula-

tion Bulletin, 1987, 42 (1).

[11] D. J. Van de Kaa. Europe's Second Demographic Transition Revisited: Theories and Expectations [M]. in G. C. N. Beets. Population and Family in Low Countries 1993. Zwets and Zeitlinger, 1994: 91 - 126.

[12] David Coleman. Immigration and Ethnic Change in Low-fertility Countries: A Third Demographic Transition [J]. Population and Development Review, 2006, 32 (3): 401 - 446.

[13] E. Van de Walle, J. Knode. Demographic Transition and Fertility Decline: the European Case [C]. Contributed Papers of IUSSP Conference, 1967: 47 - 55.

[14] Frank W. Notestein. Population: the Long View [M]. in Theodore W. Schultz. Food for the World. University of Chicago Press, 1945: 36 - 57.

[15] Frank W. Notestein. Economic Problems of Population Changes [C]. 8th International Conference of Agricutual Economists, Oxford University Press, 1953: 13 - 31.

[16] Frank W. Notestein. Frank Notestein on Population Growth and Economic Development [J]. Population and Development Review, 1983, 9 (2): 345 - 360.

[17] Gary S. Becker. Family Economics and Macro Behavior [J]. The American Economic Review, 1988, 78 (1): 1 - 13.

[18] Geoffrey MeNieoll. Community-level Population Policy: An Exploration [J]. Population and Development Review, 1975, 1 (1): 1 - 12.

[19] H. Charbonneau. Essai sur l'évolution démographique du Québec de 1534 à 2034 [J]. Cahiers québécois de démographie, 1984, 13: 13.

[20] International Union for the Scientific Study of Population. Multilingual Demographic Dictionary (English Section) [M]. United Nations, 1982: 104.

[21] J. Bongaarts. A Framework for Analyzing the Proximate Determinants of Fertility [J]. Population and Development Review, 1975, 4 (1): 105 - 132.

[22] J. B. Casterline. The Pace of Fertility Transition: National Patterns in

the Second Half of the Twentieth Century [J]. in R. A. Bulatao, J. B. Casterline. Global Fertility Tansition, Supplement to PDR, 2001, 27: 17-53.

[23] J. D. Durand. Historical Estimates of World Population [J]. Population and Development Review, 1977, 3 (1): 253 – 296.

[24] J. M. Guzman, S. Singh, G. Rodriguez et al. . The Fertility Transition in Latin America [M]. Clarendon Press, 1996.

[25] John Casterline. The Pace of Fertility Transition: National Patterns in the Second Half of the Twentieth Century [M]. in Rodolfo Bulatao and John Casterline. Global Fertility Transition. New York: Population Council, 2001: 17 – 52.

[26] John C. Caldwell. Toward A Restatement of Demographic Transition Theory [J]. Population and Development Review, 1976, 3: 321 – 366.

[27] Joseph E. Potter. Effects of Social and Community Institutions on Fertility [M]. in R. A. Bulatao and R. D. Lee. Determinants of Fertility in Developing Countries. Academic Press, 1983: 627 – 665.

[28] J. Kleinmann. Perinatal and Infant Mortality. Recent Trends in the United States [M]. in Proceedings of the International Collaborative Effort on Perinatal and Infant Mortality. Maryland: U. S. Department of Health and Human Services Hyattsville, 1985: 37 – 55.

[29] Keith O. Mason. Culture and Fertility Transition: Thoughts and Theories of Fertility Decline [J]. Genus, 1992, 3 (40).

[30] L. R. Ruzicka, H. Hansluwka. Mortality in Selected Countries of South and East Asia, in Mortality in South and East Asia, A Review of Changing Trends and Patterns, 1950—1975 [C]. Report and Selected Papers Presented at Joint WHO/ESCAP Meeting Held in Manila, 1982: 83 – 157.

[31] L. Van Nort, B. P. Karon. Demographic Transition Te-examined [J]. American Sociological Review, 1955, 20 (5): 23 – 27.

[32] Mikko Myrskyla, Hans-Peter Kohlel, Francesco C. Billari. Advances

in Development Reverse Fertility Declines [J]. Nature, 2009, 460 (6): 741 - 743.

[33] Population Index. Korea in Transition: Demographic Aspects [J]. Population Index, 1944, 10 (4): 236 - 237.

[34] P. M. Hauser, O. D. Duncan. Demography as A Body of Knowledge. in P. M. Hauser, O. D. Duncan. The Study of Population: An Inventory and Appraisal [M]. University of Chicago Press, 1959: 76 - 105.

[35] P. P. Lele. Application of Ultrasound in Medicine [J]. N. Engl. J. Med. , 1972, 286 (24): 1317 - 1318.

[36] P. W. Mauldin, J. A. Ross. Family Planning Programs: Efforts and Results [J]. Studies in Family Planning, 1991, 22 (6) .

[37] Richard A. Easterlin. The Economics and Sociology of Fertility: A Synthesis [M]. in C. Tilly. Historical Studies of Changing Fertility. Princeton University Press, 1978.

[38] Richard A. Easterlin, Eileen M. Crimmins. The Fertility Revolution: A Supply-demand Analysis [M]. The University of Chicago, 1985: 3 - 13.

[39] Richard Leete. The Post-demographic Transition in East and South East Asia: Similarities and Contrasts with Europe [J]. Population Studies, 1987, 41 (2): 187 - 206.

[40] R. Leete, I. Alam. The Revolution in Asian Fertility [M]. Clarendon Press, 1993.

[41] Ron Lesthaeghe, Dominique Meekers. Value Changes and the Dimensions of Families in the European Community [J]. European Journal of Population, 1986, 2 (3/4): 225-268.

[42] Ronald Lee. The Demographic Transition: Three Centuries of Fundamental Change [J]. Journal of Economic Perspectives, 2003, 17 (4): 167 - 190.

[43] Rupert B. Vance. Is Theory for Demographers? [J]. Social Forces, 1952, 31 (1): 9 - 13.

[44] Statistics Korea. Vital Satistics of Korea: 1970—2010. Korea Statistical

Database [EB/OL]. [2012 - 02 - 06]. http：//kosis. kr/nsieng/view/stat10. do.

[45] T. Locoh，V. Hertrich. The Onset of Fertility Transition in Sub-Saharan Africa [M]. Derouaux Ordina Editions，1994.

[46] United Nations. The Determinants and Consequences of Population Trends [J]. Population Studies，1982，1 (50)：58 - 61，653.

[47] United Nations. Population Policies and Programmers：Current Status and Future Directions [J]. Asian Population Studies，1987：28，30 - 31，84.

[48] United Nations. World Population Prospects Volume I：Comprehensive Tables. the 2008 Revision. New York：United Nations Publication，2009：62 - 101，184，186，278，398，426.

[49] World Bank. Population Ages 65 and above. the Word Bank Open Data [EB/OL]. [2011 - 12 - 07]. http：//data. worldbank. org/indicator/SP. POP. 65UP. TO. ZS/countries/W? display＝default.

[50] Warren S. Thompson. Population [J]. American Journal of Sociology，1929，34 (6)：959 - 975.

[51] William H. Mcneill. Population and Politics since 1750 [M]. University Press of Virginia，1990.

[52] [美] 艾尔·巴比. 社会研究方法 [M]. 第10版. 北京：华夏出版社，2005：236，276.

[53] 蔡昉. 人口转变、人口红利与经济增长可持续性——兼论充分就业如何促进经济增长 [J]. 人口研究，2004 (2)：2 - 9.

[54] 蔡昉. 人口转变、人口红利与刘易斯转折点 [J]. 经济研究，2010 (4)：4 - 13.

[55] 蔡泳. 教育统计真的是估计生育水平的黄金标准吗？——对使用教育统计数据估计生育水平的探讨 [J]. 人口研究，2009 (4)：22 - 33.

[56] 曹明国. 马克思主义"两种生产"理论在中国——纪念卡尔·马克思逝世一百周年 [J]. 人口学刊，1983 (2)：2 - 7.

[57] 曹树基. 中国人口史 [M]. 第五卷. 上海：复旦大学出版社，2001：

706 - 707.

[58] 陈岱云，赵德铸．人口转变与社会保障问题的法律思考 [J]．山东大学
学报，2006 (6)：122 - 127.

[59] 陈剑．现代化，人口转变与后人口转变 [J]．市场与人口分析，2002
(6)：8 - 13.

[60] 陈萍．中国农村生育率转变的研究——生育需求、生育供给和计划生育
政策相互作用的微观仿真分析 [J]．中国人口科学，1990 (1)：32 - 38.

[61] 陈卫．中国生育率转变与人口老化 [J]．人口研究，1993 (5)：14 - 20.

[62] 陈卫．中国生育率下降的比较研究：特点、原因与后果 [D]．北京：中
国人民大学，1996.

[63] 陈卫，黄小燕．人口转变理论评述 [J]．中国人口科学，1999 (5)：
51 - 56.

[64] 陈卫，李敏．亚洲出生性别比失衡对人口转变理论的扩展 [J]．南京社
会科学，2010 (8)：69 - 75.

[65] 陈友华．从分化到趋同——世界生育率转变及对中国的启示 [J]．学海，
2010 (1)：26 - 34.

[66] 陈云文选 [M]．第 2 版．第三卷．北京：人民出版社，1995：287.

[67] 崔红艳，徐岚，李睿．对 2010 年人口普查数据准确性的估计 [J]．人口
研究，2013 (1)：10 - 21.

[68] ［法］德尼慈·加亚尔，贝尔纳代特·德尚，J. 阿尔德伯特，等．欧洲
史 [M]．北京：人民出版社，2010：103，209，429，451 - 453.

[69] 邓季惺．计划生育符合社会主义利益 [N]．人民日报，1957 - 03 - 19.

[70] 邓小平文选 [M]．第 2 版．第二卷．北京：人民出版社，1994：163 - 164.

[71] 邓小平文选 [M]．第 1 版．第三卷．北京：人民出版社，1993：226 - 227.

[72] 邓志强，李文艳．社会流动机制的转变对农村生育率的影响 [J]．西北
人口，2007 (2)：20 - 23.

[73] 都阳．人口转变、劳动力市场转折与经济发展 [J]．国际经济评论，
2010 (6)：136 - 149.

[74] 杜闻贞．论经济发展与现代人口转变 [J]．南京大学学报，1994 (3)：
62 - 66，89.

[75] 封进. 人口转变、社会保障和经济发展 [M]. 上海：上海人民出版社，2005.

[76] 风笑天. 社会学研究方法 [M]. 第 2 版. 北京：中国人民大学出版社，2005：3，156，247.

[77] 傅玉能. 台湾人口的现状分析 [J]. 人口与经济，2005 (3)：14-18.

[78] [韩] 高丽大学校韩国史研究室. 新编韩国史 [M]. 济南：山东大学出版社，2010：288-289.

[79] 葛小寒. 人口转变的含义、判别标准及模式 [J]. 西北人口，1999 (2)：14-16.

[80] 顾宝昌. 论生育和生育转变：数量时间和性别 [J]. 人口研究，1992 (6)：2-7.

[81] 郭申阳. 诺特斯坦人口思想的一个重大变化——"人口转变论"札记 [J]. 人口与经济，1985 (3)：57-58.

[82] 郭志刚. 中国的低生育水平及相关人口问题研究 [J]. 学海，2010 (1)：5-25.

[83] 国家人口和计划生育委员会. 中国人口和计划生育史 [M]. 北京：中国人口出版社，2007：46，67，127-129，367，436.

[84] 国家统计局国民经济平衡司. 国民收入统计、资料汇编 (1949—1985) [M]. 北京：中国统计出版社，1987：49.

[85] 国家统计局社会统计司. 中国劳动工资统计资料 1949—1985 [M]. 北京：中国统计出版社，1987：109.

[86] 国家统计局人口和就业统计司. 中国人口主要数据 (1949—2008) [M]. 北京：中国人口出版社，2009：7，9，18.

[87] 何景熙，李艾琳. 西藏人口转变中的"人口红利"问题探讨——从人口发展态势看西藏的机遇与挑战（上）[J]. 西藏研究，2006 (3)：112-117.

[88] 贺交生. 香港人口死亡率的分析 [J]. 南方人口，1986 (4)：40-45.

[89] 洪英芳. 论现代人口转变及其两种基本形态 [J]. 人口与经济，1985 (6)：53-57.

［90］侯东民．试论中国人口转变特殊的社会经济机理——人口控制自我稳定的经济学作用［J］．市场与人口分析，2003（7）：24－31．

［91］［美］加里·S·贝克尔．家庭经济分析［M］．北京：华夏出版社，1987：104－126．

［92］靳小怡，李树茁，费尔德曼．婚姻形式与"男孩偏好"：对中国农村三个县的考察［J］．人口研究，2004（5）：55．

［93］［英］科林·麦克伊韦迪，理查德·琼斯．世界人口历史图集［M］．北京：东方出版社，1992：15．

［94］雷安．中国人口转变时间考［J］．人口研究，1993（6）：37－40．

［95］李辉，于钦凯．中国人口转变研究综述［J］．人口学刊，2005（4）：16－20．

［96］李建民．中国的人口转变完成了吗？［J］．南方人口，2000（4）：4－9．

［97］李建民．人口转变论的古典问题和新古典问题［J］．中国人口科学，2001（4）：68－720．

［98］李建民．中国的生育革命［J］．人口研究，2009（1）：1－9．

［99］李建新．人口转变新论［J］．人口学刊，1994（6）：3－8．

［100］李建新．现代化与中国生育率转变特点［J］．科技文萃，1995（4）：9－12．

［101］李建新．世界人口格局中的中国人口转变及其特点［J］．人口学刊，2000（5）：3－8．

［102］李建新，涂肇庆．滞后与压缩：中国人口生育转变的特征［J］．人口研究，2005（3）：18－24．

［103］李普．不许右派利用人口问题进行政治阴谋［N］．人民日报，1957－10－04．

［104］李树茁．生育政策、"男孩偏好"与女孩生存：公共政策的取向与选择［J］．人口与发展，2008（2）：23－27．

［105］李树茁，闫绍华，李卫东．性别偏好视角下的中国人口转变模式分析［J］．中国人口科学，2011（1）：16－25．

［106］李通屏，郭继远．中国人口转变与人口政策的演变［J］．市场与人口分析，2007（1）：42－48．

［107］李仲生．中国生育率转变的因素分析［J］．西北人口，2003（4）：

13 - 16.

[108] 李卓. 日本近现代社会史 [M]. 北京：世界知识出版社，2010：210，334 - 341.

[109] 梁宏. 西部人口转变探析 [J]. 南方人口，2002 (3)：32 - 37.

[110] 梁继宗. 马尔萨斯主义者关于旧中国人口响彻云霄的谬论 [J]. 新建设，1957 (12).

[111] 梁英明. 东南亚史 [M]. 北京：人民出版社，2010：251 - 256，312 - 318.

[112] 林宝. 人口转变完成后的中国人口老龄化 [J]. 西北人口，2009 (4)：19 - 22.

[113] 林富德. 我国生育率转变的因素分析 [J]. 人口研究，1987 (1)：15 - 21.

[114] 刘传江. 西方人口转变的描述与解释 [J]. 国外财经，2000 (1)：13 - 16.

[115] 刘传江，郑凌云. 现代化进程中的人口转变：一个广义视野的考察 [J]. 南方人口，2002 (4)：1 - 7.

[116] 刘观海. 福州人口转变与发展问题探析 [J]. 福建党校学报，2010 (2)：61 - 63.

[117] 刘洪光. 苏南模式与人口转变 [J]. 人口与经济，1992 (4)：11 - 16.

[118] 刘爽. 对中国人口转变的再思考 [J]. 人口研究，2010 (1)：86 - 93.

[119] 刘爽. 中国的出生性别比与性别偏好——现象、原因及后果 [D]. 北京：中国人民大学，2005：80.

[120] 刘泰洪. 中国人口转变的模式和特点 [J]. 内蒙古社会科学（汉文版），2001 (6)：95 - 97.

[121] 刘忠涛，刘合光. 世界粮食贸易现状与趋势 [J]. 农业展望，2011 (5)：44.

[122] 陆杰华，闵学文. 人口转变模式新探与辽宁省人口控制政策 [J]. 辽宁大学学报（哲学社会科学版），1993 (4)：59 - 69.

[123] 路遇，翟振武. 新中国人口六十年 [M]. 北京：中国人口出版社，2009：53，68，75 - 77，88，133，137，141.

[124] [美] 罗宾·W·温克，R. J. Q. 亚当斯. 牛津欧洲史 [M]. 第三卷.

长春：吉林出版集团有限责任公司，2009.

[125] 罗淳．人口转变进程中的人口老龄化——兼以中国为例 [J]．人口与经济，2002（2）：38-43.

[126] 罗淳，和勇．试论云南各民族人口再生产与人口转变——基于民族人口普查数据的实证分析 [J]．民族研究，2004（1）：27-37，107.

[127] 罗淳．东西部人口再生产与人口转变差距的影响因素探析 [J]．人口与发展，2008（5）：59-66.

[128] 罗丽艳．孩子成本效用的拓展分析及其对中国人口转变的解释 [J]．人口研究，2003（2）：47-54.

[129] [美] 罗兹·墨菲．亚洲史 [M]．上册．北京：人民出版社，2010a：25.

[130] [美] 罗兹·墨菲．亚洲史 [M]．下册．北京：人民出版社，2010b：697-699.

[131] 吕红平．论传统文化对中国人口转变的影响 [J]．中国人口科学，1996（4）：34-39.

[132] 吕荣侃．论世界人口转变下的中国道路 [J]．山东教育学院学报，1999（2）：28-31.

[133] 马克思恩格斯选集 [M]．第2版．第二卷．北京：人民出版社，1995：43，112，227.

[134] "马克思主义中国化的历史进程和基本经验"课题组．马克思主义中国化研究——历史进程和基本经验 [M]．上册．北京：北京出版集团公司，人民出版社，2009：5.

[135] 马力，姜卫平．生命支持系统大百科全书 [M]．人口学分卷．北京：中国人口出版社，2010：57，80.

[136] [意] 马西姆·利维巴茨．繁衍：世界人口简史 [M]．第3版．北京：北京大学出版社，2005：28，67，123，132，163.

[137] 马寅初．新人口论 [N]．人民日报，1957-07-05.

[138] 马永欢，牛文元．基于粮食安全的中国粮食需求预测与耕地资源配置研究 [J]．中国软科学，2009（3）：15.

[139] 美国人口咨询局．2009年世界人口数据表 [DB]．中国人口与发展研究中心，编译．2010.

[140] 米歇尔·斯·泰特尔鲍姆. 人口转变理论及其对发展中国家的意义//顾宝昌. 社会人口学的视野 [M]. 北京：商务印书馆，1992：144.

[141] 穆光宗. 现代人口转变的苏南模式 [J]. 农村经济与社会，1993 (2)：47-55.

[142] 穆光宗，陈卫. 中国的人口转变：历程、特点和成因 [J]. 开放时代，2001 (1)：92-101.

[143] 穆光宗. 中国人口转变的风险前瞻 [J]. 浙江大学学报（人文社会科学版），2006 (6)：25-33.

[144] 南忠吉. 展望 90 年代中国的生育转变 [J]. 人口研究，1993 (3)：15-19.

[145] [英] 诺曼·戴维斯. 欧洲史 [M]. 北京：世界知识出版社，2007：108.

[146] 彭珮云. 中国计划生育全书 [M]. 北京：中国人口出版社，1997：1-4，16-17，131，149，293，295.

[147] 彭希哲，黄娟. 试论经济发展在中国生育率转变中的作用 [J]. 人口与经济，1993 (1)：25-50.

[148] 彭希哲，黄娟. 中国生育率转变与经济发展 [J]. 人口与计划生育，1993 (2)：19-23.

[149] 齐鹏飞，温乐群. 20 世纪的中国——走向现代化的历程 [M]. 政治卷1949—2000. 北京：人民出版社，2010：113.

[150] 钱乘旦，杨豫，陈晓律. 世界现代化进程 [M]. 南京：南京大学出版社，1997：2-4.

[151] 钱乘旦. 世界现代化历程 [M]. 总论卷. 南京：江苏人民出版社，2010：255-256，260-261.

[152] 秦伟，吴军. 社会科学研究方法 [M]. 成都：四川人民出版社，2000：197.

[153] 全慰天. 社会主义经济规律与人口问题 [N]. 大公报，1957-03-22.

[154] [日] 日本国立社会保障、人口问题研究所. 第 13 次出生动向基本调查：关于结婚和生育的全国调查·夫妇调查结果概要 [EB/OL]. 2005-10-28 [2011-12-25]. http://www.ipss.go.jp/ps-doukou/j/doukou13/chapter1.htm.

[155] [日] 日本国立社会保障、人口问题研究所. 第 14 次出生动向基本调
查: 关于结婚和生育的全国调查·夫妇调查结果概要 [EB/OL].
2011 - 10 - 21 [2011 - 12 - 25]. http: //www. ipss. go. jp/ps-doukou/
j/doukou14/chapter3. html♯33.

[156] [日] 日本文部省调查局. 日本的成长与教育 [M]. 东京: 帝国地方行
政学会, 1963: 180.

[157] 石海龙. 生育文化在中国人口转变中的作用 [J]. 人口研究, 2001
(4): 27 - 29.

[158] 宋杰, 刘秀莲. 论人口转变的条件与中国人口的转变特点 [J]. 理论探
讨, 1992 (1): 23 - 29.

[159] 宋瑞来. 试论自发性与诱导性人口转变 [J]. 中国人口科学, 1991
(2): 24 - 28.

[160] 宋瑞来. 中国生育率转变的特征和原因 [J]. 中国人口科学, 1992
(5): 42 - 48.

[161] 苏联科学院经济研究所. 政治经济学教科书 [M]. 北京: 人民出版社,
1955: 151 - 152.

[162] 孙常敏. 上海人口转变中的劳动与经济 [J]. 上海社会科学院学术季
刊, 1997 (3): 149 - 157.

[163] 孙常敏. 世纪转变中的全球人口与发展 [M]. 上海: 上海社会科学院
出版社, 1999.

[164] 孙光德, 董克用. 社会保障概论 [M]. 第 3 版. 北京: 中国人民大学
出版社, 2008: 147 - 148.

[165] 孙怀阳, 武超. 中国、印度人口转变: 过程的比较 [J]. 中国人口科
学, 1994 (6): 49 - 61.

[166] 孙健. 20 世纪的中国——走向现代化的历程 [M]. 经济卷 1949—
2000. 北京: 人民出版社, 2010: 425 - 426.

[167] 孙祁祥, 朱俊生. 人口转变、老龄化及其对中国养老保险制度的挑战
[J]. 财贸经济, 2008 (4): 69 - 73.

[168] 汤向俊, 任保平. 劳动力有限供给、人口转变与中国经济增长可持续
性 [J]. 南开经济研究, 2010 (5): 84 - 94.

[169] 陶涛，杨凡．计划生育的人口效应 [J]．人口研究，2011（1）：103－112．

[170] 唐盛明．社会科学研究方法新解 [M]．上海：上海社会科学院出版社，2003：98，200．

[171] 谭晓青．我国生育率转变的因素分析 [J]．中国人口科学，1988（3）：26－34．

[172] 谭晓青．中国的生育革命 [J]．中国人口科学，1989（4）：20－26．

[173] 田景，黄亨奎，池福淑，等．韩国文化论 [M]．广州：中山大学出版社，2010：119．

[174] 田心源．生育率的诱催转变——论中国人口规划和社会经济改变的影响 [J]．科技导报，1996（1）：69－73．

[175] 田雪原．人口学 [M]．杭州：浙江人民出版社，2004：302－306．

[176] 田雪原．西部开发战略中的人口转变 [J]．人口与计划生育，2000（3）：30－31．

[177] 王岸柳．人口转变论的进一步思考 [J]．人口研究，2002（6）：69－73．

[178] 王必达．中国西部地区人口转变若干问题解析 [J]．复旦学报（社会科学版），2002（5）：94－105．

[179] 王德文，蔡昉，张学辉．人口转变的储蓄效应和增长效应——论中国增长可持续性的人口因素 [J]．人口研究，2004（5）：2－11．

[180] 王涤．中西方两种人口转变方式的探析 [J]．杭州师范学院学报，2000（5）：37－42．

[181] 王桂新．中日两国的人口转变和人口增长 [J]．人口与计划生育，2002（4）：29－34．

[182] 王金营，杨磊．中国人口转变、人口红利与经济增长的实证 [J]．人口学刊，2010（5）：15－24．

[183] 王年一．大动乱的年代 [M]．郑州：河南人民出版社，1989：3．

[184] 王胜今．人口社会学 [M]．长春：吉林大学出版社，1998：117－135．

[185] 王树新．现代生育文化与中国人口 [J]．人口研究，2001（4）：30－33．

[186] 王学义 . 世界各国人口现代化的推进模式——基于人口转变论的阐释 [N]. 中国人口报，2006 - 06 - 07 (3) .

[187] 王学义 . 人口转变后果研究——西方视野、价值意义、主要缺陷与分析框架构建 [J]. 人口学刊，2007 (5)：9 - 14.

[188] 王艳 . 经典人口转变理论的再探索——现代人口转变理论研究评介 [J]. 西北人口，2008 (4)：109 - 110.

[189] 王渊明 . 现代化与人口转变理论 [J]. 东方论坛（青岛大学学报），1995 (1)：1 - 9.

[190] 王振东，明立群 . 中国人口转变的经济学分析 [J]. 南昌大学学报（人文社会科学版），2003 (3)：68 - 72.

[191] [美] 威廉·劳伦斯·纽曼 . 社会学研究方法：定性研究与定量研究 [M]. 英文版 . 北京：人民邮电出版社，2010：419.

[192] 魏津生，王胜今 . 改革开放中出现的最新人口问题 [M]. 北京：高等教育出版社，1996.

[193] 邬沧萍 . 中国生育率下降的理论解释 [J]. 人口研究，1986 (1)：10 - 16.

[194] 邬沧萍，杜亚军 . 我国人口转变与人口政策之间的关系 [J]. 南方人口，1986 (1)：1 - 4.

[195] 邬沧萍，钟声 . 社会经济发展和计划生育工作的完善是我国农村生育率下降的前提和必要条件——苏南农村人口转变的启示 [J]. 人口研究，1992 (5)：6 - 12.

[196] 邬沧萍，穆光宗 . 低生育研究——人口转变论的补充和发展 [J]. 中国社会科学，1995 (1)：83 - 98.

[197] 邬沧萍 . 改革开放中出现的最新人口问题 [M]. 北京：高等教育出版社，1996.

[198] 吴景超 . 中国人口问题新论 [J]. 新建设，1957 (3) .

[199] 吴忠观 . 关于人口老龄化和人口转变 [J]. 南方人口，1988 (2)：15 - 18.

[200] 夏怡然 . 当代台湾人口转变及其原因分析 [J]. 市场与人口分析，2004 (2)：50 - 55.

[201] 向志强. 试论人口转变完成的标准 [J]. 人口学刊, 2002 (1)：3 - 7.

[202] [法] 谢奈. 人口转型 [M]. 巴黎：法兰西大学出版社, 1986：294.

[203] 徐志明. 社会科学研究方法论 [M]. 北京：当代中国出版社, 1995：458 - 461.

[204] 许非, 陈琰. 快速人口转变后的中国长期经济增长——从预期寿命、人力资本投资角度考察 [J]. 西北人口, 2008 (4)：1 - 6.

[205] 颜峰, 胡文根. 中国生育革命非常规性背景下的老年人精神问题探析 [J]. 贵州社会科学, 2009：85 - 89.

[206] 杨凡. 出生性别比升高趋势转变与经济社会发展 [N]. 中国人口报, 2010 - 08 - 29 (3).

[207] 杨凡. 中国人口转变道路的探索和选择 [J]. 人口研究, 2012 (1)：25 - 33.

[208] 杨菊华. 人口转变与老年贫困问题的理论思考 [J]. 中国人口科学, 2007 (5)：88 - 96.

[209] 杨魁孚. 建设有中国特色的社会主义生育文化 [J]. 人口研究, 2001 (4)：24 - 27.

[210] 杨子慧. 两种生育率转变模式的撞击——北京市顺义县创办"独生子女父母养老基金会"的调查及经验的理论内含 [J]. 人口与经济, 1992 (5)：3 - 11.

[211] 杨子慧. "三结合"：人口转变的第三种途径 [J]. 人口研究, 1998 (9)：63 - 68.

[212] 杨子慧. 新型生育文化建设：中国人口转变的动力源 [J]. 人口研究, 2001 (4)：29 - 30.

[213] 杨宗贵. 论贵州人口的转变 [J]. 贵州财经学院学报, 2004 (1)：73 - 76.

[214] 姚新武. 中国人口转变历程的深入探讨 [J]. 人口研究, 1992 (6)：8 - 15.

[215] 叶明德. 低生育稳定期：中国特色的人口转变阶段 [J]. 人口与经济, 2008 (6)：47 - 52.

[216] 叶元龙. 论最适当的人口数目 [N]. 文汇报, 1957 - 4 - 27.

[217] 尹勤，高祖新．我国人口转变进程探讨 [J]．南京人口干部管理学院学报，1998：41-43.

[218] 于学军．中国人口转变与"战略机遇期" [J]．中国人口科学，2003 (1)：9-14.

[219] 袁蓓，郭熙保．人口转变类型对人口年龄结构的影响——兼论我国人口老龄化的原因 [J]．海南大学学报（人文社会科学版），2009：645-650.

[220] 原新．我国西部人口转变及未来人口控制方略 [J]．市场与人口分析，2000 (6)：18-23.

[221] 原新．欧盟人口转变与中国之比较 [J]．人口学刊，2001 (2)：39-43.

[222] 查瑞传．再论中国生育率转变的特征 [J]．中国人口科学，1996 (2)：1-11.

[223] 查瑞传．人口学百年 [M]．北京：北京出版社，1999：104-106.

[224] 翟振武，陈卫．1990年代中国生育水平研究 [J]．人口研究，2007 (1)：19-32.

[225] 翟振武，杨凡．解决人口问题本质上是追求人口均衡发展 [J]．人口研究，2010 (5)：40-45.

[226] 翟振武，杨凡．中国人口均衡发展的状况与分析 [J]．人口与计划生育，2010 (8)：11-12.

[227] 翟振武，张浣珺．普查数据质量与调查方法 [J]．人口研究，2013 (1)：78-83.

[228] 张纯元．人口经济学 [M]．北京：北京大学出版社，1983.

[229] 张车伟．中国人口转变的城乡差异及其政策选择 [J]．中国人口科学，2000 (4)：46-50.

[230] 张研．17～19世纪中国的人口与生存环境 [M]．合肥：黄山书社，2008：38-41.

[231] 赵承信．我国过渡时期人口再生产与国民经济再生产相适应的问题 [J]．教学与研究，1957 (3).

[232] 赵靖．对近代中国的反动人口理论的批判 [J]．新建设，1955 (12).

[233] 朱国宏．人口转变论——中国模式的描述和比较 [J]．人口与经济，1989 (2)：31 - 38.

[234] 朱国宏．现代化进程中的人口转变及其社会经济含义 [J]．复旦学报（社会科学版），1997 (4)：24 - 29，109.

[235] 朱汉国，耿向东．20 世纪的中国——走向现代化的历程 [M]．社会生活卷 1949—2000．北京：人民出版社，2010：308.

[236] 中华人民共和国国家统计局．中国统计年鉴 1983 [M]．北京：中国统计出版社，1983：13，17，162，323，343，375 - 377，490.

[237] 中华人民共和国国家统计局．中国统计年鉴 1984 [M]．北京：中国统计出版社，1984：20 - 21，23 - 25.

[238] 中华人民共和国国家统计局．中国统计年鉴 2011 [M]．北京：中国统计出版社，2011.

[239] 中华人民共和国国家统计局．中华人民共和国 2000 年国民经济和社会发展统计公报 [EB/OL]．2001 - 02 - 28 [2011 - 11 - 24]．http：//www. stats. gov. cn/tjgb/ndtjgb/qgndtjgb/t20020331_15395. htm.

[240] 中华人民共和国国家统计局．中华人民共和国 2001 年国民经济和社会发展统计公报 [EB/OL]．2002 - 02 - 28 [2011 - 11 - 24]．http：//www. stats. gov. cn/tjgb/ndtjgb/qgndtjgb/t20030228_69102. htm.

[241] 中华人民共和国国家统计局．中华人民共和国 2010 年国民经济和社会发展统计公报 [EB/OL]．2011 - 02 - 28 [2011 - 11 - 24]．http：//www. stats. gov. cn/tjgb/ndtjgb/qgndtjgb/t20110228_402705692. htm.

[242] 中共中央宣传部理论局．从怎么看到怎么办？理论热点面对面 2011 [M]．北京：学习出版社，人民出版社，2011：55.

后　记

　　对中国人口转变道路的研究，始于我的博士论文。直到现在，我仍然清晰地记得当初与导师讨论这个选题时的惶恐与迷惘。一方面是对此选题的宏大抽象深感焦虑，一方面是对早已被贴上"计划生育政策"标签的中国人口转变过程是否还有内容可以深挖抱有疑虑。然而，在导师的鼓励和指导下，我最终还是鼓起勇气选择了这个选题，开始大量阅读相关领域的文献和资料。随着研究的深入，一幅中国人口转变的画卷在我眼前逐渐铺开，这个宏大抽象的选题在我的脑海中逐渐生动丰富起来，中国与众不同的人口转变道路也使我心中原有的疑虑一扫而空，取而代之的是一种对中国人口转变道路的自豪感和向世人展现中国特有人口转变道路的责任感。

　　中国的人口转变，对世界而言，是一个奇迹。回望历史，在任何一个时期，任何一个国家都不曾面对这样庞大的人口规模和如此迅猛的人口增长速度。在社会经济发展水平比较低的前提下，中国人口的死亡率和生育率相继实现了快速的下降，这在整个人类发展历史上是非常罕见的。转变的完成为缓解世界人口不断迅速增长的压力作出了巨大的贡献。以中国为代表的人口转变过程使人们逐步认识到发展中国家人口发展的独特规律，一种不同于西方发达国家人口转变过程的新模式正在逐渐形成。这对整个世界而言都是具有历史意义的划时代事件。

　　中国的人口转变，对中华民族而言，是一个伟大的历史性转变。人口众多是中国最基本的国情，人口问题是始终关系到中国社会经济发展的重大问题。一部中华文明史，也是一部人口变迁史。几千年来，子嗣繁多曾经是中国家庭、国家，甚至整个民族的期冀。然而，在实现国家现代化的征程中，在全人类共同面对人口、资源、环境普遍危机的背景下，中国人改变了原有的"多子多福"理念，理性地认识到了人口问题，并采取主动控制的方法解决了人口过快增长问题，这不得不说是一个巨大的转折点。

中国的人口转变，对国家而言，是一次人民、国家和民族合力的展现。在人口转变的过程中，在实现现代化和民族复兴的历史命题面前，中国每个家庭的命运和国家命运联系在了一起。在生产力尚不发达的情况下，中国数以亿计的家庭作出了巨大牺牲和贡献，为国家实现从贫困到小康的飞跃争取了时间，创造了良好的社会环境。在社会经济发展水平提高后，发展的果实又回馈给了每一个家庭。在中国的人口转变过程中，家与国、匹夫与天下，始终是紧密联结在一起的。

中国的人口转变，对人民而言，是一场伟大的社会实践。其探索过程充满了艰辛和曲折，从党和政府到普通干部、民众，无一不为之付出了巨大的努力，甚至是泪与血的代价。经过几代人胼手胝足、筚路蓝缕的奋斗，中国特有的人口转变道路终于取得了成功，在中华民族的光荣历史上又增添了璀璨的一笔。

未来，中国将以更加坚定的步伐、科学务实的态度、未雨绸缪的预见性眼光和改革创新的精神来面对社会转型中众多复杂人口问题的挑战。本书作为对六十多年来中国人口转变道路的总结，希望能为此过程提供一些经验和启示。

本书的完成，也给我长达九年的人口领域学习生涯画上了圆满的句号。曾经无数次憧憬着完成后的喜悦，然而当真正完成后，发现占据内心更多的还是感恩。首先要感谢的人非我的导师翟振武教授莫属，没有他就不可能有这一本书。他令人仰止的学识、认真严谨的治学态度和平易近人的待人之道，无一不成为我做研究和做人的榜样，使我受益终生。特别是在本书的撰写过程中，无论是在研究中遇到了难题，还是产生了畏难甚至放弃的情绪，我总能在他那里得到指导、帮助和鼓励。

感谢中国人民大学的邬沧萍老师、杨菊华老师、宋健老师、孙鹃娟老师、蔡林老师、宋月萍老师、巫锡伟老师，北京大学的陆杰华老师，河北大学的王金营老师和首都经贸大学的童玉芬老师，他们对我的研究提出了许多宝贵的意见和建议，使我对书稿做出了许多改进。

感谢陈卫老师、刘爽老师、王丹瑕老师以及师姐蔡菲、明艳、陶涛为我的研究所提供的资料和文献。

感谢父母和丈夫一直以来对我的支持与理解。撰写、修改书稿期间，正值我怀有身孕，他们的悉心照料让我能够专心致志，无后顾之忧。腹中的小果果也一直非常配合，将书稿念给他听成为我撰写、修改书稿的乐趣之一，希望本书的出版能成为我送给他的第一件礼物。

感谢中国人民大学出版社的王宏霞、彭理文等编辑为本书的出版所做的努力和辛勤付出。

本成果受到中国人民大学"985工程"的支持，受到中国人民大学科学研究基金（中央高校基本科研业务费专项资金资助）项目"中国特色的人口转变道路研究"（13XNF054）的支持。

杨凡

2014年2月于北京

图书在版编目（CIP）数据

人口转变的中国道路 / 杨凡著 . —北京：中国人民大学出版社，2014.3
ISBN 978-7-300-19032-7

Ⅰ.①人… Ⅱ.①杨… Ⅲ.①人口-发展-研究-中国 Ⅳ.①C924.24

中国版本图书馆 CIP 数据核字（2014）第 046658 号

人口转变的中国道路

杨凡 著

Renkou Zhuanbian de Zhongguo Daolu

出版发行	中国人民大学出版社			
社　　址	北京中关村大街 31 号	**邮政编码**	100080	
电　　话	010 - 62511242（总编室）	010 - 62511770（质管部）		
	010 - 82501766（邮购部）	010 - 62514148（门市部）		
	010 - 62515195（发行公司）	010 - 62515275（盗版举报）		
网　　址	http://www.crup.com.cn			
	http://www.ttrnet.com（人大教研网）			
经　　销	新华书店			
印　　刷	北京宏伟双华印刷有限公司			
规　　格	165 mm×238 mm　16 开本	**版　　次**	2014 年 3 月第 1 版	
印　　张	13.25 插页 2	**印　　次**	2014 年 3 月第 1 次印刷	
字　　数	202 000	**定　　价**	48.60 元	